©2016 The Regents of the University of California
Published by arrangement with University of California Press

卡车司机研究译丛

大卡车
公路货运业与美国梦的幻灭

THE
BIG RIG

Trucking and the Decline of the
American Dream

〔美〕
斯蒂夫·维斯利
(Steve Viscelli)

著

孙五三 译

社会科学文献出版社
SOCIAL SCIENCES ACADEMIC PRESS (CHINA)

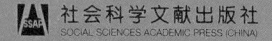

目　录

序　言　I

致　谢　VI

导　言　这份糟心的工作从何而来？　001

第一章　商业驾照制造厂　034
　　　　专业卡车司机的培训

第二章　便宜的运费，廉价的司机　068
　　　　长途卡车司机的工作

第三章　大卡车　126
　　　　玩弄承包司机信心的骗局

第四章　为买车而干　170
　　　　承包的严酷现实

第五章　寻求支持　205
　　　　对承包司机的非直接管理

第六章　"世上再无吉米·霍法"　233
　　　　绝望的司机和分裂的劳工

附录1　数据和方法　255

附录2　访谈样本与全美司机群体的比较（2014）　279

注　　释　280

缩略词对照　292

参考文献　294

索　　引　303

中文版后记　沈　原　315

序　言

社会学家C. 赖特·米尔斯（Mills，1959）认为，社会学的价值就在于它能够帮助我们理解个人与社会，以及人生与历史的关系。米尔斯声称，社会学想象力使我们能够看到个人的信仰、决策和行为是如何被我们的社会世界所塑造，又反过来再生产或改变我们的社会。社会学想象力通过考察这些关系随时间而发生的变化的性质来解释社会变迁。如果需要，社会学想象力还会以一种揭示潜在社会问题的方式帮助我们理解个人困扰。这本书尝试将这种社会学想象力应用于长途货运行业的研究。长途货运是美国最大也是最重要的行业之一。我在研究中深入观察了卡车司机的工作细节，了解他们对自己工作的感受，同时也对行业中阶级力量的重大历史转向展开了详尽的讨论，并试图解释两个论域之间的关系。微观上，本书描述了卡车司机个人的雄心、恐惧、投资机会、限制条件和决策；宏观上，本书观照了工人力量的兴衰，政府监管的开始、退出和重建，以及雇佣关系和货运工作本身的转型。

这项研究前后历时10年。我先是读了几本关于货运行业的书，然后找了一份长途司机的工作，在将近6个月的时间里，我沉浸在卡车司机的日常生活、目标和工作困扰中。在这段职业生涯结束时我仍是一个新手，但我对卡车司机的职业自豪感，以及他们在巨大的工作压力下为确保安全所付出的努力有了切身体会。我也逐步了解了他们做出的牺牲和遭受的屈辱。然后我把视野扩展到这一行业的劳动力市场。我采访了与我经历相似或不同的司机。许多人和我一样是行业新手，正在摸索中。还有一些经验比我略多的人，正在纠结是购买还是租赁一辆卡车，成为一名自营车主（owner-operator，即独立承包人）[①]。无论本书对公路运输业的承包体制有多严厉的批评，我都对那些选择承包的司机们的雄心和努力深表敬意。不幸的是，我不得不同意我所采访的那些最有经验的卡车司机的观点，承包制就是雇主和其他操控独立承包的人利用那些经验不足的司机们的梦想为自己谋利的手段。

对司机来说，成为独立承包人，有没有可能是个不错的主意？我将让最有经验的司机，包括最有经验的承包司机来回答这个问题。事实上，正是这些老司机常常在更宏大的结构性和历史性问题上，给我指出方向。这本书中很多有价值的观点都是他们提供的，我所做的只是试图用社会学词语解释他们的见解。在某种意义上，我是他们的研究助理。

本书的写作得益于我所采访的数百名卡车司机和长途运输业的从业者及研究者。我的写作过程始终对标这几个群体，自始至终，我都怀有一个愿望：希望他们，尤其是司机们认可我

[①] 自营车主（owner-operator），也称独立承包人（independent contractor），书中指拥有自己的运输工具，与货运公司签订承包合同，按合同条款提供服务的卡车司机。——译者注

序　言

准确再现了他们的生活。我最希望我那些最有经验的受访者阅读这本书，并且能够认识到，我不仅把握到他们的工作和生活，而且通过把司机们的经历、货运企业经理及老板们的观点，结合统计数据和历史过程进行分析，为他们提供了理解自身境况的新视角。更为重要的是，我希望这本书能把那些资深业内人士的知识和建议（经过一位社会学家可能不尽如人意的组织和讲述）传递给那些刚刚进入这个行业的新人。

相对于学术文献，我更想提请读者注意意识形态、话语、政府政策、个人工作场所，以及工人们职业生涯中的投资决策之间的重大关联。正是在这些因素的相互作用中，我们发现了劳动力市场：一个被严重低估的研究阶级力量和集体行动的场域。劳动力市场应该成为研究美国社会日益加剧的不平等和低质量就业机会的重要部分。

对公共政策感兴趣的读者可以从本书中了解到，人们所关心的工人及其家庭、高速公路安全、交通拥堵、经济效益、社会安全体系或环境可持续性，所有这些问题皆与公路运输行业雇佣关系转型相关，它导致了司机们的困境，它是当下迫切需要解决的问题。而我们，无论作为消费者、劳动者、交通参与者（the motoring public）、纳税人，还是作为公民，都应对这本书所讲述的故事予以关注。卡车司机在我们共享的公共空间中工作，他们必须遵守交通规则，遵从雇主的指示，满足客户的需求。卡车司机这个群体常常被公众视为问题或危险，但他们所做工作的重要性怎么强调都不为过，政府对这一行业的监管亦如是。正是他们从百英里之外甚至遥远的地球另一侧为我们带来维生和娱乐的商品，他们的工作推动了我们的经济。卡车司机的培训和工作状态、雇主和他们的关系、他们可以获得什么样的社会安全保障，这些问题影响着我们所有人。

综上所述，我无法回避这样一个结论：如果卡车司机对自己的工作方式和收入有更多掌控权，我们大家都会过得更好。如果卡车司机在劳动力市场上更有发言权——无论是个人还是群体，结果同样会影响我们大家。读者可能会质疑我在调查开始之前就已经预设了这个结论，猜测我必是一个自由主义者、左派学者，主张限制独立承包和工人选择自由，或者我根本就是想为成立工会找理由。工会或其他形式的集体行动可能确实是解决卡车司机问题的一种重要方式，但这必须由卡车司机们决定并实施——我们其他人能做的只能是支持他们自主地做出决定，就像我们对数百万其他行业的工人所做的。

实际上，当开始这个项目时，我对长途运输业的独立承包制知之甚少，更谈不上看法。是卡车司机们向我指出了它的重要意义。也是卡车司机们首先向我指出这一行业的劳动力市场中最招人恨的问题：工资过低、工作过劳、不受尊重，公司还对他们撒谎。长期从事这项工作的人都认为这些问题是系统性的，与劳动力流失、残酷的竞争以及政府的去管制化政策有关。他们指责这个体制甚至导致卡车司机工作致死（过劳死确实发生过）；指责独立承包制是一个骗局，旨在用更少的钱换取司机们更努力的工作；他们还对政府补贴大规模的新司机培训项目不满，称这个项目忽悠了那些不知道自己在这个行业中即将面对什么，甚至不会在方向盘后坐满一年的人。

序　言

没过多久，我就发现了能够支持那些最严厉批评的有力证据。但作为一名社会学家，我意识到，必须在更广阔的行业结构背景下，结合管理者和所有者的经验、目标和制约条件，对这些问题进行历史性的考察。我收集了可能相关的每一种数据（了解更多这方面的信息，请参阅介绍方法论的附录1），最后，不仅我自己接受了某些最尖锐的批评者提出的问题，我还注意到这些问题几乎尽人皆知：工作量过大，工资过低，这是业内大多数人的共识。

本书的研究结论是，在长途运输行业，卡车司机们不仅没有得到公正的对待，而且还被系统性地误导，接受转嫁给他们的很多成本和风险。对很多人来说，这个结论并不新鲜。即便是对我来说最令人震惊的研究发现之一——雇主故意保持低工资水平，以刺激工人从与之合作的第三方公司购买卡车，从而承担拥有卡车的风险——也不会让老司机们感到意外。不过，我怀疑，即便是老司机，也想不到公司间协作的复杂性。

在整个项目过程中，我坚持作出自己独立的分析，对各种假设和结论尽可能地保持开放态度，一遍遍构建并反复检验我的假设和结论。不过，这本书归根结底是关于几十万卡车司机的。在我撰写这本书的时候，他们中的许多人一天14个小时（或更长）驾车在路上，远离自己的亲人，几个星期或几个月都见不到家人一面。一些人为了偿还培训费，另一些人为了实现独立承包，他们为了自己的美国梦，挣着远不足以偿还卡车贷款的收入，即将信用破产。这本书就是关于他们的故事。

致　谢

如果没有众人的贡献和支持，这本书是不可能出版的。这里特别要感谢数百名卡车司机和其他货运行业的人们无偿贡献的时间和知识。我衷心感谢所有这些人。

我要感谢印第安纳大学的博士论文委员会：帕姆·沃尔特（Pam Walters）主席、阿特·奥尔德森（Art Alderson）、比尔·科尔萨罗（Bill Corsaro）和伊桑·米切尔森（Ethan Michelson）。在这段艰难的研究路程上，我的论文导师们提出了严厉的批评，也提供了建设性的见解和慷慨的支持。那段时间，印第安纳大学社会学系为我提供了一个系奖学金。我的研究生同事们耐心倾听我的陈述，并经常提供重要反馈。感谢伊丽莎白·阿姆斯特朗（Elizabeth Armstrong）、大卫·本斯曼（David Bensman）、迈克尔·贝尔泽（Michael Belzer）、伊萨克·马丁（Issac Martin）、莫妮卡·普拉萨德（Monica Prasad）、安·斯维德勒（Ann Swidler）、迈克·霍特（Mike Hout）、豪伊·贝克尔（Howie Becker）和安德鲁·阿伯特（Andrew Abbott），在与这些同事富有成效的对话和他们给出的评论中，论文逐渐成形，研究也不断深入，最终形成了这本书。

致　谢

2010年，我在威斯康星大学获得了为期两年的美国社会学协会/国家科学基金会经济社会学博士后奖学金。这项奖学金为我提供了大好机会，使我能够继续研究大衰退的影响，并撰写本书的初稿。W. E. 厄普约翰就业研究所（W. E. Upjohn Institute of Employment Research）和威斯康星战略中心（Center on Wisconsin Strategy）为这项额外研究提供了资金。更重要的是，在这段时间里，我幸运地得到了乔尔·罗杰斯（Joel Rogers）和埃里克·欧琳·赖特（Erik Olin Wright）的指导。乔尔引导我在经济变革的宏观图景中观察货运行业，并指出本研究在公共政策方向展开的可能性，他慷慨地提供了有关这个方向的建议。埃里克则建议我用历史的眼光更深入地思考有关行业中不平等的结构性原因，以及提出重组货运行业的可能性。乔尔和埃里克的指导大大扩展了我的研究视角，我的研究生涯也因此获益。在威斯康星大学期间，威斯康星战略中心的员工接纳了我，并给我提供了必要的支持。丹尼尔·考克斯（Daniel Cox）帮助我整理文件，马修·温德姆（Matthew Wyndham）和米歇尔·布莱特（Michelle Bright）不仅大力支持了我，而且以他们的风趣幽默，助我在麦迪逊分校度过了更有成效，也更为愉悦的时光。

这本书实际上是从加州大学出版社的娜奥米·施奈德（Naomi Schneider）的参与开始的。在回应我的出版计划和样章的第一封电子邮件中，她就对如何将那本厚厚的、内容庞杂的博士论文变成书提出了最初设想。她的设想起到了非常重要的作用。我很幸运也非常感恩，在草稿写作阶段的几个重大决策中得到娜奥米耐心且明智的指导。我还收到了一位匿名审稿人的精彩建议。还要感谢加州大学出版社的工作人员指导我这个第一次出书的作者完成整个制作过程。感谢梅格·华莱士（Meg Wallace）帮助重新组织章节结构，以及托马斯·弗里克（Thomas Frick）的文字加工。

还有几个人对这本书作出了巨大贡献，我很难想象没有他们这本书会是什么样子。克里斯蒂安娜·威廉姆斯（Christine Williams）多年来贡献了许多有益的思考，早在书稿诞生之前，我在美国社会学协会演讲时，她就有所点评，从那时起，一直到最后一稿，她不断提出宝贵意见。安妮特·拉鲁（Annette Lareau）阅读了好几稿，并提供了一些最尖锐也是最有价值的反馈。除了她的评论，她的信任和支持让我深受感动，我希望在我职业生涯的某个时刻，能够像安妮特一样慷慨地为另一个人的工作作出贡献。最后，感谢我的妻子梅丽莎·王尔德（Melissa Wilde），从最初的论文设想，到长时间的不能回家的田野工作，再到最终的编辑，她始终帮助和支持我。她花在阅读草稿和讨论这个项目上的时间无法计数。我对她的感激难以言表。

导　言　这份糟心的工作从何而来？[1]

我做卡车司机几个月后，在音频日记中做了如下记录：

5/18，晚8：30 　我被困在新泽西州的一个铁路货场，这里与曼哈顿隔哈德逊河相望。我从长岛穿过纽约，一路与下班高峰的车流奋战，晚6：30左右到达这里。当我到达时，管事的说需要我的公司传真我的姓名、驾照号码和我所接货物的公司代码，然后他才能处理。夜班调度花了一个半小时才把信息传过来。为什么他们不能把这些东西预先准备好？现在我真的完蛋了。根据政府规定，我今天只能再工作1个小时，然后必须休息10个小时。这批货是运往罗德岛的，我原计划今晚抵达康涅狄格州，但我到现在还没拉到货。这个时间段在城市北部不可能找到停车场，这意味着我今晚必须在附近找个地方。明天早上又必须在跨布朗克斯快速路上跟高峰车流奋战。那是很费时间的，更不用说压力巨大了。我讨厌那段该死的路。再说一遍，唯一没有得到报酬的是我。公司调度员挣到了钱，警卫室那个人也挣到了钱。

5/18，晚10：00 　我的货还没准备好。我刚刚把车倒在院子里的几辆拖车之间。我取到货后就不能在此停

留，但我希望保安不要因为我在这里过夜而找我麻烦。但愿他们不会注意到我的车，最好换了班就忘了我停留的时间。我现在开车就是违法，而我现在唯一能找到的停车位就是附近的街道。但是停在那儿就等于挂上了"欢迎打劫"的牌子。[1]

这些记录来自我在本研究早期作为一名长途卡车司机度过的许多糟糕日子之一。那天晚上，我睡在一个铁路货场里，既没有食物，也没有卫生间。当我录下第二段记录时，已经筋疲力尽，非常沮丧。我从早上6点开始工作，花16个小时开车穿过车流、送货、取货、等待。最终我只得到开车215英里①的报酬（取货、等待时间都没有报酬）。16个小时我只挣了56美元，也就是每英里26美分，或每小时3.5美元。

成千上万的卡车司机日复一日过着这样的日子。几乎你我消费的所有货物都是靠这个系统运输的，它的低效性都摊在司机们身上。每次轮班要在全美各地穿梭数周，住在车上，工作时间超长，挣得比最低工资多不了多少。为什么有人想做这种工作？答案是他们不想。他们想要更好的工作条件和更高的薪水。

本书解释了为什么这份工作如此令人生厌，为什么司机们不得不干，为什么人们感到不满时无法解决问题，只能另找工作。这本书也解释了公司怎样说服员工接受这个条件不尽如人意的工作——哪怕只是暂时的——获得源源不断的劳动力。当

---

① 1英里约为1.61公里。——译者注

导　言　这份糟心的工作从何而来？

然，今天的美国工人，在各行各业都难以找到体面的工作，也无法改善现有工作条件，货运行业绝非独此一家。货运行业在过去几十年里发生的变化可以帮助我们看清美国社会正在发生的不断加剧的不平等。

卡车司机的工作条件和其他困扰都是老问题。在这个行业发展的早期，司机经常拿着低工资长时间地工作。但到了20世纪50年代，他们有了全国性的工会。靠着集体的力量，加上始于新政时期的政府对行业的监管，货运司机成为一份报酬丰厚的好职业。从20世纪50年代到70年代末去管制化之前，卡车司机是美国工薪阶层中收入最高、势力最强大的群体。

对比这段历史，现在的长途货运司机境遇如此糟糕，我不禁想问：为什么今天的卡车司机肯接受这样的工作条件和报酬？为什么他们不能像过去那样通过集体行动改善处境？2005年冬天，我离开了收入不高但相对舒适的社会学研究生生活，成为一名长途卡车司机，试图寻找答案。我想知道，货运这一行是如何从美国最好的蓝领工作之一变成最差的工作之一，我想通过这种转变搞清楚当代经济生活中劳动力市场的运作方式。我花了大约两个月的时间接受培训，学习如何驾驶重型卡车，然后在一家著名的货运公司工作了将近4个月。我驱车数万英里在美国东半部穿梭，运送"普通货物"——任何可以放入纸箱中或货盘上，然后装载到53英尺①长的"箱子"或"厢式挂车"中的东西。我一连几个星期，工作、生活，甚至睡觉都在我的卡车里，除了需要拆卸拖车、洗澡或偶尔吃顿热

---

① 1英尺约为0.3米。——译者注

饭，很少离开卡车。一次轮班通常需要 12 天或 19 天，平均每天工作近 14 个小时，平均每小时收入约 9.5 美元。最惨的那天，我工作了 18 个小时，收入却远远低于最低工资。

这份艰苦的工作教会了我很多。我不仅了解了工作流程，也通过在培训和工作中，以及在货场和卡车驿站（truck stops）① 遇到的工人们了解了他们如何看待这项工作。我很快就获知，我的司机同事们几乎都同意：这项工作很烂，报酬更烂。他们不想这样下去。因为大致了解这个行业的历史，我以为工人们会把工会作为解决问题的选择之一。但是，当工人们互致同情时——经过漫长而孤独的旅程，我们经常会在货场和卡车驿站的短暂相遇中彼此致意——从没有人提到工会。根本没有人想到工会。相反，许多人谈到成为自营车主的可能性，他们想成为拥有自己卡车的自雇司机。

自从接触这个行业，我就知道有自营车主的存在，但我并没有立即意识到，一起工作的很多人就是这类车主。我以为，像我一样开着厢式货车的都是大型货运公司的员工。在我想象中，自营车主看起来不像打工的。有时候，我把他们想象成电影中的形象：现代牛仔，穿着靴子，超大的皮带扣，戴着帽子，驾驶着闪闪发光的镀铬卡车。作为一名社会学家，我猜自营车主大多是来自乡下的年长白人，他们"生来就是干这个的"。我知道文化刻板印象可能把他们卡通化了，但关于货运行业的学术文献几乎没提供什么可以质疑我直觉的信息。我

---

① 在卡车运输业中，卡车驿站（truck stops）是专门为卡车司机提供服务的场所，通常位于高速公路旁，内设餐厅、加油站和修理厂等。——译者注

导　言　这份糟心的工作从何而来？

不能确定谁是自营车主，不过我很确定他们会**做**什么。相关的文献大多同意，自营车主对"做什么"以及"如何做"有更大的发言权，他们是独立于公司的小企业主，他们很珍视这种独立性。我以为我能看到自营车主与货运经纪人电话沟通，给客户打促销电话寻找最好的项目，讨价还价并协商交货时间，凭借自己的特殊技能、经验和设备在价格优惠的利基市场①揽活。

然而，经过几周的工作并认识了一些卡车司机后，我意识到，尽管身处众多自营车主之中，我还是无法通过外貌、身份或行为区分出他们。独立的自营车主直接与客户或经纪人打交道寻找货源，而我周围的自营车主们都是承包人。他们拥有或租赁卡车，但把自己一次性出租给一家大公司，租期一年或更长，由公司给他们派活。

我最初看不出承包司机和雇员司机的**所作所为**有任何显著差异，不过在货场和卡车驿站与他们交谈后，我开始注意到**他们对工作的看法不同**。不需要费什么劲就可以了解到，一些承包司机似乎确信，当承包人比当雇员要好得多。在这个问题上，老雇员和老承包司机看法正相反，但只有被追问时他们才会告诉你。我最初并不想研究承包制，但当我完成田野工作时，我意识到这是一个大题目：在同一个劳动力市场，从事同样的劳动，常常还在同一家公司，为什么有些人想做雇员司机，而另一些人则想要自雇？有些人说，那是因为承包会带来

---

① 利基市场（niche market），也译为补缺市场，是指那些被大企业忽略的、特定的、小规模的细分市场。——译者注

更多的报酬和对工作的掌控。真是这样吗？若果真如此，为什么并非所有的卡车司机都去做承包人，尤其是那些最有经验的司机？是因为不同的价值观和/或个人背景吗？还是说这只是一个谁有经济实力买卡车的问题？

有了卡车司机的工作经验后，我立即开始走访货运公司，访谈采用承包制的公司老板和经理。我开始收集有关承包司机和雇员司机各自的报酬以及工作效率的统计数据。我要先搞明白为什么企业要雇用承包司机，然后弄清这些工作者想从承包中得到什么，以及他们实际得到了什么。我开始定期走访中西部两条主要州际公路交会处附近的一个大型卡车驿站。从2005年到2007年，我在那里对75名卡车司机进行了深度访谈。其中28人是承包司机，还有9人曾经做过承包司机。2008年，在燃油价格飙升，承包司机与企业发生劳资纠纷的背景下，我又对25名承包司机进行了深度访谈，并与另外几十名承包司机进行了非正式的交流（如果读者想进一步了解我的田野调查，我访谈了哪些人、如何访谈的，可以在本书末尾的有关方法论的附录1中找到更多信息）。在田野调查和访谈之后，我还从货运网站、杂志、行业出版物和学术研究中搜集了大量其他数据。

所有这些数据都讲述了美国社会不平等加剧的现状，以及去管制化后，雇主如何界定不同雇佣关系下工人们的成本和收益，并借之影响工人的认知，从而在劳动力市场上置工人于不利处境而使雇主获利。要理解这个故事，需要先了解货运行业的背景、其劳动力和行业监管的历史。

导　言　这份糟心的工作从何而来？

长途货运行业

在美国，每天都有总重超过5400万吨、价值超过480亿美元的物流，这是美国经济的命脉。**平均到每个美国人头上，就是每天350磅①的货物**。²虽然铁路、驳船和管道运输也发挥着重要作用，但从某种意义上说，你我消费的几乎所有货物都是由卡车运输的。可以想象，由于运输的货物种类繁多，货运行业的构成也非常多样。一些制造商和零售商拥有自己的车队，用于运输自己制造或销售的货物，这些被称为专属车队（private carriers）。但绝大多数货物是由受雇的货运公司运输的。

货运企业可以按运输的货物类型、数量以及距离和速度来分类，这些因素也决定了他们的设备类型以及提供服务的方式。通常情况下，一家专业的货运公司只需要几十种拖车中的一种或几种——普通厢式拖车、冷藏拖车、平板拖车和罐式拖车等。

运输的距离也很重要。一般来说，运输距离低于150英里被视为在地货运，超过这个距离则被视为长途运输或公路运输（over-the-road，OTR）。绝大多数长途运输拉的是整车装运（truckload，TL），拖车满载或接近大多数高速公路的限重（8万磅）。

本书的研究对象是当今美国经济生活中规模最大，因此也是最重要的一种卡车运输——长途整装卡车运输（long-haul TL trucking），尤其是普通货运部分。普通货运是指任何可以

---

①　1磅约为0.454千克。——译者注

装入箱子或装上货盘，再装入非冷藏拖车的货物。在大多数情况下，普通货运公司只是将装满货物的拖车从一个货运站拉到另一个，他们很少接手或处置需要特殊关照的货物。[3]货物的种类和数量非常多，从卷钢、家用电器到饮料，只要普通货运车辆能够拉上的都有，可谓无所不包。普通货运公司几乎运送了全美所有港口、铁路货场、工厂、仓库、配送中心和大型零售商店的大部分货物，在美国经济生活中发挥着重要作用。

美国有170万名左右的载重卡车司机，约80万人为长途整装货运公司工作，其中60万人受雇于普通货运公司。[4]年收入超过300万美元的长途整装普通货运公司有1000多家，可能还有数万家拥有1辆或数辆卡车的承运商参与出租业务的竞争。竞争激烈意味着大多数公司利润微薄。有些年份，即使是大中型普通货运公司的平均利润也不到1%。[5]一些超大型公司利润率要高得多，因为他们在采购设备和燃油方面具有规模经济优势，而且有能力承接大运量客户。几十家利润丰厚的超大型公司，每一家都雇有数千名拿最低薪酬的司机，他们为整个普通货运业设定了运价的竞争标尺。

低运价来自司机们的低工资和恶劣工作条件。普通货运司机通常住在卡车上，每次离家两周左右。虽然许多司机的工作时间相当于两份全职工作，甚至更长，但他们的年收入可能只有45000美元左右，新司机的年收入更是低至35000美元。如果按工作的总时长算，许多司机的时薪达不到最低工资水平。

低工资加上恶劣的工作条件导致这个行业超高的人员流失率。在大公司，每年的人员流动率常常超过100%。[6]最近有一项关于人员流动的非常好的研究，该研究搜集了与我工作的那家公司相类似的一家大型公司的宝贵数据，我姑且称之为"联邦"（Federal）公司。史蒂文·伯克斯（Steven Burks）和他的同事研究了"联邦"公司从2001年9月到2005年3月底雇用的5000多名司机的留任率。这家公司雇用的司机中，有92%是新手，也就是行业新军。25%的司机在受雇后10周内离开了公司，29周内离职的则有一半。研究者表示，这种离职率与行业内的数据相当，这表明，"每年有几十万人接受培训并尝试这份工作，但在几个月内就离开了。很可能还背着一身无法偿还的培训费欠款"。[7]数据显示，要填满长途整车货运所需的80万个左右的司机职位，每年需要培训15万~20万名新司机。[8]

人员流失代价高昂。更换一名司机的成本因货运类别和货运企业而异，不过行业数据和学术研究都表明，整个行业因人员流失造成的损失每年高达数十亿美元。[9]事实上，货运公司及行业协会一直宣称劳动力短缺问题亟待解决。那么，他们为什么不通过提高工资和改善工作条件来解决人员流失问题呢？因为有更便宜的方式可以解决这个问题。

长途卡车司机的工作非常艰苦，必须提高工资才能留住司机，货运公司对此心知肚明。在2011年的一项调查中，一家行业咨询公司提问货运行业高管，要想更有效地留住司机，工资应该是多少？近95%的人表示，年薪需要提高到50000美元以上。65%的人说，需要60000美元，近三分之一的人认为70000美元以上才行。[10]换句话说，这些高管认为，司机的工资需要提高将近一倍，才能解决人员流失问题。[11]

公司不想支付如此高的工资，而是采用了一系列策略来缓解人员流失问题，或者将问题和成本转嫁给他人。首先，大多数货运公司自身并不出资培训司机，而是把收费的公立和私立卡车驾校作为取之不尽的劳动力来源。几家最大的货运公司有自己的卡车驾校，培训费在4000美元左右。如果培训结束被录用，这些工人大多会与公司签订合同，合同规定如果为公司工作一年左右，培训费可以免除。如果在此之前辞职，就需要偿还培训费，而公司很可能会对这笔债务收取高额利息。换句话说，这些工人需要劳役偿债（debt peonage）①。

如果工人偿清债务重入市场，企业也容不得他们在工资上讨价还价，只会比照基准公司的水平付酬，不会高于同类型公司。

当工人积累了一些经验后——哪怕只有一两年，情况也会大不相同——他们可以选择就职于在地、利基或专属车队，这些企业作息时间合理，工资待遇也好。为了留住这些老司机，货运公司和专业媒体鼓励他们转为独立承包司机，承诺这将带来丰厚的回报，并且可以自主掌控工作条件。而实际上，对大多数卡车司机来说，做承包人比做雇员司机更糟糕。因为在承包制下，货运公司不仅向最能干的司机支付远低于其劳动价值

---

① 劳役偿债（debt peonage），指的是以劳役抵债的形式。债务人因为无法偿还债务，而被迫以劳役作为偿还债务的手段，提供劳役者以失去劳动自由甚至人身自由为代价。这种状态可能涉及债务人或其家庭成员的劳动被用作债务的担保，而这些劳动的价值通常远超债务本身，导致债务人长期处于无法摆脱债务的状态。——译者注

的报酬，而且还将拥有并运营卡车的大部分成本和风险转嫁给了他们。

误入这个行业的工人无疑是不幸的，不过，劳动力市场失灵的代价却是由我们大家支付的。我们的税款变成了工人培训补助金，补贴给永无休止的新司机培训，而缺乏经验的新驾驶员无论是在安全还是在效率方面都不及老驾驶员，这意味着公众需要为更多的高速公路事故、更高的保险费以及更多的燃油消耗和空气污染付费。

货运行业及其辩护者声称，他们对劳工问题无能为力。他们说，提高工资、改善工作条件就会被市场淘汰。他们坚持认为，工资水平是市场自然供求关系的结果，尤其是在争夺沃尔玛这样越来越巨大、越来越强势的客户的时候。

不过，真相远非如此简单。事实上，为了确保利润，货运公司共同制定了一整套严密周详的劳动力供给和管理方案，人为压低工资，违背工人意愿，限制他们离职，并将风险和成本转嫁给工人和公众。要了解其中的原委，必须了解这个行当的历史，以及这个行业现行的劳资关系从何而来。

卡车司机如何陷入今天的困境？

货运行业曾经不是那么糟糕，尤其是普通货运司机。直到20世纪70年代末，货运司机都是美国最好的蓝领工作之一。那个时候，货运行业是高度工会化的。后来，工会失去了对劳动力市场的控制，而联邦政府则开始对行业实行去管制化。去管制化后，市场竞争越发激烈。为了应对加剧的竞争，很多企业实行了彻底的去工会化。许多公司倒闭，幸存的企业里工人工资暴跌，工作条件恶化。与此同时，新的低成本公司进入市场。

以国家对货运行业的监管方式划分，行业历史可以分为三个时期。第一个时期是前监管期，从 20 世纪初货车出现，一直延续到 1935 年。第二个时期是监管期，始于 1935 年《汽车运输法》（Motor Carrier Act of 1935），该法案授权州际商会（Interstate Commerce Commission，ICC）在全国范围内对该行业进行经济监管。第三个时期的标志是一系列取消联邦经济监管的行政和立法措施，其中最著名的是 1980 年《汽车运输法》。

可以看出，在三个时期中，政府对这个行业愈演愈烈的恶性竞争趋势采取了完全不同的对策——这种竞争导致企业投资不足、整个行业效率低下、市场不稳定、服务质量差，破坏了行业的可持续发展。经济学家认为，造成这种趋势的因素有两个。

其一，货运行业缺乏资产专用性。货运行业所需的投资一般不针对细分或特定的产品市场。在大多数情况下卡车价格不高且通用，这意味着进入该行业的门槛相应比较低，当货运需求旺盛时，新企业能够进入市场，现有企业也能迅速提高产能。

其二，货运是一个需求拉动型行业，也就是说，依赖于客户对其服务的即时需求。货运企业不可能将其产品储存起来以备日后销售。当需求减少时，他们的部分设备、设施和劳动力即刻失去效用。一旦发生这种情况，公司有强烈动机降低向客户收取的运费以保持车辆运转，甚至愿意承担单次亏损以保持市场份额或产生可支付固定开支的收入，以度过低迷期。

导　言　这份糟心的工作从何而来？

以上两个特点一直是货运行业面临的重大挑战。在前监管时期，货运公司相互勾结，以期限制新公司进入市场，阻止价格竞争，这些安排常常由各种强大的工人组织实施，偶尔也能够解决上述问题。在监管时期，州际商会根据政府法规发放数量有限的运输许可证，特许某些公司运输特定种类的货物，往返特定区域，以此提高市场准入门槛。法规还取消了反垄断法对企业的监管，鼓励拥有同类运输许可的企业按照货物类型和路线共同制定价格，以保护良好的投资环境。与前监管时期一样，各种强大的劳工组织是这一时期企业利润最大化的重要保证。下文将对此进行说明。

监管对工人们还有另外的重要影响。监管时期，货运站网络增强了劳工相对于企业的地位。那时候，由于零售商规模较小，运输管理机构又限制了承运商们运送的货物类型和地理覆盖范围，许多受管制的货物都采用零担（less-than-truckload，LTL）[①] 运输形式。最大的那些货运企业发现，建设可以将小批量货物合并或拆分的站点是个有利可图的事业。没想到的是，这些站点及其所带来的承运商之间的关系，为工会组织提供了一系列不断扩展的相互关联的发力点。[12] 工会从此获得了一个法宝，控制一个或多个重要的站点，就有可能系统性破坏所有公司及其合作伙伴的业务。与此同时，法律还规定，如果拥有同类授权的货运公司都组建了工会，货运公司就可以提高价格，将工会化劳动力的额外成本转嫁给客户。

[①] 零担运输是指一辆卡车装载多个不同目的地的货物，通常需要在途中多次停靠和转运，适合中小规模的货物运输。——译者注

整个前监管时期,卡车司机都在为改善薪酬和工作条件进行集体斗争,在大城市,此类斗争常常卓有成效。实行监管之后,工会化的司机们控制了全美除农产品之外各个领域的运输(农产品运输一直不受监管)。在此过程中,他们建立了美国历史上人数最多,也是力量最强大的工会——国际卡车司机兄弟会(International Brotherhood of Teamsters,IBT,以下用"IBT"指代)。20世纪50年代,IBT为美国大部分地区的大多数卡车司机争取到了更好的工作条件和薪酬。20世纪70年代,IBT会员已跻身全美收入最高的蓝领工人行列,他们的收入甚至比加入工会的汽车和钢铁行业工人还要高出20%。[13]

IBT的很多成就都是在1957年到1967年之间取得的,当时担任IBT主席的是吉米·霍法(Jimmy Hoffa)。霍法的功劳不容置疑,不过,他只是采用了半个多世纪以来IBT一直使用的策略:坚持不懈地通过提高企业的盈利能力来提高工资,做法就是减少竞争。IBT成功的关键就在于此。霍法就任IBT主席的那年,一位研究者在其出版的学术报告中总结道:"IBT对本行业的需求异常敏感,一直努力加强卡车运输相对于其他运输形式的竞争地位。"[14]

霍法的重要性和创新性不在于他的战略,而在于他目标的远大。他想控制全国货运行业的劳动力市场。1964年,他实现了这个目标。他成功地通过谈判达成了第一份《全国货运总协议》(National Master Freight Agreement,NMFA)。这份协议为数百家公司的450000名长途和在地司机确定了工资及工作条件,其中包括所有最重要的普通货运公司,而普通货运是当时该行业最赚钱，也是最重要的分支。[15]协议大幅提高了大多数卡车司机的工资，尤其是南方和中西部低收入地区司机的工资。1964年的这份协议是霍法多年精心策划和组织的结果，他说服劳资双方，创建了一个统一的议价规则，用于为全美卡车司机的工资和工作条件设定标准。这套规则沿用到20世纪80年代。

霍法把企业也纳入全国性的统一谈判体系之后，就开始利用权力为企业和工人两方谋利益。通过减少货运企业之间的竞争和约制工人，他既确保了卡车行业的高利润和高工资，又保护了行业免受来自外部的竞争。

在1960~1961年进行的第一次全国性谈判中，企业和工会的要求一开始南辕北辙。雇主们非常抵触，但最终双方同意签订一份他们认为符合两方利益的合同。经济学家阿瑟·斯隆（Arthur Sloane）就谈判情况访谈了货运行业的高管，他总结道："他们认为，和解基本上是源于企业谈判代表向霍法充分说明了该行业的问题，以及（用一位经理的话说）'霍法制定方案、解决问题的决心'。"[16]

同样地，获得霍法允许，研究其谈判策略的经济学家詹姆斯夫妇（James and James）曾写道：

> 如果没有霍法的集权，货运企业将不得不与每个辖域有限的地方工会分别打交道……货运公司非常了解其兄弟行业——铁路运输业的困境，那里的工会一直阻碍铁路运输业提高效率和改进技术。因此，在卡车货运行业，许多

人赞赏霍法对工会的强势控制，并愿意为此付出代价。[17]

规模较大的承运商倾向于与工会签订多雇主合同，① 以此作为执行工具。斯隆调查了数十家大中型公司的经理人和所有者，发现他们都非常尊重霍法，他甚至认为他们对霍法的某些看法"近乎英雄崇拜"。[18]规模较小的承运商虽然担心合同"一刀切"，但他们也明白，一个有能力的、集权的领导远胜于一个可能很霸道的地方领导者。

虽然霍法希望有一个适用全行业的更为周密的协议，但他也经常根据特定雇主的需求，对全国总协议进行调整。根据斯隆的说法，霍法对基于经济理由提出的申诉都予以认真的考虑。随着时间的推移，他做出了越来越多的例外规定，而谈判范围的扩大也使雇主们收获了双重好处，"既能保证行业的稳定，又能在确有必要的情况下，从统一的合同规定中获得个别豁免"。[19]协议一旦签订，霍法就保证它得到严格执行。一位雇主告诉斯隆，霍法"不折不扣地履行合同，甚至不惜将自己置于政治危险之中"。[20]

霍法不仅努力提高了行业工资，还制定了统一的工资标准，这样既阻止了企业的减薪企图，也最大限度地减少了合法和非法的工资竞争。IBT强大的执行力不仅稳住了运费，还帮助淘汰了那些只能靠低工资来竞争的边缘承运商，大公司对此赞赏有加。[21]霍法对行业的影响，及其对实力最强的货运

---

① 多雇主合同（multiemployer contracts）允许工会代表多个雇主的员工进行谈判，并统一规定工资、福利、工作条件等。——译者注

企业带来的好处远不止于此。在某种程度上,他决定了行业内公司的数量和规模。霍法的影响力甚至可以触及公司的投资,如果公司有计划扩张或改变经营方向,也会征询霍法的意见。因为只要他愿意,他就可以向州际商会施加政治压力或威胁中断公司的劳动力供应来阻止并购。[22]总的来说,霍法更愿意与大型货运公司开展建设性合作。如果业内公司较少,企业盈利能力就有可能提高,雇主们更有可能建立起具有凝聚力的领导层,着手解决行业内长期存在的问题。所以霍法动用协议条款,利用工会对非工会企业的抵制,去淘汰效率较低的公司。

在政府监管之下,高工资也有助于提高利润和投资回报率。州际商会批准的运营率(运营费用占收入的百分比)是94%,如果劳动力成本增加,企业的投资回报率也会提高。所以,霍法的主要策略是说服监管机构批准提高货运价格。在1962年的谈判中,当霍法被问及是否有可能发生罢工时,他回答说:"除非需要用罢工来说服州际商会批准提高运价。"[23]斯隆总结道:

> 尽管有时不那么情愿,不过货运企业还是承认,就劳动力成本而言,霍法全盘代表了他们的利益。相比他们这些历来利润微薄、充满不信任、高度各自为战,并热衷于竞争的经营者自己,霍法做得要好得多……他为这个曾经混乱不堪的行业注入了巨大的稳定性,使其得以兴旺发达。毫无疑问,货运行业因为有了霍法而变得更好。[24]

在霍法的努力下，货运行业实现了空前的盈利增长，[25]而且大多数雇主似乎并没有因为对他有所依赖而感到不满。斯隆概括说："如果说他们把他看作是一个独裁者（大多数人这么认为），那也是一个仁慈的独裁者，一个开明的工会主义者，行事考虑行业的最优利益。"[26]不过，他们也担心这种权力会被其他人利用。霍法虽然赢得了雇主们的信任，但在与公司、工会同仁和政府打交道时的不讲情面，导致他屡屡被曝出丑闻，并受到多项刑事指控。很明显，霍法的地位受到威胁。雇主们担心，霍法的潜在继任者不具备控制雇主，以及控制工会内部政治的见识和关系。詹姆斯夫妇在著作中评论道：

> 没有霍法，正式的货运谈判规则可能仍然有效，但是搞平衡的方式就变了，没有霍法那样复杂精细的策略和熟练巧妙的手段，就搞不了那么好。这就是为什么支持霍法意义重大且众所瞩目：因为如果霍法不在了，工会与雇主之间，甚至IBT内部的权力平衡都将被打破。[27]

雇主们的担忧是有道理的。到1962年，霍法的法律麻烦越来越多。1964年，他被控贿赂大陪审团。霍法谈成第一个全国货运总协议时，正处于"陪审团操纵案"的阴云笼罩之下。他让IBT副主席弗兰克·菲茨西蒙斯（Frank Fitzsimmons）接替了自己，并希望在必要时从监狱中控制IBT。[28]1966年，在审判仍在进行（这场审判最终导致霍法被定罪）的形势下，霍法仍然完全控制了IBT当年的国际大会，并取得了会员们

导　言　这份糟心的工作从何而来？

对他的高度支持。为了彰显这种支持，大会代表们将霍法的工资翻了两番，而当时他的工资已经是美国所有工会官员中最高的。[29]

1967年，霍法终因操纵陪审团和滥用IBT养老基金而锒铛入狱。一切开始分崩离析。继任者菲茨西蒙斯为了争取支持，瓦解IBT中挑战他领导地位的势力，启动了总协议框架下大幅加薪的谈判。他几乎立即放弃了霍法煞费苦心建立的集权体制，将权力归还给地区和地方官员，希望以此获得IBT内部的效忠。[30]

不过，菲茨西蒙斯非但没有获得来自地方的效忠，反而失去了对强大的地方组织的控制。1967年和1970年的总协议引发了数次大规模的自发罢工，这在IBT历史上还是第一次。1971年霍法被赦免时，IBT已经发生内讧，几乎每个大城市都出现了倒戈的基层组织，领导层也被权力斗争搞得焦头烂额。[31]领导者们争相对IBT会员承诺更好的合同，以争夺霍法留下的权力真空。从1967年到1973年，IBT内部的竞争使IBT会员的实际工资增长了20%。[32]

IBT在谈判桌上的成功，削弱了工会化企业的竞争力。在霍法领导下，这种情况是不可能发生的，因为霍法"总是对市场保持谨慎态度，避免货运行业的任何分支将工资抬得过高"。[33]IBT变得越来越好斗，成本和价格也被推得越来越高，导致货运企业及其客户转而寻求替代方案，例如建立自己的专属车队。

1979年，工会和工会化企业遭遇了货运份额急剧下降的

16

厄运，IBT会员司机人数也相应减少——从1967年到1977年下降了20%~25%。[34]尽管市场份额下降，但受监管的工会化公司的利润和工会会员工资却比以往任何时候都要高，时薪比制造业工人还高出50%。[35]面对这种状况，支持监管政策的阵营众叛亲离，也让IBT的敌人们下定了决心。

20世纪70年代，经济低迷，通货膨胀达到两位数，而IBT仍过于频繁地"秀肌肉"。IBT会员工资的大幅上涨、货运成本的增加以及政府监管造成的效率低下，共同促成了解除行业监管的巨大政治压力。与此同时，滞胀带来的经济困境也在政府和国会内激发了对监管的质疑。主张货运行业取消经济管制的呼声迅速高涨，声浪甚至高于任何其他行业。

自1935年《汽车运输法》通过以来，保守派智囊团、经济学家和政治家一直在批评货运行业的监管。新政①派认为，监管是确保行业稳定的必要条件，但保守派经济学家则主张，用监管铁路的方式来监管卡车货运毫无意义，因为卡车运输与铁路不同，不大可能形成垄断。卡车运输行业投资成本低、机动灵活，会自然形成一个更为原子化的结构，不会出现高度集中或者运力、服务不足的情况。从这个角度看，统一价格和限制行业准入反而会造成垄断，导致效率低下和人为抬高价格。[36]这些论点未能说服罗斯福政府，但从艾森豪威尔到卡特的每届政府都会重提货运行业去管制化问题，且关注度越来越高。

去管制论者与私人基金会、智囊团和大学学术界合作，不

---

① 指美国罗斯福总统任期实行的新政。——译者注

断扩展他们的支持者队伍,建立了广泛的联盟。[37]随着时间的推移,主流经济学家几乎达成了一个普遍共识,即对重要行业,尤其是公用事业、运输和通信行业的经济管制会导致效率低下,应予以取消。20世纪70年代,智库通过大量研究成果和游说活动,将这一共识政治化,推动了去管制化的议程。[38]

大学、智库和政府之间的"旋转门",为去管制化的倡导者们提供了进入最高决策层的机会,例如成为经济顾问委员会的成员。与此同时,美国企业研究所(American Enterprise Institute)、布鲁金斯学会(Brookings Institution)和其他智库纷纷发表论文、召开会议,为各行各业去管制化建言献策,货运行业首当其冲。[39]

他们的主要论点是,政府监管产生了货运业的超额利润——或者说以牺牲消费者利益为代价的超额收益——超额利润的66%~75%以高工资形式流向劳动力,[40]剩余的则作为利润归企业所有。在去管制化前,有1.8万家货运企业获准运输受监管的货物,就是当时所谓的普通货运公司。其中约1.7万家通常运送单一类型的整车货物,另外1000家左右拥有运输普通货物的授权。到20世纪70年代末,这1000家左右的普通货物承运商的收入占到所有受监管货运的三分之二,获得了可观的利润。[41]1964~1973年,大型普通货运企业的平均税前净资产回报率为19.4%。在此期间,所有制造业公司的回报率为15.8%。1976年,这些货运企业的回报率达到了23.7%,而制造商的回报率约为14%。[42]1977年,8家最大的普通货运企业"获得的净资产回报率是《财富》500强企业平均水平的两倍"。[43]

20世纪70年代末，取消监管的论点在学术界已经所向无敌，智库和游说团体开始展开政治攻势，并与消费者权益保护团体和托运人结成强大的联盟，为去管制化施压。他们打出的旗号是提高效率和降低消费者成本，不过主要支持者清楚地认识到，去管制化就意味着"打击卡车司机工会的势力"。[44]去管制化论者的首要任务是，战胜在监管体制下获益的货运公司和IBT的强大游说力量。

与此同时，卡特总统也在寻求解决滞胀和提高燃油效率的方法。他的首席经济顾问查尔斯·舒尔茨（Charles Schultze）指出，卡特之所以倾向于去管制化，是因为"如果你向500位经济学家提出这个问题，499位会说你应该这么做"。[45]在总统的支持下，支持去管制化的联盟发展成为一个容纳多种力量的新型混合体，其中既有保守派团体，如美国保守派联盟（American Conservative Union），① 也有自由主义团体，如共同事业（Common Cause）② 和拉尔夫·纳德（Ralph Nader）的消费者联盟（Consumers Union），还有农业团体，如美国农业事务联合会（American Farm Bureau）。[46]最后，还包括美国货运协会（American Trucking Associations，ATA）中两个政见不同的分会，它们分别代表专属和承包制的货运公司。正是由于这种多样性，去管制化的主张被认为符合公众利益，[47]具有极大

---

① 美国保守派联盟（American Conservative Union）是美国的一个保守主义政治团体，也是美国历史最悠久的保守派游说集团。——译者注
② 共同事业（Common Cause）是一个总部位于华盛顿特区的无党派监督组织，主张政府改革。——译者注

导　言　这份糟心的工作从何而来？

的合法性。如《巴伦周刊》(*Barron's*)① 中的一篇文章所总结的那样：

> 争取去管制化的运动背后站着美国消费者联合会、全美制造商协会、全美独立企业联合会、美国农业事务联合会和共同事业组织，如此多样化的机构共同对抗美国货运协会和卡车司机工会，所求必定是健全的公共政策。[48]

虽然代表该联盟出面的通常是其非企业成员，但最早的参与者是托运企业，其中一些企业拥有自己的大型专属车队。许多美国最大的制造商都参加了这个争取去管制的联盟，如：杜邦（Du Pont）、通用磨坊食品公司（General Mills）、佐治亚太平洋（Georgia Pacific）、利华兄弟（Lever Brothers）、宝洁（Procter and Gamble）、卡夫（Kraft）、金佰利-克拉克（Kimberly-Clark）、联合碳化物（Union Carbide）、国际纸业（International Paper）和惠而浦（Whirlpool）等。此外，还有20多个代表各种制造商和零售商的协会也加入了这支队伍。这些公司都可以从去管制化中获益。其中一些公司（如西尔斯、罗巴克公司）拥有成熟的带专属车队的分销系统，他们了解货运行业的运营。挤压IBT的规模和权力，他们将是最大受益者。[49]

---

① 《巴伦周刊》(*Barron's*) 由新闻集团旗下的道琼斯公司出版，是《华尔街日报》的姊妹刊物，专事报道美国金融信息、市场发展和相关统计数据。——译者注

无论联盟成员们对 IBT 有何种企图，去管制化给 IBT 和劳工带来的后果是众所周知的，卡特政府也接受了这一后果。但在 1979 年全国货运总协议（NMFA）到期之前，卡特政府一直保持沉默。观察家们认为，下一个货运总协议将考验卡特为应对通货膨胀而颁布的物价和工资指导线。

新的货运总协议谈判开始后，IBT 提出的工资要求远远超过卡特的指导线，这时政府打破了沉默。一位发言人宣布，如果工会赢得超出指南的"大幅"工资增长，政府将迅速推出彻底放开该行业监管的政策。IBT 无视威胁，举行罢工并赢得了大幅加薪。政府无力阻止该协议，只能宣布其没有超出政府的指导线。但《美国新闻与世界报道》（*U. S News & World Report*）称，这份协议"重创"了卡特利用指导线打击通货膨胀的努力。[50]

随后，就取消货运监管法规，国会中的各方展开了激烈论战。ATA 和 IBT 发起了强大的游说活动，其阵势可以说是国会历史上最强之一。[51] 他们反复强调当初制定法规时所使用的基本论点：没有法规就会出现混乱，服务质量就会下降，小托运人和社区利益受损，而司机们会为了增加收入对自己加压，同时减少对设备的投资，从而导致安全隐患增加。

实际上，他们对 IBT 会员及其雇主公司的经济利益的关注远超对公共利益的关注。IBT 主席告诉一位国会议员，即使是打了折扣的去管制化也会"造成对合格货运企业毁灭性的打击，而这些企业现在雇用了我们 50 万名会员"。[52] 许多人认为，与对手相比，IBT 的游说策略粗糙且无效。工会甚至被发现试图贿赂一名重要参议员；包括 IBT 主席在内的 5 名 IBT 会员最

导　言　这份糟心的工作从何而来？

终被判犯有共谋行贿罪。[53]

最终，货运协会和IBT被轻松击败。有资料显示，卡车司机们本认为可以指望的许多选票都因为一些表面理由而丢失。经过学术界和智库数十年的宣传，到20世纪70年代末，立法者已经接受了去管制化肯定会带来经济效益的观点。[54]很少有人关注去管制化的负面影响，这些负面影响似乎将由劳工和行业特殊利益集团承担。在一系列立法和行政决策中，准入限制、特殊货物运送授权，以及几乎所有重要的监管内容都被取消了。尽管州际货运监管，包括州际商会，在1985年里根总统执政时期才最终被取消，不过1980年的立法已经清楚地宣告了货运行业监管的终结。

1980年，卡特总统在签署《汽车承运商法案》后表示：

> 这是一项历史性的立法。它将消除45年来过度且不断膨胀的政府限制和繁文缛节。它将产生强大的反通胀效应，每年可降低消费者成本多达80亿美元。因为结束了浪费，每年将节约数亿加仑①的宝贵燃油。所有国民都将从这项立法中受益。消费者将从中受益，因为我们购买的几乎所有产品都是通过卡车运输的，而过时的法规抬高了我们每个人必须支付的价格。托运人将从中受益，因为将出现新的服务方式和价格选择。劳动者也将受益，因为会有更多的就业机会。货运行业本身也将受益，因为有了更大的灵活性和更多的创新机遇。[55]

---

① 1美制加仑等于3.785升。——译者注

去管制化来得如此之迅捷，让现有货运企业措手不及。在货运企业努力适应的最初几年中，行业内一片混乱。经过几十年的监管，该行业发展出的运力远远超过了去管制化后的需要。监管时期，为了躲开普通货运公司僵硬又昂贵的服务，大型制造企业和零售企业都建立了自己的车队。随着去管制化，企业专属车队和零担运输运力过剩，导致货运价格大幅下降。与此同时，大量新公司涌入市场。在去管制化开始之时，拥有州际商会授权的货运企业是18045家。而去管制化的第一年，1981年，州际商会收到28700份成立新公司或扩大授权的申请。[56]

1981年恰逢经济衰退，货运量下降。在激烈竞争的环境下，各公司纷纷降价。与监管时期的规定价格相比，高达70%的折扣屡见不鲜。[57]专门做整车货运的非工会化公司在竞争中处于有利地位，获得了蓬勃发展。工会为了防止现有货运企业破产，阻止低成本的非工会企业进入市场，在工资方面做出了让步，但未获成功，而以前很难进入被监管的货运市场的自营车主进入了新的细分市场，这进一步削弱了IBT的影响力。在几年内，普通货运市场就一分为二：一个是几乎完全非工会化的低成本整车运输市场板块；另一个是保留了工会，但市场份额大幅萎缩，基于货运站点，且主要处理数量较少、利润较高的货运业务的零担运输板块。

这种转变迫使货运公司不得不为生存而战，利润急剧下降。到1982年，普通货运企业的平均运营率接近99%，从监管时期过来的企业有近40%出现净亏损。[58]少数资金雄厚、经过监管时期的零担货运商押注长期回报，不断压低价格，将竞争对手赶出市场，蚕食市场份额。也有很多货运商被昂贵且现在利用率低下的货场系统，以及不肯在工资上让步的 IBT 拖累，惨遭灭顶之灾。

在去管制化的前五年，有 6740 家货运企业倒闭，收入超过 100 万美元的普通货运企业中有 57% 退出了该行业。[59] 1991 年经济衰退结束时，该行业已全面洗牌，1965 年时最大的 50 家货运企业此时只剩下 5 家。[60]

去管制化带来了持续到 1990 年代的生产力的不断提高。[61] 不过即使淘汰了竞争力较弱的公司，去管制化 20 年后，普通货运的整车运输市场仍然处于激烈竞争状态。在监管的年代，货运企业的利润率高于平均水平，但现在利润几近于零。普通货运虽然仍是最主要的货运类型，但已成为利润最低的类型。尽管生产率提高、成本降低、需求大幅增长，普通货运公司 2001 年的利润率仍仅为 0.6%。[62]

存活的货运企业都转向使用非工会劳动力，结果是整个行业的工资水平下降。IBT 及其会员，以及非工会驾驶员都感受到了这种变化。在去管制化的前 10 年，IBT 失去了约 25% 的会员，即近 50 万人。[63] 工会会员从 1978 年占卡车司机总数的 56.6% 下降到 1990 年的 24.1%。[64] 到 1997 年，这一比例下降到 19.7%，长途货运司机只有 10% 加入了工会。[65] 这些年来没有针对长途司机的任何有代表性的调查，但我可以说，在我接受培训和从事长途运输的 6 个月，加上在卡车驿站进行访谈的几个月，我与数百名卡车司机进行了交谈，只有一位卡车司机为一家有工会组织的公司工作。如今，基本上没有长途卡车司机加入工会。

从去管制论者的目标看，货运行业可以说是美国历史上最成功、最重要的去管制化案例。现在，大公司支付的运送货物的费用低了很多。但是，去管制化也给卡车司机带来了更低的工资、更多的无偿工作和更加恶劣的工作条件。据估计，在去管制化后的最初几年里，超过60%的成本削减来自降低的薪酬。从1977年到1987年，长途运输业雇员司机的薪酬（含福利）每英里下降了44%。[66]减薪对各类驾驶员都有影响。[67]尽管工会会员司机还保持了20%的工资溢价，但工资总数仍然减少很多。[68]

去管制化后的20年间，工作条件急剧恶化，以至于研究该行业的著名学者迈克尔·贝尔泽（Michael Belzer）将卡车描述为"车轮上的血汗工厂"（sweatshops on wheels）。[69]如果考虑到司机们今天超长的工作时间，他们的可量化产出应当是1970年代末的2倍，而工资却低了40%。[70]

23 理解货运业劳动力市场的转型

社会学家埃里克·欧林·赖特（Erik Olin Wright）认为，工人是否有力量建立卡车司机工会这样的劳动力市场上的正式组织，取决于其结社能力，即工人就共同经济利益集体发声、集体行动的能力。无论是马克思主义还是新古典主义的经济学理论都认为，工人结社能力的发展及其所养成的正式组织，本质上有碍企业实现利润最大化的目标。[71]这些理论假设工人集体力量是资本家利益的对立物，随着工人力量变得强大，他们既可以从资本家手中分得更多利润份额，还可以干预资本家决

导　言　这份糟心的工作从何而来？

定资本配置和控制生产流程以追求利润最大化的能力。

而赖特认为，工人力量与资本家利益之间的关系远为复杂。虽然早期工人力量的加强可能不利于雇主，但增强到一定程度，就会带来好处。这是因为，当工人力量非常强大时，且不再频繁或持续地受到来自雇主的对抗，困扰资本家的集体行动问题就随之解决，生产力就会提高，双方均可从中受益。[72]

货运行业就是一个很好的例子。当工人控制了该行业的劳动力市场时，他们以集体行动的方式增强了工会化企业的盈利能力，这不是企业自身能操作的。IBT根据资本积累的要求对工人进行约束，在生产环节节制工人力量——例如，几乎杜绝了罢工，简化了工会申诉程序，说服工人同意采用节省劳动力的技术。它还设立了整个行业的工资标准，帮助限制新企业进入市场，并制止了企业间的价格竞争。最后，IBT支持对行业有利的政府监管，帮助保护行业免受外部竞争者的冲击。强大的IBT不仅会给工人带来好处，也为他们的雇主带来了更高的利润。

去管制化结束了这一切。随着竞争的加剧，混乱随之而来。最严重的是，工人们开始因工资降低和工作条件恶化而在公司间流转，劳动力市场出现动荡。企业一方面在劳动力市场上相互争抢，另一方面又努力削减劳动力成本以提高竞争优势。长途司机越来越不好干，工人开始成群离开这个行业，很快，雇主们就找不到足够的训练有素、经验丰富的司机了。去管制化扰乱了货运行业中正规的劳动力市场机制，把工人驱离了市场。

企业的劳动力战略简单明了，就是带来利润，但是没有什么快捷途径能将工人重新纳入货运行业的劳动力市场。去管制化后，货运企业对廉价、顺从的司机的需求越发高涨，他们想要工人挣更少的钱却干更多的活儿，在全国各地奔波而不会要求经常回家。但当时满足这些条件的劳动力严重不足。货运行业需要创造出这样的工人。

对于单个雇主来说，即使没有劳工的反对，这也是一个不可能完成的任务。设想刚刚培训出一个司机，竞争对手瞬间以略高的工资挖走，那么投入于招聘和培训新员工的成本就是不合理的，这种投入也无法持续。同样，从根本上改变司机的工作方式，要求工人多干少挣，也需要全行业统一行动。如果工人们能够货比三家地找工作，那么就没有任何一家公司能要求工人挣得少干得多，还肯于长时间远离亲人。换言之，要想解决问题，雇主们需要联合行动。

本书的结构和贡献

如今，货运公司为协调劳资关系做出了一系列安排，一方面重新构建工人和企业的关系，另一方面加强了对劳工的剥削。他们广开招聘大门，持续不断地诱使新人进入行业，然后将这些工人输送到各种培训项目（通常由政府支持）中。本书第一章就是讲述货运企业招聘和培训工人的历史和现状。

一旦有人应聘，企业就会努力留住他们，并保持低薪使用。第二章介绍了长途卡车司机的工作状况，解释这种状况如何影响工人对就业机会和发展前景的理解，并进一步说明卡车

导　言　这份糟心的工作从何而来？

司机为何愿意通过承包的方式来"购买自己的工作"。

第三章通过描述企业如何向工人推销承包制，以及雇主们如何联合第三方发展出支持承包人的体制，讲述工人是怎样被诱使购买自己工作的。推出承包制后，雇主不仅保持了对工作场所或劳动力市场的控制，还重获了在监管时期曾经拥有的一些优势（当时由工人结社所提供）。

在第四章中，读者将了解到，对大多数工人来说，承包制是多么的残酷，而雇主们为什么喜欢承包制。承包制不仅保持了低薪酬，将拥有设备的大部分风险和成本转移给了工人，还制造并留住了高效率的工人，劝服他们至少在一段时间内**相信**了承包制。换句话说，工人无条件地把自己许给了雇主。

本书最后一章，即第五章的实证分析表明，这种新的劳动安排是企业一方协同行动的结果。借助第三方公司提供的劳动力调查、招聘、培训和管理服务，企业避免了购买劳动力时的相互竞争，制定了统一的工作内容和工作条件，以及相应的合同条款，这就保证了行业的低工资水平。虽然第三方公司通常被认为是独立经营的劳动力市场中介，但我发现，在协调雇主们的行动方面，他们发挥着至关重要的作用。他们的所为就如历史上正规的劳动力市场机构，彻底重建了货运业的雇佣关系。

* * *

总之，货运行业的工作和雇佣关系已经发生了根本性的转变。在工会说了算的时代，卡车司机是一个非常好的职业，而

26 现在，司机们干什么、怎么干，雇主们的决定权越来越大。雇主们根据需求创造并优化劳动力供给，同时压低工资尽量减少公司之间的人员流动，并延迟工人退出该行业的时间。现在，雇主可以生产出愿意在苛刻条件下自我压榨（self-sweating）的司机——只挣很少的钱，甚至几乎没有收入，而且还冒着巨大的风险，仍然坚持工作或做出更多牺牲。在很多情况下，这些司机也别无选择。

雇佣关系的变化也发生在美国其他行业，它集中体现了美国社会的深刻变化。正是这一被称为"新经济"——政府监管力度减弱、工会或其他劳工势式微、劳动力全球化——的变化，加剧了美国社会的不平等。[73]社会学家称这类工作为"不稳定职业"，因为它们通常要求工人具有更强的适应性，并承担更大的风险。[74]

经济学家和社会学家普遍认为，劳动力市场的样态日益被一系列"新自由主义"[75]的理念和政策建议所规制。新自由主义主张依赖市场机制、依赖个体的解决方案，减少政府监管和政府对企业和资产的控制。新自由主义相信，在自然市场条件下，劳动力价格和工作岗位的形态是无数企业和工人根据供求关系采取的个体行为决定的。

长期以来，社会学家一直认为，事实上，市场是由社会构建的，正式制度（如政府的最低工资规定，工会）和非正式制度（如行为规范和工人期望）共同确立了劳动力市场的运作方式。当今主流的社会学叙事则认为，除了这些最基本的因素，从根本上说，企业和工人的市场行为不涉及阶级的集体行

导　言　这份糟心的工作从何而来？

动，无论工人群体还是雇主群体都是这样。当然，以前研究集体行动——主要是工人试图通过工会或专业协会提高工资——的社会学家和经济学家明显是想沿着阶级路线构建劳动力市场的互动关系，这也是公认的。

除了这些研究，还有一种假设，即在自由劳动力市场上，雇主很少或从没有作为一个群体一致行动来获得对工人的优势——除了针对政府的全行业政治行动，例如阻止一个方便工人加入工会的法案。[76]学者们虽然承认，第三方（如临时工中介这类劳动力市场中介机构）在制定新的用工规范[77]或游说争取有利法规方面发挥了作用，但这种行为大多不被视为阶级行动。相反，尽管第三方行动者制定了新经济时代劳动力市场的规范，却被看作自利的企业家，并不偏向于工人或雇主。[78]

只有非正式制度的劳动力市场被描绘为阶级中立的社会空间，第三方也被认为是中立的。在这样的市场环境条件下，雇主和求职者能够依据他们各自的个体特性和行为，调整他们的雇佣关系，以实现其各自的利益最大化。也就是说，人们对劳动力市场运作方式的普遍看法是，劳动力市场的交易越来越多的是由自利的个体行动者根据对特定种类工人（如具有特定技能或教育背景的人）的供求关系自由交换决定。[79]《大卡车》一书将表明，这种对劳动力市场的认识未能把握到雇主集体采取的系列行动，这些集体行动解释了为什么去管制化和非工会化的劳动力市场会对工人如此不利，为什么会有如此多的工人最终进入并长期驻留在对他们不利的市场中，以及他们又是如何进入的。

第一章 商业驾照制造厂
专业卡车司机的培训

准司机们

自1990年代以来，数百万工人接受了驾驶货柜车的培训，并获得了商业驾照（Commercial Driver's License, CDL）[1]。和我一样，他们中的许多人都上过大型私立"CDL驾校"，这些学校通常由货运公司自己开办，每一家每年培训数千名新司机。在美国，几乎每个周一早上，都会有数千名渴望成为卡车司机的工人参加驾校的开学。大衰退[2]前一个普通的周一早上，在位于美国中西部的一个中等城市里，我在一家被我称为"高端"（Advanced）的公司所经营的驾校观察一群受训人员。在所有重要方面，高端与我曾工作过的"利维坦"（Leviathan）公司都是一样的。第一天，几十名学员按照指示于早上6点到高端指定的全国连锁汽车旅馆大厅报到。他们是前一天晚上从邻近的几个州来的。

这些想成为卡车司机的人聚在一起，兴奋地喝着免费咖

---

[1] 美国商业驾照相当于我国的B2驾照，其中又分为A级和B级。——译者注
[2] 指2007~2009年的全球经济危机。——译者注

啡，随意地聊着天，内容无非是自我介绍，然后说明为什么来此。他们来此是因为想成为卡车司机。很难想象还有什么其他目标可以把差异如此巨大的美国工人聚集到一起。马特（Matt）是一位来自圣路易斯的 20 多岁的白人福音派基督徒，拥有 4 年制大学哲学学位，曾担任过几年戒毒戒酒顾问。他再也无法忍受整天与街头瘾君子一起工作后带回家的压力和负面情绪。马特订婚了，很快就要结婚，他希望开长途车能攒钱组建家庭。丹妮丝（Denise）是一位年近四十的黑人女性，来自堪萨斯城一个贫困社区。作为一名单身母亲，她一直做着好几份低薪的零售工作来养活她的 3 个孩子。孩子们都还住在家里。大女儿就要生娃了，丹妮丝需要一份收入高一些的工作支撑添丁后的家庭。丹尼斯（Dennis）是一名 24 岁的白人，曾在阿富汗担任军队的直升机机械师。退伍后，他想找一份为民用直升机提供服务的工作，结果只能在一家为大航空公司提供航空食品的公司工作，挣的钱仅略高于最低工资，还没有医疗保险。他已经不再对航空业抱有希望。米奇（Mitch）来自俄亥俄州，是一位年近六十的白人男性。他在克莱斯勒装配厂安装轮胎 30 年，落下了腰痛的毛病。现在他退休了，拿着退休金。不过他最近正在离婚，所以他需要一笔相当数量的固定收入。他希望从卡车司机退休时，能赚到一笔钱，买一辆哈雷·戴维森摩托车。里克（Rick）是一名白人卡车技工，来自印第安纳州际公路边的一个小镇，他"看起来 40 岁了"，已婚，家里有一个 6 岁的儿子，需要更多的收入来支付账单。他说拧了 17 年螺丝，"烦透了"，辞职了。原先的工作让他对长途运输了如指掌，深知离开家人的日子会很难过，但他需要钱。他也无法回到原来的工作岗位，因为他的老板已经"几乎免费"地雇用了两个年轻人代替了他。杰姬（Jackie）和劳拉（Laura）是一对来自印第安纳州东北部的女同性恋伴侣，她们计划组队开车。杰姬以前在办公室做临时工，劳拉则为一辆餐车做备餐。她们曾几次搭过一位卡车司机朋友的车，由此得出结论，开车跑长途是一个既能赚钱又能一起游玩的好办法。布莱恩（Brian）和贝丝（Beth）这对新婚夫妇是福音派基督徒，刚刚完成4年学业，拿到心理学学位。他们想组队开车，省吃俭用，存钱支付研究生院学费和房子首付。乔（Joe），年轻的单身白人男性，曾派驻阿富汗担任陆军计算机专业人员。他曾在卡夫食品公司的一个仓库里做叉车操作员，每小时挣8美元。更多的新人涌入大堂：名为拉里（Larry）的黑人来自底特律，他做过一大堆糟糕的工作。40多岁的白人泰勒（Tyler）辞去了水管工的工作，因为他的福利"泡汤了"。鲍勃（Bob）原先在一所非工会工厂打工，来此是希望工资高些，福利好点。约翰（John）和迈克（Mike）都曾是家得宝的员工，不满于每年只加薪25美分/时。比尔（Bill），20多岁的白人小伙子，之前是印第安纳州某地的高速公路养路工。沙恩（Shane），来自芝加哥的30多岁黑人男性，在很多低端零售岗位做过。在这群人中，只有蒂姆（Tim）一个人开过载重卡车。他是一名30多岁的白人男性，一直在当地开车，但是没有商业驾照。无论和蒂姆聊什么，话题都会很快转向他认为做卡车司机能赚多少钱，然后就是赞美他的家乡俄亥俄州扬斯敦，或者克利夫兰布朗队（Cleveland Browns）在下一个赛季的前景。所有前来受训的人都有类似的财务需求和在其他行业各种各样不成功的工作故事。这一群体在种族（没有拉丁裔）和性别方面各不相同，有着多样的工作和教育背景。[1]虽然有一些人最近失业，但是所有人都有稳定的工作史。他们聚集于此，是因为相信开卡车是薪酬和福利最好的工作。他们对此充满希望，殷切的希望。不过他们中的大多数人没有搞清楚，这里并不是真的岗前培训。高端并没有雇用他们，只是为他们提供了一个卡车驾校的名额。高端不会雇用很多人——这实际上只是一次加长的面试，公司为此还每天收取数百美元的费用。这是今天大多数工人成为卡车司机的方式。以前可不是这样。

过去的卡车司机来自何方

在监管政策实施之前，很多卡车司机是兼职的，开长途只是为了补贴家用。也有曾经设法将农产品廉价地运送到城市市场的农民，开长途是为了替代其农业收入。在监管政策期间，农场主和农业工人仍然是货运行业重要的劳动力构成。许多非农卡车司机是从家庭或军事培训中学会的驾驶技术，不过大多数卡车司机是通过工会控制的公司在职培训项目进入货运行业的。

最重要的是，开卡车是大多数人一生的职业。对于享有高工资、良好工作条件，以及稳定工作的IBT成员来说尤其如此。很少有其他工作能诱使这些工人离开货运行业，所以企业几乎不需要招聘和培训新员工。当需要增加劳动力时，IBT对招聘有很大的发言权，新员工很可能由在职的工会会员进行培训。非工会司机多是在农场或者通过家人学习使用重型设备或驾驶卡车的工人。

去管制化完全打乱了这些传统的劳动力来源和劳动力培训方式。去管制化后的 10 年左右，快速增长的整车货运行业雇用了大量因破产和企业重组而失业的司机。随着竞争迫使公司不断减薪，以及工作条件恶化，老司机们去了收入高的零担货运企业、企业专属车队或利基公司，或者完全退出了这个行业。

随着这支训练有素的劳动力队伍的枯竭，企业被迫制定了一系列招聘和留住司机的策略，目的是把越来越多的完全没有驾驶卡车经验的新人带进行业中。

虽然政府不承认卡车司机为熟练工种，但要成为一名安全高效的司机需要掌握多种技能。掌握基本技能只需要几个月的时间，而熟练掌握这些技能则需要几年。伴随着货运企业开始吸纳大量新司机，安全问题日益受到关注。在去管制化后的几年内，联邦政府重新开始对货运行业进行监管，以确保安全，这件事由联邦汽车运输安全管理局（Federal Motor Carrier Safety Administration，FMCSA）负责。该机构的任务是制定卡车司机的主要工作规范，这将在下一章中讨论，但最先实行的重大改革是要求所有牵引车司机都必须持有商业驾照（CDL）。为新驾驶员颁发驾照并提供初始培训的需求迅速刺激了卡车驾校的发展。到 1980 年代中期，许多货运公司越来越依赖卡车驾校招聘和培训司机。那些非货运企业开办的驾校也很快开始根据货运企业的要求提供培训。1986 年，货运企业成立了专业卡车司机协会,为学校制定标准,并在此后不久开始对学校进行认证。据该组织的一位创始人估计,到1990年代末,美国大约有1500所专业卡车司机驾校。[2]与此同时,很多大型货运公司开办了自己的驾校。

1990年代初,学习"开车"的机会比比皆是。不过,在工人们进入驾校或接受货运企业培训之前,需要说服他们相信,开卡车是一份好工作。

诱惑工人进入货运业的旋转门

招聘新司机是一项艰巨的任务,大型企业每年为此花费数千万美元。例如,与利维坦公司差不多的美国施奈德物流公司(Schneider National),它拥有约14000辆卡车,是整车货运行业的龙头企业,他们会根据行车记录、犯罪记录或不稳定工作史拒绝许多求职者。2004年,施奈德公司报告说,共收到32万份工作咨询,发出11.2万份邀约。其中约三分之二(7.42万份)有回应,约一半(3.77万份)前来面试。通过面试的2.7万人中,最终被雇用的只有9959人,还不到寻求咨询的总人数的3%。[3]

换句话说,在2004年雇用的近万名司机中,每招聘1名司机,施奈德公司需要先激发起32个人对这份工作的初步兴趣,并促使其中的11位实际提出申请。如果这些工人真的知道这份工作是什么样的,他们中的大多数人是不会想要这份工作的,因此,施奈德公司能做成这样相当不易。

赚大钱的虚假承诺

大多数尝试卡车驾驶职业的人实际上是在进行一场很大的

赌博。长途货运不是你今天申请、明天就能开始赚钱的工作。独立开车上路之前，先要花费数千美元、几个月时间获取商业驾照。因此，在进入这个行业前，至少有几个月时间可用于认真考虑卡车司机职业的利弊。实际上，许多人对这个职业究竟对自己和家人意味着什么知之甚少。部分原因是他们很难获得有关这项工作的真实情况。即便知道有风险，该行业仍能成功招募大量人员，也是因为未来的司机们对这份工作存有误解。货运企业、营利性职业驾校和招聘公司都有意识地宣扬这些误解，在某些情况下，公立的职业驾校和政府机构（如政府失业办公室）还有意无意地给予背书。在我的研究过程中，与我交谈过的一些卡车司机和行业新人告诉我，他们之所以进入这个行业，是因为他们相信，作为卡车司机，他们会有更多的工作自主权或工作保障，而几乎所有新司机都相信，这份工作比他们能找到的其他任何工作挣钱都多，这才是最终吸引他们入行的原因。包括利维坦和施奈德在内的一些公司对卡车司机的工资有相对真实的描述，但许多公司都故意混淆新手和老司机的工资，以此误导新司机。关于这份工作对工作时长和离家时间方面的要求更是无人提及。

34　　为了理解货运公司是如何描述这个行业的，我查阅了在卡车驾校、高速公路服务区、卡车驿站和其他地点（如沃尔玛这样的大型零售店）分发的招聘杂志。这些出版物为报纸大小，100页左右。大多数有一些关于货运的短文，不过主要内容是招聘广告。这些广告以各种不同的方式介绍长途货运工作，从司机收入到货运公司的卡车质量，面面俱到。广告用各种修辞手法描述这项工作的"价值",并将货运公司描述为从家庭到旅行社的各种形象。

招聘工人的关键因素是收入,为了解公司对收入描述的准确性,我对2004年秋季至2008年秋季出版的4种常见出版物中20期的招聘广告进行了编码。这些广告大多暗示卡车司机收入高,但只提及每英里工资,只字不提收入的具体数字。不过,每隔几页,我就会发现一些广告提到年收入。

十几家不同的整车货运公司在广告中介绍了司机第一年或第二年的"平均"或可能收入。"学员司机"低至36000~39000美元,"第一年司机"可能达到60000美元。这些广告中的数字平均下来,新驾驶员年工资将近48500美元,"中等水平"的司机平均收入更高,约为57000美元,顶级司机平均可拿到约71500美元。

鉴于2006年美国工薪阶层的中位数收入约为26500美元,[4]不难理解为什么从事服务业和蓝领工作的工人会认为这样的薪水很有吸引力。不幸的是,这些数字严重扭曲了卡车司机的实际收入。我访谈了39名公司的雇员司机,记录了其中31人的年收入,他们在前一年工作了整一年,没有报告过失业。工作经验不足两年的平均收入为30200美元,比广告中的同类薪酬低38%。有2~9年驾龄的司机,平均收入为43300美元,比广告中"中等水平司机"的收入低约25%。拥有十年或以上工作经验的司机,平均收入为51200美元,比广告中的所谓顶级司机低30%。

我的司机们报告的收入与其他消息来源一致,但这并不妨碍该行业大肆宣传虚假的高工资。误导准司机的不是少数无良企业。驾校，[5]甚至该行业的主要贸易协会——美国货运协会（the American Trucking Associations，ATA）都声称："有两年以上工作经验的长途卡车司机通常每年至少能挣到5万~6万美元。"ATA还宣称："一些特殊的驾驶方式，例如两人一车，每位驾驶员的年收入可达10万美元。"[6]

实际上，ATA招聘网站吸引来的几乎所有工人都会在利维坦这类封闭式整车（dry van）货运公司工作个一两年。ATA在2011年进行的基准调查发现，此类公司的每英里平均工资为36美分。[7]国家运输研究所（The National Transportation Institute，NTI）是一家行业基准研究机构，每季度对350家主要货运企业进行调查，2011年的数据与行业协会相同。[8]在这一细分市场上，中等水准的长途驾驶员的行驶里程因货运量不同而有所不同。在一家典型的大型公司，如果一个司机有足够经验，能够达到满负荷工作，那么平均每周可跑2200英里，如果每年工作50周，就能开足110000英里，算下来，年收入可达39600美元。封闭式整车运输的平均起薪为每英里31美分。通常情况下，新司机在最初六个月到一年的时间只能拿到最低工资。幸运的话，第一年能行驶100000英里，收入约为31000美元（不包括他们在培训的几个月期间拿的那点钱，甚至没有工资）。在许多公司，驾驶员还可拿到基本里程工资的几个百分点作为非驾驶工作的报酬，还可能获得燃油效率或安全方面的奖金。对许多司机来说，这些额外报酬可使总收入增加数千美元。

第一章　商业驾照制造厂

准司机们可能会像我的几位受访者一样，从政府失业办公室获得更多有关长途货运工作的信息。许多政府失业办公室都提供美国劳工统计局（Bureau of Labor Statistics，BLS）有关卡车司机工资的数据。劳工统计局报告称，普通货运司机2008年的平均年收入为41000美元。不过，该机构还报告说，按照每周工作40小时计算，这些司机的时薪约为19.72美元。不幸的是，这大大低估了卡车司机的工作时长，我将在下一章中解释这一点。

谁来应聘

我访谈的卡车司机来自背景完全不同的工人阶级和中下层阶级。他们的工作经历涵盖从计算机编程到季节性流动农工，受教育程度从八年制学校教育到四年制大学学位不等，职业类别十分宽泛。要解释背景如此不同的人为何最终选择相同的职业，需要了解他们做出这一选择的原因。

在我的受访者中，大约有三分之一是"掉"进这个行业的，三分之一是被"推"进去的，最后三分之一是被"拉"进去的。掉进去的多是因为务农、有家人干这行、服过兵役，或者曾经在货运行业干过。他们有相应的工作经验，因此认为这是理所当然的选择。其中包括一名前农场主和几名前农场工人，他们在以前的工作中操作过重型设备或驾驶过卡车。退伍军人在军队中学会了驾驶卡车。另一些人有家人从事这一行业，所以高中毕业后就在家人帮助下当了大货车司机。剩下一些掉进去的曾在业内或仓储行业担任调度员、技工或装卸工。

与其他受访者相比，掉进这一行业的司机往往年龄较大、经验丰富、收入更高。除了一名白人女性外，他们都是土生土长的美国白人或黑人男性。

　　被推进这个行业的受访者是因为失去了他们喜欢的工作。他们中的大多数曾是建筑业或制造业的蓝领工人。他们通常被解雇，或因身体不好而无法从事以前的工作，比如一位以前的木匠，"年纪大了，扛不动材料，也没法长时间跪着"。其余的则是低级经理人、小商人或受过教育的白领工人。有些人拥有大学学位，一直从事技术工人的工作，例如有一位曾在大学担任化学实验室助理。有几位受教育程度最高的人是男性移民，在美国找不到移民前那样的工作。对于以前的白领工人来说，卡车司机往往是绝望的最后选择，他们希望通过这份工作维持以往的收入水平。

　　被拉入这个行业的最后三分之一司机是为了追求更高的薪酬而加入的。和那些被"推"进这个行业的人一样，他们也有着各种各样的工作经历。他们曾经是店员、日工和服务人员。他们常常不满卡车司机这份工作的时长，但对收入甚为满意。这个群体受教育程度最低，种族和民族差异最大。

　　那些被推进或被拉入货运行业的人普遍对收入最感兴趣。他们进入这个行业就是想获得比之前工作多得多的收入。虽然有关这个行业劳动力的公开数据很少，但霍夫曼（Hoffman）和伯克斯（Burks）对2005~2006年接受联邦公司培训的895名工人的分析显示，这些受训者的情况与我的受访群体中新入行工人相类似。与美国其他蓝领工人相比，在联邦公司受训的人员稍显年轻，受教育程度较高。约 96% 的受训人员拥有高中学历，约三分之一上过大学，14% 拥有大专或技术学院①学历，8% 拥有学士或以上学位。受训人员的平均年龄为 37 岁，90% 为男性。重要的是，联邦公司受训人员信用评分较低，超过 70% 的人家庭收入在 30000 美元或以下。[9]

培训新司机

所有进入整车货运行业的生手都要在卡车驾校接受初步培训，这些学校有营利性的、有公立的职业学校，也有大型货运企业自己开办的。非货运企业开办的学校通常与雇用其学生的企业保持长期合作关系。ATA 最近的一项调查显示，86% 的整车货运企业与至少一家非货运企业经营的驾校有正式合作，其中有 72% 与至少一所公立学校有合作关系，88% 与私立营利性学校有合作。[10]公立学校通常与社区大学有合作关系。一些学校和雇用其毕业生的雇主成立了全国公立卡车驾校协会（National Association of Publicly Funded Truck Driver Training Schools），这是一个非营利性组织。据该协会估计，2005 年，其 110 家会员学校共有约 1.8 万名学生毕业。[11]另一家协会，商用汽车培训协会（Commercial Vehicle Training Association，CVTA）称，其 50 多家会员（其中至少包括 15 家货运公司的学校）在全国经营着两百多个营利培训点。这些培训点每年可培训超过 5 万

---

① 美国的技术学院提供各种职业培训课程，涵盖了不同领域，如工程技术、信息技术、医疗保健、商业管理等。学生通常可以获得与特定职业领域相关的证书或大专学位。——译者注

名新驾驶员。[12]货运企业雇用工人之前，会通过自己的驾校和私立学校的推荐筛选工人。然后，利用工人在培训期间产生的债务，迫使他们较长时间为公司工作，即使他们不乐意。货运企业自己开办的学校往往规模很大，每年可以培训数千名工人。例如，利维坦的学校每年可以轻松培训上万名新卡车司机。

大型货运公司已经找到一种方法，将工人欠下的培训费转化为防止人员流失的对冲措施。ATA 2011 年的基准调查显示，雇用新司机的货运公司有 91% 提供培训费补贴，其中 95% 要求司机在公司工作一定时间（平均超过一年）才能获得全额补贴。[13]

最近一项关于联邦公司的研究，内容是两种方式——将用工时间与培训补贴挂钩，或者收取培训费用，如果承诺留在公司工作，则免除费用——哪一种对公司更有利。这项研究发现，联邦公司雇用的司机中有 73% 是本公司直接培训的。这些司机尽管平均花费了 6 周或更长的时间接受培训，并同意受雇一年内不辞职，否则就要偿还公司数千美元的培训费用，但还是有一半人在受雇后八个月内离职。事实上，联邦公司驾驶员在受雇 6~8 周后退出公司的可能性急剧上升，这正是新驾驶员完成长途驾驶培训，可以开始独立工作的时间。第二个离职高峰是工作刚满一年，还清了培训费之时。[14]霍夫曼和伯克斯（Hoffman and Burks，2013）分析了联邦公司培训的 895 名新聘司机的离职率。这些司机分别在公司的 5 个培训点接受训练，合同条件各不相同。合同不同是因为公司正在探索最优的合同方案（工作期限和费用结构），此外也是由于各州审批程序要求的合同生效日期不同。合同差异使霍夫曼和伯克斯能够对不同群体的离职率进行比较——没有签订任何合同的工人；签订了服务12个月即可免除3500~4000美元培训费，违约则需付款的工人；还有签订了18个月服务期限，违约需支付5000美元培训费的工人。霍夫曼和伯克斯得出的结论是，培训合同可将离职率降低10到20个百分点。这个结论对确保联邦公司的培训收益相当重要。联邦公司按每名工人2500美元的估计成本计算出，如果不签订合同（任由培训好的司机离职），公司每辆卡车每年将损失约200美元。但是，如果工人签订了12个月或18个月的工作合同（并执行合同），每位培训工人每年可以给每辆卡车带来超过4000美元的利润。[15]换句话说，对于像联邦、高端或利维坦这样几乎完全使用新司机的公司来说，和工人签订雇佣合同，让他们背负债务而不能辞职，可能是盈利的必要保障。现在，每年进入这个行业的新人很多都是在完成现代形式的劳役偿债。

按照是否需要培训新工人，货运企业可以被划分为招聘、雇用生手司机的公司和不招聘、不雇用生手的公司。大公司有强烈的动机招聘并至少培训部分新司机，因为这样可以维持低工资和较差的工作条件，这是大多数老司机不愿屈就的。大企业采用的是自我保险（self-insured），① 并制定成熟的培训计划，因此可以雇用没有任何工作经验的司机，中小企业由于

---

① 自我保险（self-insured）意为个人或组织（通常是公司）自己承担风险，而不是通过购买传统的保险来转移风险。在自我保险的情况下，公司会设立一个储备金，用于支付可能的索赔或损失。——译者注

培训成本和保险费用，不太愿意雇用工作经验少于一年或两年的司机。

经营培训项目，也许还有卡车驾校，是一项重要的事业，也是许多大型整车货运公司商业模式的重要构成。拥有自己驾校的公司要维护培训设备、提供服务和设施，其中包括教室、卡车，有时还包括价值数百万美元的驾驶模拟器，在每位新司机身上要花费数千美元。货运行业每年因劳动力流失造成数十亿美元损失，这些培训项目是其中的重要部分。

新司机上路还需要企业另外提供资源，以帮助他们度过最初的几个月。一篇研究人员流失成本的学术文章说，这意味着除了金钱之外，"公司必须投入大量的管理资源来替换、培训和指导新驾驶员"。[16]

纳税人的付出

如果公司不能确保这些司机在公司工作足够长的时间，使公司的投资物有所值，那么培训新司机的成本就会变成巨大的风险。2007年，时任ATA主席的雷·孔茨（Ray Kuntz）说："我们行业一直面临的最大问题就是培训新司机。我们花了数百万美元互抢对方的司机，但很少有人把这些钱花在司机培训上。"孔茨的公司在经济大衰退时期仍在培训新司机，而他的竞争对手当时停止了这项业务。他讽刺地指出："我培训司机，他们从我这雇用我培训的人。现在我们成为受欢迎的'香饽饽'。"[17]

孔茨以ATA主席的身份寻求更多的州和联邦政府资助，

以降低企业培训司机的成本，例如 2007 年蒙大拿州商务部给他的公司提供了 31.5 万美元的资助，用于培训 63 名新司机。除了这类项目，有意参加卡车司机培训的人还可以利用各种州和联邦基金，如佩尔（Pell）助学金①、退伍军人法案（GI Bill)②、《劳动力投资法》（WIA）基金，这一基金旨在支持州政府为失业或技能不足的工人开办的培训项目。商用车培训协会（CVTA）称，在其成员学校培训的 5 万名学生中，有高达 60% 的学生是由 WIA 基金资助的。[18] 换言之，该行业高流动率造成的损失有相当大的部分为纳税人所分担。

学习驾驶卡车

卡车驾校只是培训的开始。从驾校毕业，到独立驾驶卡车，这期间还要经过"高级"培训课程，而只有最大的货运公司才会提供这些项目。因此，无论是否开办卡车驾校，几十家大公司就是该行业劳动力的守门人，因为新驾驶员必须在那里完成最后培训并获得初次就业。

我就是货运公司培训出来的新司机，我的经历十分典型，可以说明培训的过程，以及这一过程如何影响了工人对行业和对司机行为方式的认知。与所有刚接触卡车驾驶的工人一样，我的培训是一个多阶段过程。在开始培训之前，我必须获得学员证，并通过体检和药检。在第一个正式阶段，我在离家一天

---

① 由美国政府所发，以参议员克莱本·佩尔（Claiborne Pell）的名字命名。——译者注
② 退伍军人法案（GI Bill）内容之一是协助退役军人接受大学教育或技术培训。——译者注

车程的一所学校里学习大卡车的基本操作和检查,学习在联邦规定的日志中记录工作时长,还学习了计划行程以及各种相关法律和驾驶常规。这个阶段持续两周左右。第一阶段结束时,我被利维坦公司录用。第二阶段,我学习在车流量较大的情况下驾驶、慢速行驶以及使用公司的通信设备。第三阶段,我在教练的监督下,在美国东半部实操运货。第四也是最后一个阶段是准备并参加州政府的商用驾照考试。

我以最快的速度完成了培训并取得驾照。从我第一次接触公司到第一次独立拉货,大约经过了 10 周。其中 4 周时间用于学习和参加车管局考试,完成药物测试和体检,填报文书,等待公司回复和初级培训名额。另外 6 周是在公司站点内进行全日强化培训或实习,培训中不允许从事其他带薪工作。一般来说,这个阶段需要 8~10 周。

预培训

2005 年 2 月初,我在当地报纸上看到一则招聘广告后,打电话给利维坦公司申请工作。一个语音应答系统询问了我的年龄、犯罪记录和驾驶记录等问题。由于我已过了 21 岁,且无犯罪记录,问题结束后,电话录音宣布:"恭喜你,你达到我们的最低标准!"随后,一位招聘人员与我联系,向我介绍了这份工作的基本情况:每次货运需要在路上两周左右,每英里工资 25 美分。我们还讨论了适合我的可能的基地,以及我在家时的停车地点。

招聘人员随后向我解释了公司的正式培训计划,以及在此

第一章　商业驾照制造厂

之前我需要做些什么。我必须通过商用驾照的笔试和我所在州要求的体检。我还得通过公司要求的药检，并递交一份书面申请。随后我被转给第二位招聘人员，他将在接下来的一个月左右时间里跟踪我的申请过程。我被告知，如果我在 25 天内完成所有这些要求，我将获得 250 美元的奖金。

为备考商用驾照，我使用了当地机动车管理局（Bureau of Motor Vehicles，BMV）提供的学习指南、在线学习指南以及我在互联网上购买的印刷版指南。这些资料帮助我掌握了卡车驾驶以及商用车辆法规的基础知识。需要注意的是，根据车辆的大小和是否搭载乘客，驾照分为 A、B、C 类，不同驾照的考试内容是不一样的。

要驾驶总重量达 2.6 万磅以上的铰接车辆（牵引车+拖车，而不是单体卡车），我需要持有 A 类驾照。利维坦还要求我在驾照上加注危险品运输。为此，我必须通过另一项考试，内容包括如何标记危险品、危险品的特殊要求和安全措施，以及在发生事故或泄漏情况时应采取的基本措施。为获得这项许可，我还需要提交指纹，并支付 125 美元的国土安全部审查费。

学习了一周之后，我到当地的车管所花 60 美元参加了笔试。笔试分别为，商用车辆驾驶常识、气动刹车系统、铰接式车辆驾驶以及危险品运输。我访谈过的大多数驾驶员表示笔试不难，不过没通过的也为数不少。我漏了几道题，但还是轻松通过了考试。考试通过后当时就发给实习驾照，可以在 A 级驾照持有者的监督下开车。

然后是州政府要求的体检。为商用驾照持有者进行体检的医生必须拥有州交通部的认证。巧的是，我的大学健康中心的医生拥有这个认证，因为他负责大学维修人员的职业健康和伤害，其中一些人持有商用驾照。我顺利通过了体检。其间，我趁机访谈了我的医生。他告诉我，生理机能对一些驾驶员来说是非常现实的障碍。他说，糖尿病和高血压是不能通过体检的主要原因，视力和听力也要经过严格测试。偶尔，身体活动能力受限也会使一些人失去资格。他的病人所患的常见疾病有关节问题、腰伤和腕管综合征，但通常不会严重到失去执照。

公司收到我的实习驾照、体检结果和公司独立进行的药检结果后，招聘人员就打电话安排我的培训时间。培训几天后就开始了。事实上，我几乎没有时间整理我的个人物品——购买13天培训（包括旅行）所需的服装和装备。和我一起受训的学员来自全美各地，至少有10个州。驾校位于美国中西部，是当时利维坦公司在美国各地开办的众多学校之一。学员可以搭乘最近的公司站点派出的班车，也可以乘坐公交车。

44　商业驾照学校：学习驾驶卡车

与高端、联邦和其他大公司一样，利维坦公司提供的并不是入职培训，而是初级驾驶培训，只不过驾校是公司开办的。尽管学员们都是来应聘的，培训也是必须的，但当学校工作人员解释培训合同条款时，我们发现，公司并不打算雇用我们所有人，甚至大多数人不会被雇用。不仅如此，如果被正式聘用，但是未能为公司工作满一年，我们就会连本带利欠公司

4000多美元——不过，每个人都还是在合同上签了字。

我们会很早起床，通常是早上5：30左右，下午5：00左右结束一天的工作回酒店。路上选一个快餐店吃晚饭（自掏腰包），到酒店后花一两个小时完成老师布置的家庭作业，然后倒头就睡。

我们的教练住在离培训中心不远的地方，他们至少有两年长途驾驶经验，但大多数教练工龄长得多。每位教练被分配4名学员1辆车，4名学员分为两组，分别在上午或下午上车驾驶。

在驾校，每天的课堂讲授和驾驶练习各占一半。一半人在卡车上训练时，另一半人在两个相邻的教室里上课。教室里摆放着一排排桌子。从许多学员的评论中可以明显看出，课堂环境让一些学员感到不舒服，许多学员认为自己成绩一般或练习不够。课堂授课内容从设备维护到交通法规，面面俱到，讲得最多的三项是计划行程、阅读地图和按照法律要求写日志。对于学得快的学员而言课堂时间是相当枯燥的。幸运的是，授课老师们孜孜不倦地用笑话和滑稽动作吸引我们的注意力，最终我们发现他们是周而复始地重复这些动作（导致表演相当僵硬）。只有少数学员在课堂上有些吃力。不过驾驶则完全是另一回事。

第一天的驾驶课只是学习如何把卡车开走。第一个挑战是学习使用"双离合"换挡。双离合换挡时，先踩下离合器，挂到空挡，松开离合器，然后再踩下离合器，同时换入新挡位，然后再次松开离合器。这个过程听起来像是手动挡，但载重汽车变速器与轿车和轻型卡车变速器不同。载重汽车的挡位和发动机转速必须手动匹配，发动机要精准减速或加速，否则根本无法挂入挡位——挂不上挡是一个严重问题，尤其是在繁忙的十字路口和山路上。每次挂挡失败都会带来可怕的噪音，因为转速不匹配的齿轮会相互摩擦。发动机低速时如果换到高挡位，车辆就走得吃力，发动机高速时换到低挡位，高扭矩会导致牵引车左右剧烈摇晃。二十几台牵引车一起兜圈，在刺耳的噪声中顿挫向前，在教练看来可能很滑稽，对学员来说却是非常可怕的。

我们先是不带拖车，绕着一个大训练场地兜圈，如果教练认为我们将对周围的工业园区造成威胁，就会随时叫停。正常情况下，我们只需驾驶一两个小时就能做到这一点，但在这里，大多数学员要到第二天才能坐在驾驶座上长时间兜圈。第二天结束时，一些学生已经可以拉上48英尺长的拖车（比利维坦的53英尺拖车短，更容易转弯），在训练场和工业园区里转悠，另一些学生则仍在练习基本的换挡。一般的学员两个月后就可以在无须监管的情况下拉货，不过我们还只是菜鸟，在如何高效操作卡车方面还有很多东西要学。

很难形容驾驶大拖车的挑战性和由此带来的恐惧。从小到大，无论是基本电动工具，还是重型设备，我都能很快掌握。我确信只要有正确的指导，我几乎可以操作任何机器。但即使我拥有操作各种工具和设备的丰富经验，驾驶牵引车还是让我望而生畏。比起害怕，牵引车更让我沮丧。尽管我尽了最大的努力，还是好几天都无法掌握最基本的技术。从课堂教学中，

第一章　商业驾照制造厂

我知道需要做什么，但这并不意味着我知道如何去做。你知道应该减速——从三挡换到二挡，转速需下降400转——不过这条指令需要身体予以执行。你必须培养对机器变化的感觉，辨别它们的声音，弄清楚卡车想要做什么。和我一起接受培训的蓝领工人，没有人承认和我一样对设备感到恐惧，不过他们似乎都同样有挫败感。那些没有此类工作经验的人则毫无保留地表达自己的恐惧，对他们来说，难度更大。

教练的监督和无休止的评估更加剧了我们的沮丧和恐惧。教练每天都会对我们进行评估，并向我们通报进展情况。在每个阶段中，偶尔会有其他教练对学员进行评估，以确保指定的教练训练得法。在我参加驾校的路考之前，为期六周的驾校和公司特殊培训期间，有6名不同的教练和两名培训主管对我的表现进行了数十次书面评估（仅我知道的）。虽然教练通常会口头告知评估概要，但我从未看到过实际的评估报告，也不知道其中包含了哪些信息。

没过几天，每当学员们聚在一起时，就可以感到弥漫着的不安全感。不安全感的背后是对失败的恐惧和对高昂培训费用的担忧。学员们经常会因为刚刚完成的一次实操课程而明显动摇、沮丧或垂头丧气。教练在每节课后都会记录我们的进步情况，不断对我们进行评估，这加剧了我们学习新技能的挫败感。尽管学员之间有着强烈的友情，但我们还是不断地相互攀比，讨论最新的评估结果，试图判断出自己是领先还是落后于同行——当然，评估结果也意味着我们被利维坦录用的机会。我们每天都有新的目标要去实现，而我们很少能在规定的时间

47

内实现这些目标。这些目标似乎故意设置得无法完成，这让受训人员感到非常不安，教练们却没有表现出一丁点儿同情。

很多学员很快就表示，必须偿还培训费用是留下的唯一原因。与我一起接受培训的工人中，只有一半左右完成了初级培训并被公司录用。有几名没通过的学员选择继续培训一周，以便掌握毕业所需的技术，尽管公司从未明确表示毕业就会自动被录用。有几个人被迫离开，因为他们有吸毒或犯罪前科，但事先没有向公司报告。还有几个人因为表现不佳而被劝退。驾校的氛围太吓人、太压抑，以至于有几名学员半夜偷偷溜走，就像逃离某种强制劳动营一样。他们的室友会在第二天用餐时绘声绘色地详述逃跑者的抱怨。如果缺少细节，其余的学员就会根据以前的故事进行脑补。每天总有一两名学员或是被迫离开，或是趁夜偷跑，或是通过谈判获得"释放"——据推测，也许得付给公司一部分培训费。

毕业那天，利维坦雇用了最初58名学员中的大约一半。公司举行了简短的毕业仪式，会上宣读了我们的名字，并颁发了证书。我收到了一双钢头靴，并被利维坦正式录用。然后，我被送回家，准备在离我住处最近的公司站点接受下一阶段的培训。

为期 11 天的工作面试

在驾校培训期间，我们并不是公司员工，这一点从培训课程的安排上就可以看出来。与其说是岗位培训，不如说是新兵训练营。我们不仅接受了驾驶卡车的技术培训，公司更是对我们进行了测试。进入货运公司固然需要技术准备，但公司的培训远不止教会工人如何驾驶卡车。在 11 天恐怖而又令人筋疲力尽的培训中，公司始终保持着对学员密切的监视，观察并评估了我们成为工人的态度、潜力和担当。公司不仅测试了学员在陌生环境中安全有效地驾驶卡车所需的自律和自我调节能力，同时也测试了学员在高度疲劳状态下是否仍具有这种能力。

教练们深知这一点。一位经验丰富的教练曾向我解释，他的工作不是把人培训成卡车司机，而是找出哪些人适合驾驶卡车，哪些人不适合，哪些人值得公司投资培养。当然，他也承认，如果有足够的时间，很多人都可以成为优秀的司机，但这不是他们的目的。花好几个月时间培养出来的司机很快就辞职不干，这样的投资就不值了。他当然希望在驾校培训中教授尽可能多的知识，但学员在驾校只有不到两周的时间。驾校毕业之后，大多数学员至少需要一个月，可能是两个月的额外培训，才能单独出车。所以这种培训并不是为了让学员掌握成为卡车司机所需的技能，他说，其实"这是一次为期 11 天的工作面试"。

没有完成初级培训的学员浪费了时间，还为申请工作欠了一屁股债。公司淘汰了不合格的工人，并让他们承担了大部分培训成本，或者从政府提供的培训项目中扣款。被雇用的工人则背上了公司高息贷款，一年内不敢辞职。大多数新的长途卡车司机正是这样入行的。

完成培训

驾校毕业后，我又完成了三个阶段的培训。第二阶段是在距我家40英里的公司站点内进行的。这一阶段包括学习公司的工序和驾驶技能。培训的组织形式与第一阶段很相似，都是将课堂和驾驶分开，只是没有固定教练。我们还是住在公司附近的汽车旅馆里。我们花一周的时间学习如何通过卫星连接的电脑与主管沟通，以及如何填写报销单和其他公司文书等，又花了更多时间磨练基本驾车技能和倒车技术。

这一阶段最大的不同是，我们现在是公司员工，不用再担心自己能否"成功"。很明显，公司现在的目标就是训练我们独立上路。现在，大多数教练很支持我们，把我们当作同事对待，这让我感到欣慰，因为在驾校期间，我们更多感受到的是教练的漠不关心，甚至敌意。

第三阶段是实操上路运输。在我运送货物的过程中，一名公司派的道路教练始终监督着我。每培训一名学员，教练除了可以获得正常的里程工资，还能得到一笔奖金。公司称这一阶段的培训为"高级班"。我和这位教练一起度过了10天。通常情况下，这部分培训持续12~24天，有些司机甚至需要三个月。和其他公司一样，利维坦公司在这个阶段会给受训者支付一定数额的工资，2005年的价格一般在每周250~350美元。

与有经验的驾驶员一起出车，学员才能真正了解这项工作。我学会了如何应对日常挑战，安排每天多达14个小时的工作，以期最大限度地提高收入；与托运人和收货人打交道；以及有效维护卡车和管理文书。当教练认为我可以参加最终的驾校考试，然后独立驾车时，这个阶段的培训就结束了。

完成上路培训后，我又在我家附近的公司站点接受了4天的培训，为考驾照做准备。考试的内容是从不同角度倒车、平行停车和倒车通过障碍物。另一项考试要求我列出卡车的大约100个部件，说明如何检查它们，并描述每个部件可能出现的问题。最后一项考试要求在城市周围沿预设路线正确行驶。我的教练同时是该地区大多数驾校的州政府考官。换句话说，是一位利维坦员工决定我是否能通过州驾照考试。

不幸的是，尽管利维坦教练对我进行了有针对性的训练和评估，我的第一次路考还是失败了。我过分注意在繁忙道路上转弯的要求，以至于忽略了学校路段的限速标志。这肯定不能及格。考试失败后，我又花了一天时间接受培训。然后轻松地通过了所有项目，当天就分配到了自己的卡车。简单试驾之后，我就回家收拾卡车，继续拉货。总之，我花了几个月的时间申请并接受培训。我感到自豪的是，我成功地通过了从各方面来看都很严苛的筛选。我为即将开始独立驾驶卡车而高兴。在这一段艰苦历程中，我赚了不到1000美元，却连本带利地欠了利维坦4000多美元。

卡车司机从培训中学到了什么

整个培训过程各种主题交替出现，包括久坐的人体工程学、工会的不可取性等，不一而足。在课堂和卡车上，各级教练和管理人员都不断重复这些主题。其中最一致也最突出的主题是安全。新司机被告知，作为专业司机，他们对普通机动车司机的安全负有责任。普通机动车司机大多不了解卡车司机工作的危险性。这是非常重大的责任。一天中的任一时刻，一个错误的动作、没有仔细检查后视镜、在卡车的几个巨大盲点之一失去对车辆的跟踪、过快地通过一个斜坡、疲劳驾驶——这些都是潜在的威胁生命的错误，驾驶员必须时刻对之保持警惕。

根据美国劳工统计局的数据，卡车司机是美国第四大危险职业，仅次于伐木工人、飞行员和建筑工人。但就绝对数字而言，卡车司机每年殉职的人数远远超过其他任何工种。2012年，在涉及大型卡车的碰撞事故中，有10.4万人受伤，3921人死亡。[19]与大多数其他工种相比，卡车司机最大的危险是，严重事故随时可能发生，而且往往是人为的，而这些人可能根本没有意识到他们的行为是怎样危及了别人或他们自己生命的。

可以理解的是，培训卡车司机的一个核心任务是让他们对工作中固有的风险产生适当的敬畏。实现这一目标的主要手段就是养成恐惧感。你会被告知，磨练技能、制订计划、保持警惕、养成谨慎的防御性驾驶习惯，既可以保证你的生命安全，又可以防止你伤害他人。灌输恐惧既是公司精心策划的一种策略，也是教练的一种非正式教学技巧，同时也是该行业一项日益重要的任务，因为在道路上，经验不足的司机是很不安全的。

教练以相当娴熟的技巧讲述发生灾难性事故的可能性，生动地描述他们亲历或目击的事故和悲剧，提请学员注意重要的经验教训，增强他们的安全意识。

除了安全驾驶，员工从培训中还学到很多其他东西。对公司来说，培训是灌输公司标准和期望的好机会。经过利维坦这类公司培训的员工，把某些只有特定公司或特定行业才有的特点，如GPS跟踪和按里程计薪，视为理所当然。除此以外，

第一章 商业驾照制造厂

还训练了司机对大公司非人性化的派工、行为监控等操作的顺从。对老司机来说,这些都是问题,但新司机却不知道他们其实可以有其他选择。

一般来说,培训的目的是在降低管理成本的同时,最大限度地提高工人的生产效率。要实现这一目标,就需要在课堂上重点培养司机的计划技能,使他们能够独立地、始终不变地保持高效率。此外,员工还被鼓励让(极其有限的)家庭生活服从工作。例如,训练驾驶员如何在工作和业余时间管理自己的身体——给我们观看了关于睡眠、饮食和锻炼的视频。我们看过一段关于如何在家管理睡眠的视频,告诉我们如何为下一次轮班做好准备。公司鼓励员工向家人提出要求,配合我们的睡眠时间,以便让我们能够补上在路上错过的睡眠。公司还鼓励员工戒掉日常的咖啡,这样才能让咖啡在工作接近尾声时还能起到提神作用。

培训对工作绩效以外的问题有明确的指导。公司多次正式地向我们介绍行业的各个方面,包括非常具体地解释应该如何理解公司与州政府和联邦政府、客户、竞争对手以及工会之间的关系。

培训中最常论及的两个主要外部角色是政府和客户。政府是大多数作业规则的最终制定者和执行者。事实上,人们往往说不清哪些规定是公司政策,哪些是州或联邦法律。除了政府之外,还有一个规则制定者:客户。竞争客户和保持低成本——使利维坦的价格具有竞争力——被作为滥用司机的理由,例如让我们在货场没有报酬地长时间等待。利维坦自称是"顶级货运公司""最好的""行业领导者"，但在客户和法律面前，它把自己打扮成一个毕恭毕敬的仆人。

培训中介绍了行业的发展史，公司借此解释了现在的工作程式是怎么形成的。历史课从政府实行去管制化讲起，去管制化的目标被明确解释为鼓励竞争和消除工会的负面影响——垄断和工会阻碍了行业的高效运营。我们被告知，去管制化之后，垄断性公司和工会难以存活，因为它们无法成功吸引到客户或司机。在利维坦的培训中，这一主题反复被提及。教练在驾校播过一段视频，其中指出，工会想要利维坦司机加入的唯一原因是"这是一门生意"，而他们的生意就是让你缴纳会费。当工会需要钱时，就会试图在新公司组织一个工会。公司警告我们，"在签署任何文件之前，先看清楚签的是什么"。

在培训的第二阶段，公司站点的经理正式就工会问题发表讲话，他是负责这一阶段培训的最高级别员工。他讲了30分钟，欢迎我们来到公司，并说明发生冲突时，我们可以采用的方案。他将这些方案与工会的运作方式进行了直接的对比。他说工会会剥夺我们个体争取自身权利的能力，我们将被官僚主义捆住手脚。他认为，去管制化后，工会被赶出了整车货运行业，因为它不再是一个卓有成效的机构。在当前的竞争环境中，工会的存在与公司的生存能力水火不容。他说，如果利维坦工会化，公司活不下去，我们也将失去工作。

公司固然成功地建构了员工对公司和工作的看法，但并没有成功地说服所有司机无条件遵守公司规则或盲目接受公司的

第一章 商业驾照制造厂

观点。甚至培训没结束，我们就可以清楚地看到，管理层和公司宣传资料中所声称的团结合作的氛围，与公司的实际情况相去甚远。

我们在培训中了解到，货运行业有一种报告制度，公司利用这种制度将违反公司规定的员工拉入一个黑名单。这些黑名单被称为"DAX 报告"，DAX 是出售这些报告的公司。公司在雇用员工前会先在这份报告中检索。培训班从未在课堂上正式提到过这份报告，但我的几位教练都明确表示，如果我任职不满一年就辞职，就很难再找到卡车司机的工作，甚至可能永远找不到。公司内部还有一个报告制度，允许司机报告涉及同事的事故。如果涉案司机没有自行报告，举报司机可以获得公司奖励，奖励按车损比例发放。公司印制了宣传这一制度的海报，教练们也明确鼓励我们利用这个制度。

尽管我们一直被告知在利维坦当司机是多么幸福，但黑名单、举报等制度的存在，以及培训期间这里那里冒出的各种各样小问题，让我们意识到情况并非如此。对公司来说，最大的问题可能就是不得不依靠老司机来培训我们，而教练们明显存在不满情绪。我之所以能够提出一些有关企业的研究假设，部分原因就是很多教练并不把我们当学员，而是把我们当作同事，巧妙地向我们透露公司情况。有一些教练是"终身制"的。据说他们身上"流淌着蓝色的血"[1]，这也是公司的主色调。但大多数教练拿这些司机的忠心开玩笑，以此提醒我们注意这些教练有点过于"遵章守纪"。其中有几位教练意识到同

---

[1] 蓝色的血（bleed blue）意味着身份高贵。——译者注

事们的看法，会在自我介绍时解释他们是多么忠诚以及为什么如此忠诚，就好像在提前道歉一样。

我们很快就发现，总有一些教练很想告诉学员他们对公司的真实看法，但又不能说，因为被学员告发行为不端的可能性总是存在。在培训期间，我们多次被要求对教练进行评估，更资深的教练曾两次明确告诉我们，应该举报任何违反公司规定或暗示可以这样做的教练。教练本身其实很脆弱，因为他们不像其他卡车司机那样享有在劳动力市场中选择的自由，他们出于各种原因选择不再开长途，而且没有一个人愿意重新全职上路。

尽管有风险，教练们还是传授给我们一些公司可能不想让我们知道的重要知识。例如：公司有各种各样的规则，其中大多数不符合你的利益。他们还说，政府也给你制定了各种各样的规则，没有一条符合你的利益。不过有两个极其重要的例外：①如果违反了公司认为重要的规则，或者是会被吊销执照的规则，不要被抓到；②遵守对安全很重要的规则，对驾驶中的危险要心存敬畏。

违反公司和政府的规定是驾驶员的家常便饭，教练很难把这些规定说成是不可违反的教条。课堂上第一次讲法规时，听起来就是铁板一块。但是，强调过学习法规对于驾校考试的必要性、对于安全的重要性，以及违反公司规定或法律的严重后果之后，教练们就会把重点转向他们认为真正重要的事情上。有时教练会告诉我们，我们需要忘掉之前所学，学那些东西只是为了通过考试，现在我们必须学会实际操作。

第一章 商业驾照制造厂

高流失率的更严重后果

过去，卡车司机都是师傅带徒弟，师傅领进门就是同事，而师傅们多是工会会员。如今，许多司机带着一身债务进入这个行业，希望找一份好工作。为了得到这份工作，他们不得不在了解这份工作之前，在认识到不同公司的差异之前，在了解自己是否有能力应对这份工作所伴随的沉重的生理和个人负担之前，就对公司做出承诺。在工人跨进行业的每一步，企业都拥有相对于工人们的巨大优势，几乎没有任何来自工人的集体努力与之抗衡。结果就是，廉价的新手司机持续涌入，多数人在这个行业干几个月就离开了。在大多数情况下，工人们所了解的行业历史以及有关工作的知识，只限于企业想让他们知道的。

我访谈过的许多老司机认为，大公司对培训和招聘的控制是司机和整个行业面临的最大问题，没有之一。他们认为，"驾照工厂"培养了大量素质低下、收入微薄、心怀绝望的驾驶员，有了他们，大型公司可以压低优秀司机的工资，他们是行业劳动力持续流失的原因。他们还是安全隐患，影响了老司机的职业形象。老司机们说，公司什么人都招，只要有口气，公司就能把他们变成"职业驾驶员"。而老司机们认为，这些人根本不是这块料。

了解这个行业的老司机们说，去管制化直接导致了行业出现培训工厂、大公司通过剥削新司机压低工资和改变劳动力市场机制（如培训）这些现象。一位司机这样描述他在职业生涯中所看到的变化。

> 这些人掉入了陷阱……他们必须接受培训……但是你得签一份协议才能进入培训，协议规定你将为公司工作两年或三年，这两年的工资简直就是狗屎，但你被困住了……我没有培训过［我在工作中免费学的］……我认为［去管制化］很糟糕，我认为应该有监管，踢走那些压价的公司。像高科技（High Tech Transportation Inc）、大红（Big Red Inc）、利维坦这些大公司，他们进场拉货，赔钱不在乎，就为了让车动着。这应该被禁止。这会把整个行业的价格压下去，不断下滑、下滑、下滑，越来越便宜……这让一两辆卡车的小公司承受不起。我觉得，大公司迟早会把他们都赶出这个行业。

老司机们都认为，现在工人想采取任何行动，比如克服雇主对工会化的阻碍，最大的障碍就是人员的高流失率和新司机的不断涌入。

根据我的访谈，现在几乎所有新司机都是像我这样培训出来的。采用这种培训和招聘方式的公司具有相对于工人的明显优势。这种优势来自阶级力量的严重不对称。极少数货运企业凭借其规模，几乎完全控制了工人进入该行业的机会。为了应对去管制化以后的劳动力市场状况，货运企业想出很多办法，确保在公司所提供的难以留住工人的工资和劳动条件下，仍能保持稳定的劳动力供给。与工会高度发达的零担运输行业不同，货运企业可以雇用他们喜欢的人，并随心所欲设计培训课程。

在招聘和培训的经济关系中，存在令人吃惊的权力不对称。这一点在初级培训期间，也就是你真正被录用之前表现得尤为明显。在这段时间里，你没有一个明确的决策点拒绝或接受公司，而公司却花了几个星期的时间把你作为一个准雇员来评估，还向你收取申请职位的费用。

培训变成了企业胁迫工人的开始——工人一旦开始在一家公司接受培训，就陷入了劳役偿债，必须在公司工作一年或更长时间以偿债。对那些和我一起培训的工人和我访谈过的大型整车货运公司的工人来说，中途辞职所需支付的培训费用和利息是强大动因，迫使他们为训练他们的公司工作。控制招聘和培训的另一好处是，企业可以选择工人，建构他们对工作和行业的初始认知。正如我在下一章中解释的那样，他们创造了一套对行业的期望和理念，这些期望和理念会在司机接下来几年的职业生涯中持续存在并影响他们的行为，同时还影响着司机们对承包制各方面的认识和相关行为。

多年来，工人们一直以各种方式争取公司兑现最初招聘时给出的承诺。大公司对招聘和培训的控制阻碍了卡车司机的集体行动。公司能够按照自己的需求编造行业历史，在培训和招聘时灌输给新员工的就是他们编造的故事。这些关于行业的话语，以及在最初的招聘和培训中习得的行为，建构了新司机对行业及其劳动组织方式的定见，遮蔽了他们对本行业的其他可替代的劳动组织方式的感知，对其的支持更无从谈起。

第二章　便宜的运费，廉价的司机
长途卡车司机的工作

深入了解卡车司机的工作细节、工作中面临的挑战以及应对挑战的方式，才能理解为什么说这绝不是什么好工作。我先解释一下司机们每天做些什么，对司机们来说，什么是好日子，什么是坏日子。卡车司机把行驶里程多、等待时间短的派单称为"好活"，行程短且费时，收入微薄还离家远的派单称为"赖活"。出车就是一场"里程"游戏，带薪里程是行驶中各种决策的决定性因素。

新司机几乎都是按里程计酬的。与"计件"或其他按工作量计酬的工人一样，卡车司机也试图找到最有效的方法完成任务，以增加收入。社会学家迈克尔·布洛维（Michael Burawoy）提出，管理者精心设计了工作流程，容许计件工人在十分有限的范围内做出自主选择，确保能挣到钱。应对这种管理方式，计件工人将管理者的要求视为游戏规则，策略性地投入精力，以争取最大的回报。参与这场游戏，就等于同意了管理方的规则，也就意味着要比在更具强制性和成本更高的控制方式下工作得更加卖力（生产更多的产品），但同时拥有了更强的自主控制感。这种游戏不仅影响了工人的**工作**，也影响

第二章 便宜的运费，廉价的司机

了他们对工作的理解。布洛维的"游戏"概念完美地捕捉到卡车司机在按里程付酬制度下的工作感受。[1]从长远来看，里程游戏导致了司机们的自我压榨（尽管经济回报微薄和/或个人严重不适，或存在高风险，仍自愿努力工作），引导司机们更加关注自己对货运的控制权。司机们相信，拥有自己的车并成为大公司的承包人就可以获得这样的控制权。虽然还有其他更好的工作选择——我当卡车司机期间曾从事过其中的两种，我将在下文详细介绍——但卡车司机们决心要做承包司机。

卡车司机的美好一天

6月28日，星期二，这是我12天轮班的第二天。昨天，也就是6月27日，我早上8点登上卡车，我的卫星连线电脑上收到一系列信息，内容都是我在过去几个月里熟悉的缩写：PU（提货）、MT（空拖车）、MLS（行驶英里数）、LVLD（现场装载）、LVULD（现场卸载）、APPT（预约时间）和DEL（交付）。以下是短信内容：

| 提货空车号 | W32475 | 行驶英里数 | 12 |
| 沃尔玛配送中心 | | 纽约州马西 | |

现场装载号	W32475	行驶英里数	106
基思通纸厂		纽约州 Natural Dam	
预约时间	6/27 12:30	预计装货时间	4小时

069

现场卸货　　　　　　　　　行驶英里数　　936
美国纸业　　　　　　　　　威斯康星州尼纳
预约交付时间　6/29 12∶00

　　对于初出茅庐的我来说，这些信息似乎不多，但根据这些信息和其他司机写的几套当地行车指南，我已经很清楚在至少54小时内利维坦公司希望我做什么。接下来9天，我将收到一系列类似的指示。除非客户那边出了问题，或者我的经理要求我"汇报一下"，否则像这样的公式化信息，以及我回复的信息，将成为我在路上与利维坦沟通的全部内容。我不需要也不想要更多。

　　按照指示，我昨天就开车去了位于纽约州马西的沃尔玛配送中心，离我的固定停车场有12英里远。我排队等待保安登记我的车号和任务。在利维坦公司及其最近的几家竞争对手的一排又一排的达数百辆、几乎相同的53英尺拖车中蠕动了15分钟左右，我找到了W32475号拖车。经过简单检查后，我挂上拖车，在警卫室签了字，然后把W32475拉到约106英里外的一家纸厂。

　　我中午就到了纸厂。到下午4∶30时，W32475已装载了6个巨型纸卷，这些纸卷将于周三中午抵达威斯康星州的尼纳。等待装车时我处理文书，整理装备和食物，清洁并彻底检查卡车。我还详细计划了去往尼纳的整个行程。出发前，我已经确切地知道，在到达交货地点之前的43小时计936英里路程上，每小时要做什么——提前30分钟交货是可以接受的。

第二章　便宜的运费，廉价的司机

我知道在哪里停车上厕所、吃饭、加油和睡觉，我也确定了布法罗、克利夫兰、芝加哥和密尔沃基等城市的交通高峰时间，设计了在高峰前后 15 分钟左右通过的计划。

我花 4 个小时从纸厂开到纽约西部的一个大型卡车驿站。这个驿站有数百个停车位，提供各种服务，包括理发店、无线上网、免费电影院和一家很不错的带沙拉吧的 24 小时餐厅。但昨天晚上我没时间享受这些设施。我选择这里是因为它有充足的车位，距离芝加哥附近的利维坦站点（至少从纸面上看）只需一天，且在交通部规定的 10 小时驾驶时间之内。一到这里，我就给卡车加了油，检查了机油，擦了车窗，然后停车过夜。几分钟后，我就在卡车的铺位上睡着了。

我在清晨 6 点醒来，走进驿站上厕所、刷牙洗脸。迎面而来的是一张宣传圣路易斯最好吃的炸鸡排海报，接着是一个两英尺高的"牛排王"形象，在一片塑料质地的淡褐色肉汁海洋中遨游。我在心里默默记下了旅途中不断出现的诱惑。

完成早晨的例行公事后，我回到车上，清晨的阳光已经把卡车烤得无法忍受。我把钥匙插进点火装置，用拇指快速拨动挡杆，确保它位于空挡位置。我听到熟悉的"嗒嗒嗒"的换挡声，变速器从低挡变为高挡，然后又回到低挡，这告诉我车子肯定没有挂挡。我拧开钥匙，卡车随即启动。这辆车的发动机是底特律柴油机 60（D60）系列，是不折不扣的实力派。这台 6 缸 D60 发动机输出大约 375 马力，是我家小货车功率的两倍。作为牵引车，峰值扭矩可达到 1450 磅/英尺，虽然爬坡时貌似纹丝不动，任由别的车超过，但这能力用来拉货绰绰有余，可以拉着最大法定总重 8 万磅的货物轻松起步。

几秒钟内，D60 怠速稳在约 700 转/分。我轻轻按下仪表盘上一个开关，将怠速调到 1000 转/分，以确保有足够的油压润滑发动机的所有部件。然后，我"调节"空调，即在车内循环模式下把温度调到最低，同时使用风扇，只有这样才能使车内降温。啊……没有它，车内就没法待。我的牵引车是一辆 7 年的福莱纳世纪经典（Freightliner Century Class），行驶里程超过 100 万英里。它不是什么豪华车，但对我来说，它就是我工作世界中的一片绿洲，我游走在混凝土、沥青和泥地之中，到处弥漫着灰尘和柴油废气。无论白天还是黑夜，只要开着空调、有个枕头和耳塞，我就可以在车里的铺位上睡得像个婴儿。我自费在驾驶室安装了一个 12 伏的小冰箱、一个餐盒式电磁炉、民用波段电台和卫星收音机。因为刚刚离开家，床单、衣服都很干净，食物也很不错，路上的生活很舒适——至少暂时是这样。

在空调前待了一会儿后，我来到牵引车后部，在下铺坐下，从副驾座位后面的橱柜里拉出一张滑动办公桌，开始整理文书，也就是我的行车日志。我写下日期、牵引车和拖车的车号、托运方、货物类型和装载编号。我报告说我休息了 10 个小时，尽管我并没有休够那么长时间。我将接下来的 15 分钟提前记录为"当班未驾驶"。我还记下我对牵引车和拖车做了检查。日志更新后，我在电脑上填写了一张表，说明我当天和一周之内的工作时间，然后通过电脑的卫星连线发送出去。我不知道这条信息会被发送到哪里，我猜它会被发送到利维坦的货运调度部门，该部门会用它来安排我下一个行程。

现在该检查牵引车了。联邦法律要求司机在一天中的几个时间点对牵引车和拖车进行例行安全检查，并在日志中记录每次检查的时间和地点。这项工作是法律规定的，没有报酬。法律规定 10 小时休息之后要做一次全面检查，从刹车到雨刷器都要检查到，大约需要 30 分钟。没有人做全面检查，甚至有些司机根本不做任何检查，但我每天早上都会做相当彻底的检查。

我为自己还不错的驾驶技能感到自豪。我在开车时常常有一种人车合一的感觉。在训练期间，我对卡车的动作和声音无感，它们常常是陌生且令人生畏的。而现在，卡车的移动、震动和声音能告诉我一切正常，或者提醒我注意问题。卡车不仅仅是一个工具，它还是我的家，一住就是 12 到 19 天。在这些日子里，每天除了一两个小时，我大多待在车里。我给它起名叫梅维丝，我们之间有着特殊的关系。不过，我意识到，无论我多么爱它，人车合一的感觉只是一种可能危及生命的错觉。我和卡车，我们的力量、尺寸和重量是用截然不同的尺度来衡量的。

在我开车的短短几个月里，我目睹了我和我的卡车可能造成的重大伤害。在培训期间，我看到一辆牵引车的残骸，它以超过 60 英里/时的速度冲向了桥堤。这辆车被拖进了公司的站点，整体装进了一个废金属垃圾箱。在撞击中，一车金属卷板撕裂了拖车前部的薄铝板，驾驶室和驾驶员踪迹全无。牵引车只剩下底盘上的 8 个驱动轮，发动机缸体的钢板周围是大量被压碎的玻璃、变形的铝和塑料，就像玩具卡车上的锡箔纸一样。每当我看到这个残骸，总是想，不知道驾驶员躯体还留下多少。当时我就意识到，驾驶室后几英尺处的40000磅货物对于我是致命威胁，在我一英里又一英里的行驶中，看似敦实的载重车驾驶室外壳对我的保护等于零。我从未听说过那个事故的原因，也没人告诉我们司机是谁。这次事故也许司机可以避免，也许不能。我们只听说没有刹车的迹象。

我无法控制今天在路上会发生什么。我检查车辆是因为这是我可以控制的。我要确保没有任何可能导致事故的问题。我还想知道，如果我必须应对突发危险——最有可能是一个边开车边打电话的四轮车司机突然冲到我前面，然后猛踩刹车——卡车能否给我提供最佳性能。

我首先打开双闪和前大灯，为拖车制动器提供气压。我跳下卡车，从驾驶室一侧我存放应急设备、备件和工具的储藏室拿出锤子和皮手套。公司提供应急三脚架、信号弹和备用灯泡等物品。根据公司的建议，我配备了三副手套，分别是绝缘和非绝缘皮手套，以及一副用于加油和检查机油的橡胶手套。此外，也是根据公司建议，我还自备了一套扳手、螺丝刀和一些此类卡车所需的专用零件。我有一把三磅重的短柄大锤和一根长柄撬棍，用于解决更复杂的问题，比如，有一次我拉了四万磅啤酒，为了在车轴上平均分配重量（你在州边界看到的那些磅秤就是用来检测重量和总重量的），我需要将拖挂的8个"双轴"轮向前滑动，当时固定双轴车轮的弹簧钢销锈住了。

我花了几分钟时间绕着这辆70英尺长的卡车转了一圈，

第二章　便宜的运费，廉价的司机

寻找是否有任何损坏或车灯爆裂。我顺便目测了轮胎的胎壁和花纹，尤其是牵引车的两个转向轮胎。我用锤子逐个敲打16个非转向轮胎，听轮胎发出的砰砰声。我还特别仔细地检查了"第五轮"（连接牵引车和拖挂车的平板和销钉）的拖车解锁系统及其与牵引车的间隙，以及为拖挂车提供压力和电力的软管和电缆。在培训期间，我们听说过拖挂车从牵引车上脱落并造成致命后果的故事。按照平均值计算，今年将有十几名利维坦的驾驶员在事故中丧生或者撞死别人，我可不想成为其中一员。

我小心地从副驾一侧进入驾驶室，接着有条不紊地将一天中可能需要的东西摆放在仪表板、地板、副驾座位和各种小储物格中。这些东西包括：一套厚厚的压膜卡车司机地图、一本卡车驿站指南、一本州际出口指南、一个苹果、一个梨、一罐杏仁、两瓶水、卫星电脑键盘、一盘6盒装的一战历史磁带、我的墨镜（在墨镜盒里）、我的钱包（里面是大量用于支付过路费的现金）、我的手机和我的行车日志。我最忠实的伴侣，XM卫星广播[①]已经调好，我开车时，它就在我的右膝边播放。这样的摆放以及开车时的例行伸展运动（利维坦对我们进行了这方面的培训）都是为了防止累积性创伤。在开车后的几周内，我的左膝（操作离合器造成的）和右上背部（伸手去操作仪表盘上的控制按钮，反复搜寻卫星广播和CB

[①] XM卫星广播（XM Satellite Radio），现在更名为SiriusXM，是一家美国的卫星广播电台公司。它提供通过卫星信号传输的广播服务，覆盖了美国及其周边地区。——译者注

无线电频道①造成的）都出现了剧烈疼痛。我想了一些办法控制疼痛不再发展，并密切关注任何正在发展的损伤迹象，尤其是腰部和臀部。

确信没有遗忘任何重要事项后，我爬上驾驶座，小心翼翼地确保不会把那个超大的换挡杆碰入挡位。我开始反复踩刹车踏板，以排放制动系统中的气压。很快，空气压缩机发出的叮当声压过了引擎低沉的轰鸣声。我停止踩刹车踏板，仔细辨听，同时观察仪表上显示的牵引车和拖车制动系统的主气缸和副气缸的压力，以确保压缩机正常运转，气罐压力稳步上升。如果说压缩机是阴，引擎就是阳，如果二者工作得不协调，我在停车时就要知道，因为在时速 60 英里/时的情况下，即使车况良好，我也需要超过一个足球场长度的距离才能把这辆车安全地停下来。

压缩机如常运行，气压稳定在大约 120 磅力每平方英寸。我踩住刹车踏板整整一分钟，以确保系统没有漏气。然后，将离合器踩到底，启动离合器制动。接下来，我按下仪表盘上一个亮黄色的大按钮，松开牵引车制动器。我将挡杆直接推向上方，它平稳地挂入二挡。之后，我松开刹车踏板，并抬起离合器一点点，仅仅是一点点，同时保持拖车刹车处于开启状态，以"牵引力测试"牵引车和拖车，以及拖车刹车之间的连接。片刻之间，牵引车引擎盖的左侧因发动机扭矩与拖车刹车阻力的相互作用剧烈地向上抬升。我能明显感受到，在强大的发动

---

① CB（Citizens Band）无线电频道是一组用于短距离通信的无线电频率。它供一般公众使用，用于个人、商业和紧急通信。——译者注

第二章 便宜的运费，廉价的司机

机力量下，牵引车底盘在我的座椅和脚下扭转着，仿佛一条巨型钢缆被强力地拧动。最后，我测试了牵引车的刹车。现在我确信这辆卡车可以安全行驶，于是将挡位回空。

我系好安全带，并给座椅靠背上用于支撑腰部的三个气囊充上气（此前，我已根据个人习惯调整好了座椅的其余12个调节项）。这时，我在行车日志上画了一条线，表明我开始"当班驾驶"，即开始法定的能让我挣上钱的工作：驾驶。我踩下离合，检查车内后视镜，评估两侧的卡车离我有多近。我左边的J. B. 亨特公司（J. B. Hunt Transport Services）的卡车离我只有3英尺远，它的位置靠得太前了——一定是新手！我右边还有一辆黄色镀了铬的彼得比尔特（Peterbilt）卡车，非常漂亮，停的位置恰到好处。

我刚开始开卡车的时候，连挂挡都不会。现在，如果有必要，我可以驾车参加倒车障碍赛。虽然倒入狭窄的空间时不时仍然需要仔细斟酌，但从这些地方驶出已经是家常便饭了，而且评估该怎么做在很大程度上已经自动化了。我不再过多地考虑间隙和规划如何驾驶卡车，**我看到并感觉到我需要做什么**。我花了两秒钟小心地从最左到最右扫视了前方，挂上二挡，松开离合。我拉的纸卷高8英尺，直径6英尺，体积庞大，拖挂车满满的，这也意味着我的载重量很轻（毛重不到60000磅）。这个重量，卡车无需给油就能缓慢移动。在轻踩一点油门的同时，我又从左到右扫视了一遍，然后，我将方向盘快速向右转了四分之一圈，以便利用我和右侧车之间的空间，我需要这个空间来确保能够绕过J. B. 卡车的前部。然后，我再次通过后视镜检查我与两侧卡车的距离。现在，我与前面一排卡车之间已经离得有些近了。我把直径将近 20 英寸的超大方向盘向左猛打到头。我的长达 53 英尺的拖挂车，会拐个明显比牵引车小得多的弯，因此我现在的注意力集中在内部后视镜和左侧车外后视镜上，以确保拖挂车的尾部不会撞上 J. B. 卡车的右前镜或挡泥板。我一边盯着后视镜，一边完成转弯，并两次扫视前方，以确保前方空间足够大，牵引车不会与正前方的卡车剐蹭。尽管从右侧后视镜中我已经看不到那辆彼得比尔特卡车了，但我知道我留出了足够的空间，以确保我的拖挂车后部拐出来时不会撞到它的前部。一旦我确定拖挂车可以完全避开 J. B. 卡车，我就将注意力集中在前方。D60 现在转速约为 1100 转/分，这是三挡的转速，于是我踩下离合器，将换挡杆从二挡拉到空挡，松开离合器，让发动机转速降至 800 转/分，再次踩下离合器，将挡位换到三挡，松开离合器，然后再给点油。我继续扫视前方，时不时检查一下后视镜，一边加速，一边从三挡换到四挡，再从四挡换到五挡。换挡过程中，我不需要看转速表，我可以通过发动机的声音和卡车的运动来判断换挡的时机。

我现在的车速约为 15 英里/时。在行至一排车的队尾时，我稍稍减速，没有刹车或换挡。由于卡车已经达不到五挡速度，引擎开始轻微抖动。我向左侧急转弯，并紧盯着左侧后视镜，确保我的拖挂车在队尾处不会发生剐蹭。我脚下加油，在出口处再次左转。然后，我换入六挡，径直穿过一个红绿灯，直接驶入纽约州高速公路（I-90）的收费站。

第二章　便宜的运费，廉价的司机

我的车装有 EZ-Pass 电子收费系统，[①] 因此我将车速从六挡（略高于规定限速的两倍）减至怠速，绿灯亮起，我的视线在左侧的平面后视镜和凸面镜之间交替切换，然后快速穿过几条车道，驶向西行匝道，以防止任何四轮车从我身边驶过，迫使我减速降挡。我加大油门，从六挡换到七挡，再换到八挡。匝道限速为 25 英里/时，这个提示必须认真对待，因为苜蓿叶立交桥有导致卡车侧翻的恶名，而我的货物很高，抬高了拖车的重心。我将发动机转速降至 1400 转/分，然后减至七挡。过去几周，我的速度表一直无法正常工作。我曾多次尝试在公司的站点调试，结果都是白费，浪费了不少时间，这些里程都是没收入的。后来我记住了对应挡位的发动机转速和相应车速，知道七挡的发动机转速约为 1300 转/分，车速大约是 25 英里/时，所以我保持在这个转速。我瞥了一眼转速表，再次检查发动机转速。就在匝道变直之前，我踩下油门，换到八挡，然后是九挡，准备进入主路。此后的每次加油换挡，涡轮增压器发出的高亢啸叫都会盖过发动机的低沉轰鸣。不知道为什么我喜欢这种声音组合。也许我已经习惯了喜欢这种和弦，因为它标志着在前面那些不怎么开心的，也是无偿的工作之后，一段漫长的高速路段的开始。这个和弦也告诉我，后面的一切都是我说了算，还有钱可挣。

尽管载量并不是很重，但我还是得用点力气才能达到州际速度。我以大约 50 英里/时的速度驶入慢车道，继续加速，然

[①] EZ-Pass 电子收费系统，主要用于美国东北部和加拿大某些地区的高速公路、桥梁和隧道的收费。在中国、日本等亚洲地区多用 ETC 系统。——译者注

后换到十挡，也就是牵引车的最高挡。我立即打开巡航控制系统，并使用仪表盘上的控制杆将卡车的最高车速提升至63英里/时。然后，我开始观察周围环境，并且一直保持注意力，直到5小时后到达第一个停车点。为了避免隧道视觉或"高速路恍惚"，我接受过在开阔道路上每两秒钟移动一次视线的训练。根据训练，在检查后视镜时，应尽量移动头部，而不仅仅是眼睛，让自己的身体尽可能活跃起来。每隔几分钟，就开始一种新的前方"扫描"（近处和远处）方式和检查仪表和后视镜的方式。一个典型的模式可能是：首先检查右侧平面后视镜上的交通情况——从右到左的前方近处——接着转向左侧凸面后视镜——然后从左到右检视远方——然后再看右侧凸面后视镜，接着检查一下仪表，然后从左向右扫视左前方近处，然后从左侧平面后视镜观察远方。我会一遍又一遍地重复这些模式。这是州际高速公路防御性驾驶的具体体现。我还通过伸展运动和正确的驾车姿势来控制肌肉，通过减少早晨的咖啡摄入量和仔细安排喝水时间来调节膀胱，现在我可以连续驾驶5小时而不停车。不可避免地，我也有死盯着前方、陷入白日梦或无精打采的时候，每逢此时，我就意识到需要提醒自己，该在座位上做做伸展运动或喝杯可乐了。如果我发现自己不记得周围的每辆车是从哪里来的，也许我已经"昏昏欲睡"或"小睡"了一会儿。这时就该来一次计划外的停车，做做伸展运动、吃点东西或散散步，必要时，还可以爬上铺位小睡一会儿。

在接下来的5小时里，我需要在警觉和放松之间保持适当的平衡。如果警惕性不高，可能会对前方车辆堵塞反应迟钝，

第二章 便宜的运费，廉价的司机

无法及时停车。这是大多数卡车司机最担心的，他们称之为"瞬间"。所谓"瞬间"，就是你意识到要撞上去却已无法及时停车的那个瞬间。这种可能性太吓人了！想象一下，你正在全速行驶中，突然，前方300英尺处一辆小货车的刹车灯映入眼帘……在那万分惊恐的时刻，我该怎么办？我能做什么？如果我猛踩刹车，刹车就会锁死，后面那个不是很重的拖挂车会不会和牵引车折叠，造成无法挽回的翻车？如果我试着变道，牵引车会不会失控，一头扎到沟里，然后我拉着的不管什么东西就会冲向我和货物之间薄薄的铝板和玻璃纤维板？不幸的是，堵车只是可见的危险，如果不提高警惕，一辆四轮车可能会悄无声息地溜进我没有注意到的盲区。我试图记住那些消失在盲区的汽车的品牌和颜色。但在车流密集的情况下很难都记住。如果我对自己的盲区是否有车没有把握，就不敢快速变道。在我的卡车生涯中，两次看到小轿车在车流稀少、路况良好的情况下失控，在没有任何警告或明显原因的情况下在我面前打转。这两次我都保持了安全距离，有空间可以变道或驶入路肩。幸运的是，我当时并不需要这样做，因为这些车最终都安全地转到了路边。当你每天在高速公路上行驶十几个小时，日复一日，你终会遇到这种意料不到的情况。保持良好的防御性驾驶习惯至关重要。大卡车在停车和转弯方面有很大的局限性，有时候，即使你反应敏捷、驾驶技术娴熟，也无法摆脱困境。如果驾驶习惯不好，发生危险的概率就会指数级增加。开卡车不是公路旅行，不能上了州际公路，放几首曲子，往座椅靠背一靠，然后就松弛下来。这是工作。必须时刻保持精神集中，观

69

081

察周围每一辆车，"时刻为自己留后路"。与此同时，你也不能过度紧张和焦虑，因为压力不仅导致疲劳，还降低了你对微妙的疲劳信号的敏感度。

我需要时刻对自己的精神状态和身体状况保持警觉，要让自己的大脑保持足够的清醒，不能因为单调的数百英里长的白线和黄线，以及川流不息的汽车和卡车而昏昏欲睡或发疯。没有人在旁边监督我，没有人会提醒我说，你注意力已经不够集中，你需要休息，我想的就是最大限度地提高工作效率。在工作效率和安全之间取得平衡，这是卡车司机的责任。通过制定并执行严格的计划，以及一套锻炼心身的方法，我已经可以达到这种平衡。

是的，今天将是非常美好的一天：行驶630英里，有人付我工资，不需要跟发货人、收货人打交道，也没有装货、卸货或等待。路上可能有点无聊，但我喜欢看伊利湖上的晨曦和密歇根钢铁厂湖上美丽绝伦的落日。尽管最高效的路线和时间表基本上是由装货地点和运送时间决定的，法律也有一小部分决定权，但我可以在沿途随时随地停车。只有俄亥俄州55英里/时的卡车限速会让我慢下来。昨天，我计划了整个行程，以便避开今天布法罗和克利夫兰的高峰时段，以及明天芝加哥和密尔沃基的高峰时段。今天上午，我将行驶5个小时，然后在克利夫兰另一头的服务区停车，休息半小时，这是停车、整理驾驶日志以及往返洗手间的时间。然后，我再开大约7个小时，在芝加哥附近停车过夜。中间我会停几分钟上厕所，伸伸腿。当我到达利维坦的站点时，我会给卡车加油、检查机油、擦拭车窗和后视镜、停好车、填写日志，并给公司再发送一份表格，报告我的工作时间。虽然实际驾驶 12 个小时，不过我报告中只填写 11 个小时，总工作时间 13 个小时，我报告中填写的是十一个半小时。当地时间晚上 8 点左右下班时，我去站点的健身房锻炼了大约 20 分钟，洗个澡，然后在车上吃晚饭。晚上 9 点多一点，我会在卡车后座上入睡。第二天早上 4：30 我就会醒来，5 点左右出发，以避开芝加哥和密尔沃基的高峰时间，并比计划时间提前一点到达尼纳。我希望能从那里拉一车货到墨西哥湾。

如果你问长途卡车司机他们的工作有什么好，他们很可能会给你描述这样的一天。在这样的日子里，你会觉得自己摆脱了监督，完全掌控自己的工作。如果计划得当，还能在法规范围内安全地获得最大报酬，并为出色完成工作而获得深深的成就感。司机们明确表示，操作昂贵而危险的重型设备所需的熟练技能和持久的注意力，满足了他们的男性身份认同和职业理念。司机们津津乐道于这些感受，以及比其他工作赚得多这一事实。不幸的是，他们的工作还有另一面。

糟糕的日子

6 月 29 日中午，我把纸卷送到了尼纳。然后，在尼纳装上更多的纸卷前往南卡罗来纳州的比奇岛。在比奇岛，我拉了一车面巾纸，运往伊利诺伊州的东圣路易斯。然后我从佳得乐公司拉一车货送到俄亥俄州蒂普城的一个杂货仓库。在当班的前七天里，我运送了 4 批货物，行驶了 3400 多英里。利维坦

71　公司向托运人收费的里程数为3183英里。按照我每英里26美分的标准工资计算，我挣了827.58美元。因卸载和"超长"等待时间获得了170美元的补贴，这一周的工资总额为997.58美元。以每周工作40小时计算，每小时差不多是25美元。但我一周工作时间不止40小时。我实际工作了97个小时——平均每天将近14个小时。这样算下来，大约每小时只挣到10.28美元（当然，等待和在驿站睡觉的所有下班时间还没有工资）。尽管如此，我还是为不断有活儿干而高兴。

　　7月4日①星期一，霉运开始了。一上午的时间都用来在蒂普城卸载佳得乐的货，卸载时间是无偿的。我倒车进入站台，在仓库工作人员卸货时，立即用计算机通过卫星发送了一条信息，提前报告货物已经卸载完毕（这是我经常采用的一种策略，目的是减少等待分配货物的时间。简言之，就是告诉货运计划部门，拖挂车已经卸载，这样他们就会立即给我派另一单活儿）。然后我开始填写文书。15分钟后，我仍然没有收到新任务。这可不是一个好兆头。我给一位不认识的假期顶班员工发了一条信息，要求派活，然后我就等着。几个小时后，我的空车已经驶出月台在仓库停车场停了很久之后，我收到了下一单活儿。我需要放下空拖挂车，开到170英里外的肯塔基州路易斯维尔市，拉上一车预装好的汽车玻璃，把它送到210英里外的俄亥俄州哥伦布市附近的一家工厂。按计划，这批玻璃应于周三中午12：30交付。我计划行程时发现，当晚，也就是周一晚6：00，我就可以到达哥伦布郊外30英里处。这

---

① 7月4日为美国国庆日，是美国的法定休息日。——译者注

第二章 便宜的运费，廉价的司机

意味着我得干等 42 小时才能拉上货，还没有工资。在前一周，我平均每天能挣 130 多美元。星期一，我的收入会略低于 100 美元。星期二我赚不到一分钱。而周三，我卸下玻璃，如果能再接一车货，能挣到 50 美元就不错了。我给顶班调度发信息，想把送货时间提前，结果被告知因为客户放假了，他也没办法。

出门已经一周，一天天累积起来的疲劳感考验着我的身体和精神状态，前面还要盯着数千英里乏味的州际路面。我的衣服和床单散发着柴油燃烧后的臭味。我自制的冷冻食品和新鲜水果也吃完了。接下来的四五天，我只能在卡车驿站吃高价食品。7 月 4 日这天，我只能坐在俄亥俄州哥伦布市郊外的水泥停车护栏上，盯着一片荒芜的农场，吃我吃过的最难吃的中式快餐。我妻子打电话告诉我，纽约家庭烧烤会上的每个人都向我问好。周五是她的生日，也是我们的结婚五周年纪念日。她问我周五晚上能否一起出去玩。我告诉她，我希望周五晚上能回家，但要等到周三接到下一个任务后才能知道。即使到那时，我也不一定知道到底是周五、周六或是周日才能回家。互道晚安时，我听出来，她有点不高兴。对于卡车司机和他们的家人来说，分开的时间是很难熬的，我也不例外。我开始这项研究时，一位开过几年卡车的亲戚就这个问题提醒过我，但我知道自己只会做几个月的卡车司机，所以问题不大。然而现在，百无聊赖地对着地平线上的太阳余晖盯上半小时，这种临时性并不能让我得到丝毫安慰。

我已经独自上路三个月了。一开始，我喜欢跑新路、看新景。但工作的新鲜感已经消退。工作中唯一还算有趣的部分，

72

085

就是为路边闹哄哄挥舞双拳的孩子们按喇叭。现在，一个接一个的好日子不过是没有尽头的高速公路上的一片模糊，而坏日子则令人难忘。在糟糕的日子里，工作令人沮丧，甚至是屈辱。那些细节你永远忘不掉。我记得一个装运员透过窗框责备我提前到了一小时，然后让我等了两小时才允许我进入站台。我还记得，工人花了4个小时才用叉车把12个货盘装好，我只能站在围栏外看着。因为不让进去，我不知道什么时候能装完，发货员也不告诉我时间。如果我知道要等4个小时，我一定会小睡一会儿。还有一次，为了下午2点准时装货，我午饭都没吃，结果被告知货物要到晚上8点才能开始装。

我还记得7月5日，我早上7点起床，8点收到司机管理员的信息。他说，发货人愿意将第二天的交货时间提前两个小时，在那之前仓库里没有地方卸载玻璃。我回信说要坐等这么久，我很不高兴。他回复说，他很抱歉，会想办法再给我安排一趟活儿，不过因为我3天后就要回家了，所以选择有限。他还说，由于让我等待的时间超过了24小时，他将给我申请80美元补贴。我表示感谢，尽管我知道这对我来说没有任何意义。即使加上80美元补贴，这一周实际挣的钱也不到500美元。公司承诺路上待满一周有500美元底薪，这就是本周的收入了。

现在，我确信自己一整天都会被困在卡车驿站，于是我洗了个免费淋浴，这是我前一天加了150加仑油后得到的奖励。之后，我在床铺上看了会儿书。但经过长时间的独自驾驶和工作后，我想和人说说话。因此，下午早些时候，我来到司机休

第二章 便宜的运费，廉价的司机

息室，观看有线电视上播放的显然是无穷无尽的罪案剧。整个下午，我都在思考哪部《法律与秩序》[①]反映了美国文化的真谛。来休息室的司机络绎不绝，许多人在电视机前徘徊，等待淋浴间空出来，或者消磨装车时的等待时间。从当前的纳斯卡赛车[②]排名到正在进行的战争，各种话题随时切入，而这些话题的结束通常也很突然，要么是被《法律与秩序》的主题曲打断，要么是扩音系统播报了等待淋浴者的姓名和淋浴间号码。对话的参与者们不会再相见，我们只是想借此度过工作间隙的难熬时光，而大多数卡车司机只是尽量不去想念家里的温馨。

比如，不去想家里像样的食物。下午晚些时候，我穿过驿站来到餐厅。自助餐厅的食物无论如何算不上可口，但除了成堆的、一锅锅不健康的高卡路里食物（其中有些得看标签才知道是什么），这里还有烤鸡等热食供选择，沙拉吧里还有未经油炸的纯蔬菜（这在路上是真正的奢侈品）。最重要的是，包括小费在内只需 15 美元。自助餐常常是一天中唯一真正的进餐，也是我在开车途中发现的稳定可得的最好食物选择。我不能经常吃快餐，我向自己保证过，不能因为这项研究毁了自己的健康。不幸的是，高价的劣质食品是大多数卡车司机难以避免的严重工作伤害。他们很难携带足够的新鲜食物上路，也很少有时间去寻找像样的食物。即使你能找到吃饭的地方，而且你确信可以安全停车，公司计算季度奖金时，会将这个过程

[①] 一部美国电视剧。——译者注
[②] 美国国家汽车拉力赛。——译者注

作为偏离既定路线的里程进行处理。许多卡车司机因为在卡车驿站用餐付出了代价，他们患上心脏病、肥胖症和糖尿病的概率相当大。在快餐店吃完饭，我想锻炼身体，但又觉得在停满了怠速卡车的停车场里绕圈走路，可能会对健康产生负面影响。于是，我又回到电视休息室看了几集《法律与秩序》，然后回到车上看书、睡觉。

这样的日子会告诉你一些事情：作为卡车司机，你的时间不重要。你的薪水不重要。你能不能回家与家人一起参加特殊活动和节日不重要。**你——不重要。**

这件事已经过去很多年了，我仍然记得当时的感受，记得我有多么恼火。我知道自己在生什么气——我在卡车驿站干坐着，浪费了一天的生命。但我生谁的气呢？这不是司机管理员（driver manager）的错，他也不想给我派这样的活儿，而且他简短的信息表明，他真心为我的困境着急。那调度员呢？他们不认识来自阿达姆的我，他们只管分派业务员找来的活儿。而业务员只管推销我的运货服务。如在我家附近，利维坦肯定会给我放一天假，但我现在离家700英里，公司肯定不会支付300美元的燃油费把我送回家。

所以这不是任何人的错，至少不是我用电脑发送卫星连线的信息所能联系到的人的错。这工作就是这样运转的。作为一名司机，我有报酬的工作时间只占我实际工作时间的一半多一点。我无所事事地坐着，几个小时，有时甚至几天都拿不到工资。这个星期我可以挣到近1000美元，下个星期可能是500美元。7月5日的遭遇并不是一个错误，而是可预见的卡车司机工作的常规。这种安排工作的方式产生其他一些效应。首先，它当然会导致工人不满，造成人员流失。其次，它使工人渴望获得更多的工作控制权。最后，它从根本上影响了工人对货运业务和工作类型的理解。要知道为什么会出现这种情况，我们先要了解生成这种好日子、坏日子的体制，以及它与司机工作的其他安排方式有何不同。

好活、赖活和烂活

在联邦或利维坦这样的公司，刚入行的司机可能平均每周行驶1800英里。联邦公司的新司机平均要花6个多月的时间才能达到每周2200英里左右的付酬工作量。[2]这些司机可能12天一轮班，休息两天，平均每周在路上行驶6天。驾驶员掌握了基本的计划技能后，好活、赖活就决定了他们的工作强度和收入。所有司机都能分辨出好活和赖活。简而言之，好活就是路上跑的时间多，装卸和无薪工作时间少。一般来说，决定好赖活有几个因素。第一个是多快可以上路，是现场装车还是预装。第二个是运输里程。在其他条件相同的情况下，长程意味着路上时间多于无偿工作时间。第三个是地理区域，以及是否需要穿越山区和城市等，这决定了行驶速度、找停车位的时间，当然还有与司机家庭的距离。

好活、赖活几乎决定了工作的方方面面，工作多长时间、什么时候工作、等待和无偿工作的时长，会遇到什么样的交通状况、何时能够回家以及工资的多少，所以司机们高度关注派活的好坏。例如，我统计了就工作量而言最好的一次轮班。在路上连续行驶了19天还多，平均每24小时在路上行驶475英里。有效（有收入）行驶里程8938英里，收入2403.64美元，即每英里26.9美分。[3]相当于每周800美元，年收入约40000美元。不过这种计算方法掩盖了我实际的工作小时数。实际上我每工作1小时仅能获得9.46美元。

在此次轮班期间，我有5天不用停车装卸，没有等待时间，无偿工作非常少，也不用担心辛苦驾驶，然后却要等着交货预约。在这5天中，我平均每天行驶553英里，平均工作12.1小时，每小时收入约12.30美元。本次轮班的其他完整工作日，我平均每天行驶430英里，工作13.6小时，每小时仅赚8.54美元。换句话说，在好的一天，我比其他日子多赚大约30美元，而工作时间却少1.5小时，即每小时多赚将近4美元。

一个典型的糟糕日子可能是工作十三四个小时，其中1~4小时运送昨天未送到的货物，1小时等待派活，然后再花四五个小时等待装车。一天的时间中有10小时甚至更多，都花在等待和做一些没有报酬的工作上。如果等待期间我已经加满了油，也不需要对货物称重，而且上厕所、吃饭和洗澡这些事都解决了，那么这一天我可能还可以偷偷开上五六个小时。这样我一天工作时间就超过了14小时，可这是违法的。运气好的话，我可以在这样的一天里行驶250英里，赚大约60美元，即每小时工作挣不到4美元。我清点了我在一个糟糕的轮班中的工时、里程和收入，其中有两天出现了这种情况。这样的两天，工作27个小时，只行驶了370英里，非驾驶时间没有任

第二章 便宜的运费,廉价的司机

何报酬,时薪相当于大约 3.7 美元。

糟心的是,在利维坦这样的公司遇到赖活时,除了向司机管理员抱怨或要求重新分配工作外,司机们几乎无能为力。一位名叫约翰(John)的司机向我讲述了发生在他驾驶生涯早期的一个故事。

> 我原定周五晚上回纽约的家,但被派了一单活,要求分别在周四凌晨和早上 7:00 到芝加哥两个地点交付。我周二告诉过我的司机管理员,出于个人原因,我需要周五回家。她说她会安排的。[在芝加哥送完货后]我本以为会被派一单从芝加哥到纽约的活,让我按时回家。但周四在芝加哥的第一站后,我又被派了新活,在芝加哥两个现场装货的活,送往马里兰州!这样我最快也要到周日才能回家。我打电话给我的管理员抱怨,当我告诉她我对这样派活很不高兴时,她说:"好吧,跟我说说。"我不想发脾气或者骂人,我就想回家!

这位司机管理员使用的"好吧,跟我说说"这句话,让约翰觉得管理员并不了解他的问题,也不知道怎样才能解决他的问题。约翰不知道的是,公司专门有一套话术用于处理司机对派活的不满,他碰上的就是这套话术。司机管理员都是经过公司培训的,知道如何邀请司机"倾诉",希望直抒胸臆可以让司机们感到自己的问题得到了重视,而无须公司实际解决问题。"跟我说说"很可能是脚本的一部分,可能是管理员自己的主意,也可能是公司建议的,目的是让司机无保留地说出自己的不悦,同时保持决定不变。据我访谈过的司机管理员说,这样的话术可以让他们避免与沮丧的司机发生激烈争吵。

在大多数情况下,司机管理员几乎没有改变现状的权力,他们只在极少数情况下行使权力。货运调度部门才是老大。司机管理员处理的大多不是工作失误之类非正常的事,而是经常发生且可以预见的工作安排问题。他们的主要任务是,在系统正常派活,但需要驾驶员付出代价的情况下,让驾驶员不要太抵触。一般来说,司机管理员会说,总是有好活和赖活,谁都免不了碰上赖活。为了证明安排赖活有合理性,他们还会对司机说,接了这趟赖活,也许很快就能接到真正的好活,或者说公司安排这趟赖活,是照顾司机离家近,不用跑长途。

对司机和管理员的访谈清楚地反映出,一般来说,只有在实在无法说服司机——哪怕允诺为多次停车或过度等待支付少量报酬、给一天假,或者,最常见的是含糊地承诺很快会派给好活,但司机仍然不接受的情况下,司机管理员才会向调度提出改派。比较糟糕的情况是,司机管理员根本不提出重新派活,直接告诉司机没有更好的活,不接活就等着。司机们一般不愿意等着。由于缺乏信息,又担心以后派活时被穿小鞋,司机们对派活几乎来者不拒。接一趟赖活,少挣点钱,总强过抱怨完了,将来挣得更少。

不过,能干的司机接到赖活时并不是自认倒霉,他们会更加努力。尽管赖活带来诸多挑战,大多数司机还是会尽量使行驶里程数接近自己的平均值。为此,他们可能会违规工作更长

第二章 便宜的运费，廉价的司机

时间或开得更快，全身心投入里程游戏中去。虽然这样可能带来压力、疲劳和危险，但每接几趟活就来一次赖活，会让司机产生操控的满足感——"那趟活没能拖我的后腿！"换句话说，正如布洛维的理论所指出的，司机们被公司设计的里程游戏耍了。接到赖活时，为了维持效率、保护实得工资，以及保持一定的掌控权，司机们必须延长工作时间、加大工作强度，有时简直就是对自己的身心进行惩罚。在这种被赖活控制后的努力中，司机们反而获得了自主感。与我交谈过的许多司机都表示，这种感觉与他们在其他工作中的屈从感形成了鲜明对比。一位司机（他现在担任道路培训师，以获取额外报酬，因此经常与那些容易疲劳、妨碍他玩里程游戏的新手打交道）描述了这份工作的好处，以及他拼里程时的紧张感。

我：开车的最大乐趣是什么？

司机：我一个人开车的时候很自由，没有人打扰我，我一个人开着卡车，知道自己在做什么。我想这就是……几乎就像拥有自己的生意，但又不是。当我独自驾驶时，我就是跑、跑、跑，你自己安排睡眠时间和休息时间。卡车里没有别人，收音机想听哪个台就听哪个台。当我一个人的时候，真是开心……只要你能跑出里程数，一切都不是问题。你跟人有约。如果你认真对待这份工作，[你的态度必须是]我必须准时到达。有些人说我太认真了，他们说："你精力太充沛了，老兄，冷静点，老兄，我们会到的，我们会到的。"如果可以的话，我想早点到，到了就可以卸货了。如果不能提前，也许可以送到堆场①或公司站点。受训人员不喜欢这样做，但是你要赚钱就得这样做。

驾驶员确实有了自主的感觉，也能感到对工作的控制，不过他们能自主控制的顶多就是遇到赖活更努力地干。里程游戏遮蔽了司机们无偿劳动、里程数和额外加班付出的劳动价值。尽管我已经阅读了所有能找到的关于货运和计件工资制度的社会学研究，但我还是彻底陷入了这个游戏中。直到结束驾驶工作很久以后，我系统地比较了我的行车日志、工资单和田野笔记，才意识到里程游戏对工资的真正影响。

让我们回到我前面提到的那次"倒霉"的轮班。我分析这次轮班是因为我清楚地记得当时对耽搁所感到的挫败感。我的田野笔记中充满了抱怨、咒骂和偶尔的粗话，内容涉及我被派的赖活、公司的效率低下以及我所承受的后果。我虐待自己的身体，冒着风险去完成这趟赖活。轮班结束后，我感到极度疲劳和失望。

我对前面所说的"好"的轮班也记忆犹新，但原因却大不相同。在那次糟糕轮班之后，我决心不再经历一次令人沮丧的轮班。所以我决定在路上待三个星期，而不是两个星期。这个决定让我妻子很不高兴。司机管理员说，上一个不幸的轮班是因为我要回家，所以被安排了短途运输。在外面待的时间越长，离家越远，就越有机会被派到长程的活。于是那次我安排

---

① 指用于交接或保管集装箱的场所。——译者注

第二章　便宜的运费，廉价的司机

了离家三周，结果令我非常满意。我从纽约开车到威斯康星州，后面依次到了南卡罗来纳州，又回到威斯康星州，南下密西西比州，再回到威斯康星州，然后是宾夕法尼亚州、伊利诺伊州，再到宾夕法尼亚州，最后回到纽约。一路上，我还去了俄亥俄州、田纳西州、北卡罗来纳州、肯塔基州、阿拉巴马州和印第安纳州。

这次轮班没有任何压力，感觉一切尽在掌握之中。整个行程中，我很少违反 11 小时和 14 小时规定（下文将解释这些规定），就是这些规定带来最沉重的压力，因为这是很容易被发现的违章，而且确实会产生睡眠不足问题。然而，这次轮班的 90% 的时间里我都违反了 70 小时规定，造成了严重的累积性疲劳。不过尽管欠下了不少睡眠债，我对结果还是很满意的。

是什么让我感觉如此美妙呢？和上一次倒霉的轮班相比，每小时多挣 36 美分，每天多挣大约 5 美元。我本以为每小时能多挣很多钱。但事实并非如此。实际上，好活和更长的轮班时间极大地减轻了我的压力，但对我的总体收入改善甚微。我开车时没有进行任何系统性分析，我所想的只是这次愉快轮班才一半，就已经挣到 1000 美元工资，上次倒霉轮班一共才挣了 500 美元。经验告诉我，有两件事可以决定你挣钱多寡，轮班时间长和接到好活。但事实是，如果按小时工资算，500 美元那个轮班比 1000 美元的轮班挣得多。因为接到赖活，我收到了一笔 74.16 美元的最低保障工资，让我在最后五天全天工作的工资达到 500 美元。相当于我实际上每小时多赚了 27 美分，在路上的每 1 小时多赚了 11 美分，这比我认为的拿到好活的轮班要好得多。但当时我并没有意识到这一点,我所看到的只是里程数不够多。这种误解是行业的工作组织方式所导致的。

货运业中的"利维坦"从何而来

在监管时期,普通卡车司机的工资和工作条件要么直接由IBT的集体谈判确定,要么受到IBT深刻影响。在某种程度上,普通货运司机过去之所以能享受到较有规律的工作安排,是因为那时的普通货运多为零担运输。货场系统建立起来之后,公司可以安排司机经常回家,甚至给他们安排固定的工作时间表。司机还可以根据在工会中的资历"竞标"固定路线。当然,当工作中出现问题时,工人可以诉诸合同或求助于工会。

但这并不意味着IBT领导人不考虑劳动力成本和工作规则对整个货运市场份额的影响。尽管需要IBT司机付出相当大的代价,霍法这样强有力的工会领导人仍然倡导提高效率。例如,20世纪60年代,铁路公司采用"驮背"(piggyback)①方式与长途卡车运输竞争——将拖挂车装载到铁路货车上。这让霍法认识到,提高效率对于保持整个行业的竞争地位至关重要。[4]因此他允许公司快速扩张,与铁路公司合作驮背运输;提倡使用卧铺驾驶座舱以降低长途运输成本;通过谈判为在组队驾驶中未执行驾驶任务的一方争取到少量补贴;他还赞成使用双挂车以节省劳动力。所有这些措施要么以牺牲工作岗位为代价,要么不受普通工会会员欢迎。但霍法最大限度地减少了抵

---

① 驮背(piggyback)是一种公路和铁路联合的运输方式,货运汽车或集装箱直接开上火车车皮运输,到达目的地再从车皮上开下。——译者注

第二章　便宜的运费，廉价的司机

制，把这些都纳入合同，并确保合同得到执行。他要求企业将这些创新节省下来的部分成本用于给司机提高工资，不过总体而言，他是出于对行业竞争力的考虑。

去管制化后，劳资双方在工作方式上的合作戛然而止。如导言所述，运力过剩导致去管制化后运费暴跌。由于货场价格和 IBT 会员司机的劳动力成本上升，大多数运送普通货物的零担运输公司很快就被淘汰出局，专属车队、整车货运公司以及自营车主开始承接以前受管制的点对点货运。

短短几年内，一种成本更低的货运模式建立了新的竞争规则，并吞噬着市场份额。一批当时被一些人称为先进整车运输企业（ATLF）的新兴货运公司涌现。他们雇用非工会员工，压低运费，也获得了大幅增加的利润。他们专注于特定的货运走廊，利用先进的车辆调度技术，实现了更高的资产利用率。这就是去管制化后取得成功的关键。ATLF 的空驶里程仅占 8%，而雇用承包卡车的公司空驶率为 15%。[5] 不过这个系统要求司机无条件接受派活，让他们去哪就去哪。派活完全是随机的，很可能让司机长时间远离家乡。

如今，大多数长途货运企业的作业安排仍然如此。专属车队和零担运输公司的司机享有比整车货运司机好得多的工作条件。一般来说，专属或零担运输的货运路线是固定的，司机回家的次数要多得多。ATA 在 2011 年进行的一项调查显示，只有 6% 的整车公司和 2% 的封闭式货车公司表示其司机每周回家超过一次。相比之下，83% 的零担承运商和 18% 的专属车队表示，他们的司机每天都能回家。[6]

利维坦如何运作

虽然利维坦也使用冷藏拖车、平板车和其他更专业的拖车，但其主营业务是用封闭式挂车运输普通货物。从钢卷到婴儿尿布，凡是能装进厢式货车的货物，它都能运输，运输距离从几百英里到几千英里不等。厢式挂车司机通常每次出差两三周。他们不需要装载易碎货物或照顾活体动物这类的特殊技能。装卸工作通常由发货或收货的公司完成。大部分货物是用叉车或手动搬运车搬运。利维坦司机唯一要做的就是在规定时间内将拖挂车从一个装卸区拉到另一个装卸区。

利维坦这样的大公司如何组织工作流程对行业来说非常重要，原因很多。首先，它们负责培训和/或雇用绝大多数新手司机，因此，它们建构了工人们对货运工作和货运行业运行方式的理念。其次，它们对劳动过程的组织、它们设置的低工资，以及它们的规模经济为行业设定了竞争的标杆。最后，这些公司控制着美国货运协会，该协会是行业内对安全监管和其他事务最有发言权的机构。

利维坦拥有1万多辆牵引车和4万多辆拖挂车。在任何时间点，这些拖挂车中的绝大多数要么已经连接或分配给一辆牵引车，要么是在利维坦定期服务的1万多个客户地点之一进行装卸。利维坦每周还将数千个使用可拆卸底盘的集装箱运进或运出火车站和船坞。利维坦卡车由卫星监控，一年365天，一天24小时在北美各地行驶。这辆移动的巨无霸由总部位于一个美国中等城市的总公司操控着。

第二章 便宜的运费，廉价的司机

利维坦公司的总部没有人们想象中财富500强公司的奢华。它坐落在一大片景观极差的停车场内，有一幢巨大的低矮建筑，外观就是混凝土嵌入玻璃，涂上独特的利维坦蓝。在宽敞的入口处，来访者经过前台和安保人员后，可以朝一侧绕行，经过人力资源、福利、财务等部门，来到带有独立接待区的行政厅。

另一侧是被切割成无数隔间的"大厅"，占地数英亩，里面有大约1000名销售人员，他们负责与公司客户进行交流。工作人员在这里寻找货物、谈判合同、管理账户。数千家形形色色的中小型企业和三分之二的财富500强企业的几乎所有运输业务都在这里处理。这个大厅无论是看起来还是听起来都像一个热闹的证券交易所。很多隔间挂着沃尔玛、强生、卡夫和宝洁这些最大客户的标志。利维坦以及与它相似的公司以低廉的运费和现场服务左右了普通货运市场，小公司和独立卡车司机只能望洋兴叹。

在"大厅"里签订的货运合同被发送到调度部门，由调度直接分配给各辆卡车。绝大多数情况下，卡车停驶时，公司可以不付司机报酬，但是公司也没有收入。所以利维坦希望卡车动起来。成功的关键在于为每辆卡车找到有利可图且可即时装载的货物，同时最大限度地减少卡车空驶前往装货地点的里程数。小公司减少空驶里程的办法是，一旦获知交货地点，就开始在交货地点附近找活。这需要耗费大量时间在互联网货运平台搜索，或致电经纪人和熟悉的客户，寻找时间地点合适的货运任务。

而像利维坦这样的大公司，他们成千上万辆的卡车中总有一辆接近货源，可以响应客户的要求。基本上只要有活，他们就能大量地接，他们还往往与大型托运人签订大宗货运合同。利维坦公司每天实际承接的货物多达15000单，比它实际能够承运的货物多出数千件。他们的调度员先借助先进的软件，将货物分配给利维坦的所有司机（以优化公司资源的配置），然后将剩余的货物分包给小公司和承包车，并从中提取相当大比例的中介费。

这是普通货运市场上的最佳操作方式。这种操作不仅要求企业规模足够大，而且要求企业有能力灵活调度驾驶员的工作时间和地理位置。货源确认、合同和任务分派都不牵涉司机，唯一与司机们有关的是他们当下有可用的合法服务时长（由司机每天通过车载电脑向中央系统自报），以及通常每两三周重复出现的"回家时间"窗口。

司机们不知道有什么活，谁派活，如何派活，因此也不知道可以做些什么去争取改派。司机们只知道，想要换个活既费钱又费力，几乎没有什么可能性，而且调度工作是由系统操作的，已经尽可能高效和公平。这种系统被称为"强制调度"，因为它要求司机有求必应。

利维坦的司机接活以后，在途中遇到的任何问题都由战略性地分布在全美主要货运道路上的20多个公司站点中的司机管理员来处理。利维坦的驾驶员和司机管理员被编入一个个的"小组"（board）。离家最近的站点（terminal）是小组的据点。最小的站点只有一个小组，有100名左右的司机和三四名驻站的司机管理员，最大的站点则有好几个小组、几十名管理员，管理着上千名司机。司机管理员对小组经理（board manager）负责，小组经理对站点经理（terminal manager）负责，站点经理是公司总部以外最高级别的员工。

司机的管理与监督

司机每年可能只与他的直接管理员见面数次。一般情况下，司机在出差的几周内会接到几条来自管理员的私人信息，与他们通个一两次话。事实上，由于司机的大部分时间是在路上或客户所在地，他们在工作期间很少与本公司的员工交流。虽然司机们每隔两三天就会经过一次公司站点，但那只是他们加油、吃饭和停车的地方。他们一般只在路上和在家时使用公司站点,[7] 既不会与同事互动，也不会与工作相关或了解他们工作的主管进行互动。

通过卫星连线的电脑，管理员可以给司机发信息，并自动收集有关卡车位置和运行状况的数据。每隔几个小时，利维坦的司机管理员就会"抓取数据"，检查司机的位置，以确保他们正常行驶并准时送货。司机们不知道管理员什么时候检查他们，检查些什么。卡车电脑会记录司机的平均燃油经济性、行驶里程、超过公司限速的次数（卡车只能在下坡时超速），以及车辆怠速的时间（极大地浪费燃料，并造成显著的额外成本）。公司将根据这些指标来确定驾驶员的生产率和奖金，这可能会使驾驶员的工资增加几个百分点。

保持数以万计的车辆在行驶中，且创造利润，这种组织能力令人震惊。利维坦公司的约 2 万名员工**每天**能够在数以千计的装卸点之间运送近 5 亿磅的货物，行程超过 500 万英里。通常情况下，没有 1 磅货物会丢失，晚到几个小时的情况也很少发生。尽管要应付高峰时段、州际事故，还有美国和加拿大南部地区的恶劣天气，仍然能够取得这样的业绩，现代资本主义这种物质商品流通的大动脉，着实令人叹为观止。正是利维坦和少数几家类似的公司大大提高了卡车货运的速度，降低了运输成本。但是，正如经济学家迈克尔·贝尔泽（Michael Belzer）所指出的，这也让许多卡车变成了车轮上的"血汗工厂"。[8]

司机的任务及其面临的困难

利维坦司机的工资是根据货主运送货物的里程数计算的，里程数由起点到终点两个邮政编码区域内邮局位置间的距离决定。这种计酬方式对于工人如何理解劳动过程至关重要。这种方式让工人执着于里程数，却掩盖了工作中需要注意的其他因素，如工作时长或睡眠缺乏。里程游戏的基本策略是里程优先，其他不计。个人需求，如上厕所、吃饭、洗澡、理发和购物，都安排在装卸货时间、下班后或在家时解决，反正这些时段总是要停车的。最成功的驾驶员会制定一套常规程序，将醒着的每一刻都用来行驶，以取得最高行驶里程。他们会仔细分析每一单活，哪怕是很小一单，以确定如何在不减少带薪里程数的情况下去干那些非驾驶任务。

当然，上述是司机们可以控制的因素。影响司机收入的许多因素往往完全不在他们的控制范围之内，较低的薪资、无偿

第二章　便宜的运费，廉价的司机

劳动、计划外工作时间或超长工作时间、较少的在家时间以及个人和身体上的不便和风险，这些情况每天都在发生，它们都是成本，都是由司机承担的。交通和天气状况导致司机损失大量带薪工作时间。司机们很快就学会了提前数小时或数天制定周密计划，以避开交通拥堵或恶劣天气。不过客户才是卡车司机最大的问题。托运人和收货人通常很少（如果有的话）为司机着想，不会有效利用司机的时间，不会为司机快速进出而采取什么措施。事实上，故意拖延卡车司机的时间可能对客户有好处。客户可能会让卡车司机在货物准备就绪之前长时间待命，以保证需要装车时，车辆随叫随到。或者，客户可能故意推迟货物的交付时间，将拖挂车作为免费的存储空间，直到有了可用的稀缺仓库空间和/或劳动力。货运公司无法拒绝像沃尔玛这样的大型托运人，他们可以有计划地利用货运公司的拖挂车和卡车司机的无偿时间，使之成为免费的额外仓储容量。

1999 年的一项调查发现，普通厢式货车司机**平均每周**要花 33.5 个小时等待派单或装卸货物，每次停车的平均等待时间为 2 小时，每次装货时间为 1.1 小时，卸货时间为 1.2 小时[9]。司机是按行驶里程计酬的，所以上述这些时间都是没有报酬的。在几个月的驾驶过程中，我只因等待超时得到过两次补偿。在前述例子中，我在 7 月 4 日假期因为等待，名义上获得每小时几美元的补偿。但由于那一周我的里程数已经非常少，公司理应支付 500 美元周最低工资，名义上的补偿并没有增加我的收入。

一般来说，当我到达客户所在地时，要么有固定的预约时间，要么有几个小时的装货时间。仅仅是把装货的拖挂车放下或把预装好的拖挂车拉上，通常至少要花一个小时的时间与发货员打交道、处理文书和进行其他必要的沟通，以及寻找、检查和安装拖挂车。这些都是无偿劳动。我通常会疯狂工作，以尽量缩短这段时间，然后回去开车。更多的时候，拖挂车要现场装卸货物，那我就要等1~5个小时。由于无法控制装卸货物的时间，司机们很快就意识到，应该在等待期间处理无偿工作（如计划行程、记录工作时长、整理卡车等），并解决个人需求。

除了在不可避免的停车时段处理所有非驾驶工作并仔细规划行程外，最大限度提高工作效率的另一个关键是管理好工作日志。雇主可以给司机派活，但无法控制规定司机**如何工作**的那些最重要的规则。长途货运的基本法规，即所谓的"服务时长"（Hours of Service，HOS）是联邦货运安全管理局制定的，这是针对全美卡车司机的规定。这一规则要求卡车司机在日志中记录他们的工作时间。日志形式是每天一张图表和表格，代表24小时，图表按照15分钟时间段分割。每月一本。一年之中，每一天（包括不当班的日子）都必须在这些图表上记录4种不同状态（下班、驾驶室休息、驾驶、当班非驾驶）。驾驶员必须在这些图表上记录当班时的即时变化，保证任何时间查看日志都是最新状态。如果发生了驾驶状态的变更（从"驾驶"变为"非驾驶"或反之），必须标记所在城市或州际里程碑。表格记录每天每种状态下的小时数，以及最近七八天的当班时间总数。警方负责在卡车称重站和路边检查站执

第二章 便宜的运费，廉价的司机

行七天和八天的累计工作时长检查，警察也可能做随机检查。法律规定驾驶员必须保证驾驶日志的即时准确性。

驾驶日志必须手写，驾驶员必须在每一页上签名，以确认日志的真实性和准确性。被发现违规的驾驶员可能会被罚款数千美元并吊销商业驾照。如果公司不能保证司机（包括公司授权运输货物的承包司机）遵守规定，也要被罚款甚至被停业。

十多年来，安全团体、保险业、货运行业社团和监管机构之间就服务时长规则在立法机构和法庭上展开了激烈的辩论。最近，关于是否应该用车载电脑取代日志来记录和执行服务时限的问题使争论变得更加复杂。本书篇幅有限，无法详细解释这些争论。对本书而言，重要的是卡车司机如何理解规则以及如何应对规则。在我当司机的那段时间，司机们认为有三条基本的"服务时限"规则很重要。第一，实际驾驶时间不得超过11小时，之后必须执行10小时强制休息（11小时规则）。第二，如果距上一次强制休息时间已经过去14小时，就不能继续驾驶，不过可以做其他工作（14小时规则）。也就是说，如果一名司机早上6点上班，那么晚上8点以后就不能再开车了，不管在此期间实际驾车时间的长短。第三，7天内最多可工作60小时，或8天内最多工作70小时，然后必须停止驾驶（这一规则被称为70小时规则，因为大多数司机在路上的连续工作日是8天或以上）。根据这个规则，司机在70小时工作后必须休息34小时，然后服务时限"重启"，工时重置为零。

卡车司机们戏称行车日志为"漫画书"。众所周知，大多数驾驶员每天会违反"服务时长"规则。司机们认为,鉴于他们的工作环境和时间安排所要求的灵活性,"服务时长"限制根本没有意义。例如,司机将与托运人或收货人打交道、填写文书或等待装货时间归为下班时间,尽管这些应该记为"当班非驾驶"时间。大多数司机也不把驶入或驶离停车场、倒车入位、挂拖车或卸载拖车的时间算作当班驾驶时间。这些做法大大增加了他们在70小时规定下的驾驶时间。事实上,这些做法在日常工作中已经是习惯成自然,以至于大多数驾驶员根本不认为"真的"违了规。如何在日志上不留下明显违规痕迹,又最大限度地增加工作时间,且做起来得心应手,需要一定的经验。司机必须处理好日志中记录的时间、里程数和地理位置,使之与交通路况、天气和货运情况无缝衔接。一些经常严重违规的驾驶员会有意识地考虑如何避免被发现,但对于绝大多数驾驶员来说,每天违反服务时限规定不仅是合理的,而且已经成为一种工作常规。

普通车辆司机经常在65英里限速区域内以72英里的速度行驶,绝大多数司机认为这是轻微违规,他们认为这些违规行为不会影响安全。但是,老司机都知道,这些小的违规行为累加起来对生产力有巨大的影响。许多驾驶员应对服务时限的策略是,直接将驾驶里程数除以60,然后将结果记录为某时间段内的驾驶小时数。这样做的部分原因是,司机通常在驶出停车场上路前更新行车日志,直到卸货时才会再次更新。在此期间,有大量的低速行驶、倒车和非驾驶工作。这样做的真正理由是,平均时速60英里是一个站得住脚的数字,驾驶员肯定

第二章　便宜的运费，廉价的司机

不希望无谓地少报工作时间。实际上 60 英里时速严重高估了驾驶员完成一项任务的速度。我曾详细记录了真正的驾驶时长，一个普通的工作周，可以算作带薪里程的，平均时速大约为 40 英里。

只有两名受访者声称他们是按照法律规定的要求进行记录的。我和大多数受访者一样，边工作边记录。一个正常轮班下来，我记录下的工作时间不到实际工作时间的 65%。许多参与有关服务时限法规辩论的人可能认为这个数字有些离谱。事实其实很清楚，司机每周在客户处等待的时间为 30~40 个小时，这就是原因。虽然车载电子记录仪可以监控卡车的行驶过程，但只有司机才知道熄火后他们做了什么。事实上，司机并没有将等待时间记录为"当班非驾驶"。虽然法律要求他们将这段时间记录为工作时间，但我从未见过有经验的司机这样做。一般的司机在离开公共道路的那一刻就不再把时间算作"当班驾驶"。排队等候、与办事员交涉、等待货场开放、倒车进入货场、等待卡车装货、封闭拖挂车、驶出货场，这些工作不可能按恰好 15 分钟间隔——录入日志，因此司机不会准确记录这些时间。如果他们在托运人处停留 2 小时、3 小时或 4 小时，他们可能——只是可能，会在把这段时间的开始和结束各记录 15 分钟，作为"当班非驾驶"，其余时间记录为"下班"或"卧床"。

虚报工时不完全是故意，司机们确实认为很多工作不需要按照法律要求记录在案。法律和大多数人对工作的定义是：实际在岗并按要求执行规定任务。大多数司机像我一样，实际工作时间接近 90 或 100 小时，但报告的时间每周只有 60 或 70 小时。我曾分别详细记录了自己的实际工作时间和按照大家通用计算方法记录的工作时间。很难确切知道如果准确记录工作时间对我的工作效率有什么影响，不过我知道，同样的装载顺序和行驶天数，如果按规定记录工作时间很可能会使我的工资减少至少 25%。总而言之，司机们都知道，真实记录驾驶和非驾驶时间将会损失大量里程数。因此，他们有充足理由将无偿工作和等待视为"非工作时间"。司机和他们的雇主一样，涉及工作和工资时，就会淡化无偿工作的重要性和强度。

尽管各公司都应该确保驾驶员遵守行驶时限，但各公司监督的严格程度却大相径庭。所有公司都必须审查司机的驾驶日志，并将其保存起来，以便抽查或在发生事故时进行审查。有极少数司机告诉我，他们的公司鼓励或强迫他们严重违规。在另一个极端，薪酬优厚，且按工时计酬的利基小公司，通常要求司机严格遵守服务时限，包括非驾驶时间。

不过，这些只是例外情况，大多数公司的管理很宽松，只要行车日志看起来合法，若违规行为不严重，就不予追究。几乎所有的大型货运公司都不依赖行车日志，他们有相当先进的手段来监控司机，如连接卫星的电脑。但是，过于严格地执行服务时限并不符合货运企业的利益，除非安全成本非常高。大多数大公司调度车辆时已经将司机在计算机中心登记的法定时数考虑在内。

如果司机被耽搁了，需要多开一个小时左右才能按时交货，大多数公司会让他多开一个小时。因此，如果一名司机开车12小时而不是11小时，或者在当班14小时后还开车，司机管理员通常会视而不见。但如果司机无故开了14个小时而不是11个小时，或者强制休息时间只有6个小时，而不是10个小时，就可能会遭到司机管理员的口头申斥。如果持续发生这种恶劣且明显的违规行为，大多数公司最终会解雇司机。不过公司执法几乎只限于公共道路上的行驶时间，从未听说过有任何公司质疑当班非驾驶时间，或质疑按里程计费司机的等待时间。他们显然对这方面的监控缺少兴趣。

尽管许多大公司正在改用电子行车日志，但伪造行车日志的现象依然普遍存在。事实上，由于电子日志也可以编辑，当班非驾驶时间是司机手动输入的，司机们采用了与纸质日志相同的策略来伪造电子日志。电子日志通常无法记录卡车司机的大部分低速驾驶时间，也无法记录他们不驾驶时做什么。

与"里程游戏"的比较：为指定客户和沃尔玛开车

并非所有卡车司机都需要参与里程游戏，利基市场的司机们通常是按工作时间计酬的。有经验的司机有时会被分配给指定大客户，也能够降低里程游戏的强度。如果轮班时赶上指定客户没有活，他们也会被派往非指定客户，不过那也是在有数几个地点的有规律运送。

这样的客户有很多好处。首先，司机熟悉客户位置和行驶路线，可以避免一些常见问题。其次，大运量的托运人比较喜欢预装定期运送的货物，以节省仓库空间，从而为司机节省了现场装货耗费的工作和时间。再次，常规路线通常意味着定期安排回家时间，每周一次，有时甚至更多。最后，这些客户的货物可能相对长程。

我曾在一次轮班时被随机分配到一家大型消费品制造商。我从供应商处把原材料运到制造厂，再把成品运到客户商店和配送中心。在这次 11 天的轮班中，我只有一天违反了服务时限。我每小时的工作收入为 10.73 美元，比我玩里程游戏时的平均收入高出大约 1.27 美元。就每天的工资而言，我每 24 小时的收入比前述有好活的轮班期间多 4.48 美元，比赖活轮班多 10.78 美元。

与我在利维坦公司的其他轮班相比，这次轮班挣得多，却不需要太多的加班，也没什么压力。少干活多赚钱，风险也小，远比其他活好。我访谈过一些给指定客户开车的司机，他们表示很少需要加班。这些司机还是按游戏规则自律和做计划，以减少问题和延误，不过这些客户的工作量限制了司机们通过加班增加报酬的可能性。这些客户可提供的货运量是有限的，卡车是根据预先确定、相对稳定的货运量分派的。为这类客户服务的司机不太可能被分配到更多的任务，因此也没必要提高交货速度，从而行驶更多里程。在大多数情况下，派给司机的货运任务时间已经确定了。

企业专属车队也不按里程计酬。我曾在沃尔玛车队工作 5 天，感受与按英里计酬的利维坦公司形成鲜明对比。我在沃尔玛是顶替一名休假的公司正式司机。虽然取货和卸货频率比在利维坦公司要高，但我每天只跑一到两条路线。沃尔玛商店每

第二章 便宜的运费，廉价的司机

天从最近的配送中心接收几车常规送货。单一路线可能包括在最近的配送中心挂一辆满载的拖挂车，送到一两家门店。然后，从商店拉上空拖挂车或从供应商那里拉上商品，返回配送中心。我主要在东北部跑车。有些日子，我送货到纽约州，晚上被派到我家附近的停车场，这样我就可以在家睡觉。虽然这几天的工作有长途货运司机尽量避免的一些坏处，如驿站多、路程短，但我赚到了更多的钱，没有违反服务时限，好几次都睡在家里，而且更享受这份工作。

为沃尔玛工作时，我的日薪为 120 美元，几乎相当于我最佳轮班期间的预期收入。我平均每小时赚 11.32 美元，比我玩里程游戏多 1.8 美元，即每小时多 19%。领取固定工资和有规律地运送货物使我的驾驶体验发生了根本性的变化。我不用匆匆忙忙，焦虑地在这里争取几分钟，在那里争取几分钟。沃尔玛的大部分工作是在正常上班时间内完成的。我不用像往常那样担心前方城市的交通状况，连沃尔玛站台工作人员的行为（他们是我见过的最不称职的人）都不会让我恼火。我也不必花时间纠正错误的指示或文书。相反，我很放松，工作也很愉快。我认真做好每一件事。我当然可以加快工作进度，在更短的时间内挣那一份钱。但是，这样做不值得。我与那些有经验的计时工资司机交谈时，他们描述了同样的行为和态度，我将在后面的章节中加以说明。如果你的工作按小时计酬，或者工作量基本固定，那就没必要赶工或者投机取巧。

111

里程游戏的后果

美国经济需要多样化的货运服务和多样化的货运企业。不同的产品、生产流程和供应链系统所需的货运服务各不相同。普通货运和相类似的整车货运，如冷藏和平板运输，雇用了大部分的新司机，其他如企业专属车队、快递包裹服务和散装危险品运输等数十个大大小小的市场，雇用了美国大多数卡车司机——约90万人。许多细分市场为自己满意的司机提供了更好的工资和工作条件。老司机们虽然将自己视为依赖公司提供工作的工人，但同时也认为可以自主控制其劳动力的销售。他们确信，只要没有不良驾驶记录，具有可靠的工作经历，就能轻松找到好工作。这种与新司机不同的对待劳动力市场的态度源于对货运工作的不同理解。

入行时间短的司机认为某些劳动安排是理所当然的。例如，在访谈中，他们**从未**质疑过按里程计酬的制度，也从未提出他们的无偿工作和等待时间应该得到报酬。而老司机则认为按里程计酬**是**个严重问题。这些司机虽然也经常轻微犯规，但是出于对安全和压力的考虑，他们的自我压榨是有限度的，他们还给自己建立一套规则，把里程游戏限制在行程安排上。换句话说，大多数老驾驶员拒绝参与里程游戏。他们不想要**更多的里程数**，而是希望有更好的工资待遇和稳定的日程安排，他们关注的是实得工资，而不是里程数。

［我之所以转到一家利基公司，是因为我之前公司］

第二章 便宜的运费，廉价的司机

的名言是：想挣更多的钱，就跑更多的里程……这样真的好吗？多跑就能多赚钱？真该死！我上过六周的大学，我知道这里面有猫腻！"更多里程"，屁话。这是一种愚蠢的心态。你跑多了，就回不了家了……你关在卡车里，世界与你擦肩而过……你还埋头苦干，浑然不觉……真是糟透了。

拒绝里程游戏的老司机们不会把当班非驾驶的时间看作挣钱的障碍。开车只是工作的一部分，而他们的工作只是货运行业的一部分。新司机认为公司成功与否就靠司机，而老司机则强调销售等工作的重要作用，以及公司协调各个部门，切实有效地为客户提供整体服务的能力。

例如，我访谈了一位名叫皮特（Pete）的司机，他是一位59岁的白人男性，在20世纪80年代开过6个月的承包车。15年来，皮特一直在一家小公司工作，公司专门服务于整车或零担食品的运输和仓储利基市场。他每周大多数晚上在家，无论开车与否，时薪都是13.50美元，甚至包括他在路上过夜的时间。在我访谈他的前一年，他挣了4.5万美元。他是这样描述他的挣钱方式的。

> 我可能会在站台坐着……我们曾有一个人在站台坐了32个小时……这些时间都有报酬……［而且］没有攀比……我不想有其他工作方式……如果按英里计酬，那么你所做的很多工作都是没有报酬的。［我做的都有报酬，

而且]如果我拉了一单赖活，[老板]会让我们雇一个[装卸工卸下拖车]，然后去睡觉，我们的工资不变。

皮特知道，这是由于他的公司在冷藏运输和仓储这一特殊利基市场的经营。这类服务要求他和其他人高度配合，且需要额外的服务，如手工卸载和分拣温度敏感货物。新司机往往不知道自己运输的货物，更不用说接触货物了，而皮特却要亲自检查、交接和照料他的货物。他公司的客户愿意为这种更复杂的服务支付更高的费用。他比较了自己的工作与大型整车货运公司司机的不同，后者按里程计酬，为一些相同的公司提供价值较低的服务。

大家都想按里程付费……像高科、大红，这些大公司，他们也进入那些大仓库。他们的员工是按里程计酬的，他们不接触货物［司机付钱请别人卸货，然后公司再给他们报销，司机等待时间没有工资］……太乱了，我可不想干这种活。基本上，他们把效率低下的问题都推到司机身上……一直都是这样，司机总是被人欺负。卡车被当作收入的来源，司机是免费的［司机不应该允许这样，但是］他们中的很多人的态度是，这是你的货，你来卸。当我受雇于戴维斯分销公司时，[老板]坐下来明确告诉我，我的责任是什么，"我们公司就是干这个的：我们提供良好的服务，我们做这个，这个，这个。卸货也有报酬，所以不用担心"。

第二章 便宜的运费，廉价的司机

皮特经常运送一些有时间要求或精益仓储小订单，对时间极为敏感。因此，与大多数跑长途（OTR）的司机相比，皮特的工作计划性更强，其工作所受的监控也更为严格。然而，皮特却从这种监控中看到了好处。

> 一切都是客户！客户！客户……从"好时"公司订了货，好时说，货物将由戴维斯分销公司运送……客户知道我们的网站。他们会把订单输入电脑，然后找出货品在哪里，我们什么时候送货。［戴维斯先生］在服务方面投入了大量资金……他给我们所有人都配备了 Nextel 手机……他可以把我的电话号码输入电脑，然后屏幕上就会跳出一张地图，上面有一条小蓝线［显示］我离开的地点、时间和路线……同样的道理……比方说，我因为超速被拦下了，他可以输入我的电话号码，然后地图就会告诉他，我在 212 英里路标处……他还可以倒回去一点，然后地图就会给出当时的时间和速度，这样我们就可以在法庭上对质了。这真是太棒了。

许多新司机，尤其是按里程计费的承包车，对这样的监控深恶痛绝，常常称之为"老大哥"，并将其视为妨碍他们加时工作的障碍，因为他们认为里程多才能挣得多。他们还指斥这是对他们作为专业驾驶员的侮辱。在这方面，皮特并没有太强的自主意识。他对雇主的监控赞赏有加。他希望他的雇主进行检查，认为这能证明自己工作认真负责，证明自己的价值。像皮特这样的司机会严格遵守交规和服务时限。他不想为了多干一会儿而违法，他没有动力这样做。按里程计费的老司机也有类似的感受（尽管他们更有可能经常违反一些小规定）。下面就是这样一位司机，他在一家收入较高的普通货运公司为指定客户服务。他对卫星监控的看法是：

我［在上一家公司］有一个 800 美元的日志罚款。在［我现在的公司］，你不能超时工作，你欺骗不了系统。你必须在电脑上记录工时。［使用纸质］日志，你可以想跑多远就跑多远，但你不得不［伪造］日志。［公司严格执行服务时限］使我避免了很多麻烦……减轻了很多压力……以前，我会把自己逼得太紧，以至于给自己惹上麻烦。现在我是这样看的，该是什么就是什么。早了就早了，晚了就晚了。至少我还没死，货物也安全到达。我也赚到了足够的钱。

老司机们都知道，不能冒险，必须保护自己和自己的劳动价值，不能将之置于风险中。要想在劳动力市场中提高地位，先要做到这一点。在他们看来，政府的规定是在保护他们。下面是一位司机陈述他为什么喜欢工作时限。

司机：你可以开 11 个小时，休息 10 小时，对卡车司机（对所有人都是）来说，这是个安全问题。很多人整夜开车，所以出了事故什么的……但是我［守规矩］，因

第二章　便宜的运费，廉价的司机

为我家里有妻子和三个儿子，我想安全回家。

我：如果没有这些规定，你今天会因为想多赚点钱，而感到压力吗？

司机：哦，是的！但我知道自己的限度。我妻子说："你知道你的限度吗？你会犯困吗？……如果你早上起床，走了几个小时觉得困了，就靠边停车。把货物完好无损地运到，不要撞死人。如果那样你就会进监狱，你会为那样的事后悔。"这是一条好规矩。

正是这种态度让这些司机从优质公司获得了更高的工资。多年来在路上的自我压榨教会了司机们，什么才是最重要的。相比之下，一位新手司机在讨论服务时限时，提出了截然不同的观点。

［服务时限］就是个大笑话。他们花钱［制定和执行这些规则］，但没有一个司机敢说自己按规定驾驶。［谁这么做了］，他就不是司机。如果你合法驾驶，你就赚不到钱。每个司机每天都要开14到16个小时。他们有五本不同的［行车日志］，不管开到哪儿，都修改日志。这真是个大笑话。

劳动过程的组织方式把司机们带入特定的游戏，形成相应习惯和对工作规则的理解。不同类型的货运公司雇用或培养的驾驶员，其技能和观念也大相径庭。大型综合货运公司

117

（如利维坦）的司机认为，这个行业的运作主要受托运人、收货人、政府和货运调度的制约。利维坦之类的大公司招聘和培训的工人对货运行业全然陌生，不知道这个行业还有其他运营方式。当遇到问题而公司不肯让步时，这些司机很可能会将问题归咎于公司或行业内部问题，而不考虑他们所运输的货物种类、他们所服务的客户或所在细分市场的劳动组织方式问题。之所以会这样，部分原因在于这些行业新人不知道存在任何替代方案，而公司没有将自己定位为某一**特定类型**的货运公司。

像利维坦这样的公司，明里暗里提示工人，它们是去管制化后市场力量解放的结果，它们是行业领导者，是最先进的，代表了行业未来。如果你想进入货运行业并成就一番事业，它们就是你的未来。其他选择都不会持久。**你必须适应**，因为这个行业就是这样。

这些公司生产出技术有限的廉价司机，雇用他们为大客户廉价拉货，这类工作对司机的要求就是倒车进入站台提货。与我交谈过的新司机都对公司的调度系统心有不满。他们怨恨，有时甚至憎恶他们的主管。他们认为，工作安排只是一些人的突发奇想，薪资也毫无道理，这些人根本不关心司机们家里需要多少钱来支付账单，也不关心司机们做了多少无偿工作。不过，这些卡车司机还是在里程游戏中找到了一种控制感，且玩得津津有味。他们认为，只要在路上，就应该努力工作，只要在工作，就要尽可能地多挣钱。不幸的是，由于工资太低，不足以抵消对他们余生和家庭带来的巨大困扰，司机们很少能长久满足于这种工作方式。他们开始寻找更好的工作。

不过，当这些经验不多的司机找到其他类型的驾驶工作时，又会把里程游戏的逻辑应用于这些工作中，结果，他们会发现大多数其他工作没有什么吸引力。这些司机习惯于投机取巧，不愿意遵纪守法，把工作中非驾驶的部分视为获得高薪的障碍，力求尽快、高效地避开。这些司机没有能力为高价值客户服务，而这些客户其实才是更好的雇主。他们没有兴趣把额外的时间投入短途运输、良好的客户服务，或在类似零担这种需要与其他人进行更多协作的系统下工作。

而当司机们将大公司的里程游戏逻辑应用于承包模式时，结论截然不同。经验告诉他们，增加里程数，就能获得更好的工作条件和更高的薪酬。而高里程数取决于对任务分配（调度）的控制，这才是影响游戏的关键环节。经过几个月或一年的时间，这些司机才能明白调度的重要，这时候他们希望能够对调度有发言权。公司则承诺，承包可以提供司机要求的控制权和里程数。

男人的世界：卡车运输业女性简述

在我自己的卡车司机生涯中，自培训后我从未遇到过女司机。我确实访谈过两位女司机，也遇到过几位曾经当过卡车司机的女性。有学者评论说，男性气质在卡车司机的工作和态度中扮演着重要角色。[10]然而，雇主们也渴望招募更多的女性加入货运行业。某些货运公司和行业团体一直努力吸引女性加入卡车运输业。一些人认为，货运行业需要重新描述卡车司机的工作，淡化传统的男性化招聘方式，突出女性司机，使之对女性甚至女孩更有吸引力。[11]然而，虽然付出了大量努力，但宣传效果似乎与目标相去甚远，例如《超速》(*Overdrive*) 杂志的年度"选美"竞赛。该竞赛要求卡车司机提名并投票选出最美女卡车司机。尽管像其他选美比赛一样，《超速》的编辑们强调"内在"美，还设计了很多环节想要证明货运行业与女性气质并非水火不容，但不幸的是，这项活动还是鼓励了对女性卡车司机的物化，如果说有什么效果的话，很可能是增加了她们在工作中的困难。

事实上，卡车司机眼中的货运世界是**高度**男性化的——这是我的亲身体验，在本章开头曾特别强调了这一点。有意思的是，我访谈的两位女司机最感自豪的是，能够像男人一样操作重型设备，并生活在路上，虽然在描述自己的感受时使用的语言有些不同，女性的这种自豪感甚至比男司机有过之而无不及。通过与这些女性的交谈，我们可以清楚地看到，男女司机的感受存在明显的差异。女性卡车司机只占所有司机的4%到6%。像利维坦这样的公司似乎能够吸引到更多的女性，在受训人员中可达到10%，不过单独上路的货运司机中，女性可能不到1%。尽管业界在招募女性问题上，批评多集中于"形象"问题，但招募更多女性所面临的挑战是多方面的，也是根本性的。

首先，女性通常没有从事蓝领体力工作的经历（如在建筑业的长时间工作或操作重型设备），而这些经历为最成功的

第二章 便宜的运费，廉价的司机

男性工人成为卡车司机做好了准备。其次，从性别的角度来看，也许最明显的一点是，正如上文对工作的描述所表明的，除了移民劳工之外，卡车司机的日常工作是人们所能想象的最不适合家庭的工作。[12]事实上，一名有孩子的妇女必须放弃传统的母亲角色，才能从事长途卡车司机的工作。一位男性卡车司机，长期出门在外还想做一个好父亲，难度已是可想而知。有些人试图为自己的牺牲辩解，认为为家人提供一份稳定的收入而离开家庭是一件很有男子气概的事情，但是这份工作对他们与子女和配偶关系的影响让许多男性受访者深感不安。许多人觉得自己被困在了似乎是漫画中的强势父亲形象中。他们报告说，回到家后，不仅要完成与男性有关的"蜜月任务"清单，如修剪草坪或修理物品，而且还被伴侣要求，管教当他们不在时行为不端的孩子。大多数人认为，他们经常"扮演坏人"，很少有机会享受与孩子在一起的高质量时间，以积极的方式了解孩子并与他们一起玩耍。事实上，作为一名访谈者，我清楚地看到，长期不在家对养育子女和恋爱关系的影响是迄今为止对驾驶员最具情感挑战性的话题。很难想象，女性司机如何在这种不在家的情况下扮演传统母亲的角色。在我进行研究的10年间，我从未遇到过一个家里有未成年孩子的女卡车司机。

即使一位女性确实被这个行业所吸引，并且不需承担与这种生活方式相冲突的家庭或其他义务，长途运输仍然近乎完全是男人的世界。这项工作的某些方面很"脏"，传统意义上应该由男性去做，如处理燃料和油品、连接拖挂车、安装链条

102

等,不过并没有女性无法胜任的活计。[13]遗憾的是,从我的两位女性受访者的口中得知,卡车运输业的工作环境还是给女司机们带来了看不见但是巨大的困扰。

以凯茜(Cathy)为例,她是受访者中的女司机之一,今年 50 岁,离异,有三个孩子,都已长大成人,离开了家。她完成了 10 年教育,获得了普通教育发展(GED)①证书。凯茜独自开车还不到一年。她之前在一家汽车配件商店担任了 7 年的经理,后来被解雇,于是进入了这个行业。她大约一个月回一次家。她从一家货运企业开办的驾校毕业,然后为这家企业工作。

对这份工作,凯茜觉得加班不是问题,但"心理上"难以承受。她觉得这份工作很孤独,讨厌离家在外。

> 算了吧,回家得了!你告诉他们你住在哪个州,那个州就会从地图上消失。每当调度在电脑上规划出你的路线时,你都会大笑,因为,我不是开玩笑,只要我申请休假回家,调度在电脑上标出的路线,(我家)那个州一定显示红色,根本不会靠近那个州,我几乎可以保证我(会比我申请的日子)晚两天到家。

凯茜说,除此之外,还时刻面临着性骚扰或暴力的威胁。正如克里斯蒂娜·威廉姆斯(Christine Williams)所指

---

① 普通教育发展(GED,全称为 General Educational Development),是美国高中同等学力资格,可以做为高中毕业文凭的替代品。——译者注

第二章　便宜的运费，廉价的司机

出的，男性占主导地位的职业环境会鼓励男性向外展示自己的"男子气概"。男性为了保持自己的男子气概，会为女性跨入全男性职业设置障碍。[14] 在长途货运行业，这种障碍无所不在。

我自己听到的和凯茜描述的一样，女司机在工作中和在驿站都受到来自民用波段无线电台的性骚扰。

> 无线电台，哦，我的上帝……那些人让网上的人都显得没那么龌龊。他们肮脏、堕落到难以理喻，这是不对的……胖女人的笑话让人恶心。这些家伙说的笑话、评论、所有一切，她们又不是选美皇后。行车途中，我都不记得有多少次有人把车停在我旁边，说"让我看看你的奶子"。在生活中，你会遇到这种事吗？你会在沃尔玛超市里走过去对别人说"嘿，让我看看你的奶子"吗？

凯茜在夜间独自工作时也感到害怕，尤其是在光线不足或偏僻的货场提货交货时。除了这些担忧，凯茜还告诉我，有好几次，当她通过无线电回应骚扰时，都受到了威胁。

> 自从我干了这份工作，受到两次死亡威胁，一次被威胁要强奸我［通过无线电台］……男人们想说什么就说什么，但如果你是女性，回敬他们一句话，就只能求上帝保佑了。

凯茜觉得卡车驿站内相对安全，但她还是只在休息区和停车场内活动。凯茜说，自开车以来，体重增加了60磅。她把这归咎于戒烟和缺乏锻炼。如果她在卡车驿站附近走动，就担心被人当成停车场的性工作者（卡车司机的行话叫"车场蜥蜴"①），并受到骚扰。

你不能出来走走，锻炼锻炼身体。是啊，好吧，当你下车绕着停车场走一圈，就会有人喊"车场蜥蜴"！别来这个，谢谢。我不需要骚扰，我不想被警察骚扰，也不想被卡车司机骚扰。

她说，尽管其他男司机会对骚扰的人进行警告，但她还是得自己保护自己。

别误会我的意思，因为有90%~94%的卡车司机会教训那些说脏话的家伙。只有不到10%的人是真正的混蛋……这些人鬼鬼祟祟，不管你做什么，不管你怎么做，他们都会骚扰你。他们就是些懦夫和变态，这就是他们获得快感的方式。所以，你根本无法阻止他们……唯一能做的就是躲开他们。

---

① "车场蜥蜴"的原表达为"lot lizard"，本书取其字面翻译。它作为一个俚语使用，用来隐喻那些在卡车停车场或休息区、驿站向卡车司机提供性服务的女性。——译者注

第二章 便宜的运费，廉价的司机

凯茜已经决定离开这个行业。她之所以还在干，只是因为货运公司每月为她支付150美元的驾校培训欠款，她总共欠款7000美元。她正在考虑回学校接受医疗录写员[①]培训，她听说这是一份收入不错、需求量很大的工作。当然，这也是一份女性占主导地位的办公室工作，这样就不太可能遇到在长途运输中屡屡遇到的那种性骚扰。无须说，像这样试图逃避性骚扰的做法会助长职业性别隔离的长期存在。

---

① 医疗录写员（medical transcriptionist）负责将医生的口述医疗报告转录成书面文档的专业人员。——译者注

第三章　大卡车
玩弄承包司机信心的骗局

承担使命

概而言之，对长途货运司机来说，主要就是两个问题：时薪低、对工作安排和工作条件缺乏控制。许多新司机认为，承包可以解决这两个问题。

例如，我访谈过的一位准承包司机乔（Joe）。他是一名38岁的未婚黑人男性，没有子女，上过一年大学。在我对他进行访谈的大约一年前，乔辞去了汽车配件销售员的工作，成为一名卡车司机，他说，他喜欢开车，想赚大钱，还想看看这个国家。在州就业办公室的帮助下，他在一所社区大学的卡车驾校接受了培训，此后一直在一家拥有约100辆卡车的货运公司工作。

乔很愿意跟我谈，我们谈了两个多小时。我从所有访谈都会问到的基本问题开始。我问乔多久回一次他在得克萨斯州福斯沃思的家。他告诉我，在他做卡车司机的9个月里，一次也没有回过家。我接着问他每周行驶多少英里，这是衡量司机工作效率的标准。他犹豫了一下，挑着眉毛看着我的问卷。我再次告诉他，访谈是完全匿名的。他说他每周跑3600英里左右。

第三章 大卡车

我不由自主地露出了惊讶的表情，乔笑着回答道："我，我不回家。我一直在外面。全天候待命。我已经上路9个月了。我一直在接活，伙计。我是认真的……是的，我不停地开。"乔拼命开车，工作强度显然远远超出了联邦法律为长途卡车司机规定的限度。我在脑子里做了一些粗略的计算，发现在大多数周，乔可能都工作超过100个小时。他住在卡车上，没有房租或其他固定账单，他对自己的总收入感到满意。他知道自己不可能永远保持这样的工作强度，但他认为自己刚刚开始尝到干这一行带来的经济上的成功。乔计划成为一名承包司机，他相信这会不断带来工作机会和更多的收入。

> 这是我的事业，伙计。我相信[承包个5年]，你可以拿钱去投资，7到10年，你就可以成为百万富翁，只要目标明确，只要有毅力。

当我见到乔时，他很确定自己的目标是成为一名承包司机，不过他要先解决一些棘手的问题，就这些问题，他得到了一些相互矛盾的建议。他目前所在的公司同意租给他一辆卡车，他可以在多年租期满后买下这辆卡车，然后把这辆卡车按年承包给这家公司。这种常见的安排被称为租赁购买。几位其他公司的承包司机都劝他不要这样做，认为这样做会让公司对他有太多的控制权。他们劝他存钱从经销商那里购买一辆二手牵引车。

尽管有这些建议，乔还是倾向于租购。他有几条理由。他听说承包司机最常遇到的问题是故障和二手车维修，而他的公司承诺，为其二手车的所有主要部件提供延长保修服务。根据公司提供的财务数据，乔确信他可以很快付清卡车的费用，获得更多的实得工资。他很愿意留在现在的货运公司，因为公司一直给他安排很多里程数，而且他相信，如果公司拥有卡车的债权，就可能持续地给他安排任务。

不过乔还是很担心，因为关于承包司机能挣多少钱，他听到各种相互矛盾的观点。让我们仔细听听乔的观点，听听他认为怎样才能成功。

> 关于［承包司机的实得工资］，我得到了很多反馈意见……我听说这人挣了这么多，那人挣不了那么多。有些人说："疯了吧，那家伙不可能挣那么多……"我就想，这些人在这行干了很久了，他们了解情况。但另一个人又说……他们真的［赚了很多钱］？所以我想，他们的做法有什么不一样吗？你知道，如果你真的认真挣钱，而不是像很多人那样，嘴上说，"嗯，我也是认真的"，实际上心不在焉，不会全心全意地干。他们追求舒适、放松，他们不开那么多的里程。总有各种各样的事情，然后他们就会找借口说，"你不可能真的赚那么多钱，因为有那么多变数"。不，这只是因为你没有全心投入。所以……如果有人说他们能做到，那你也能，我非常相信你也能，而且不只是一个人能。要我说，好吧，也许这个人真的很幸运，就像中彩票一样，好吧，我要让这个运气不仅仅发生

第三章 大卡车

在他一个人身上。这很难，你知道，据我所知，这不那么容易。

乔关于不懈努力带来成功的盘算，是准承包司机们的真实想法。他的美国梦就是拥有自己的小企业并不断发展。乔勤奋努力，雄心勃勃——他的努力程度可能已经超出了大多数读者的想象。事实上，乔正是我们的体制应该奖励的那种勤奋工作、敢于冒险的人。他积极地为自己的未来寻找最佳方案。尽管所望者大，但他并不寻求快速致富的捷径。他愿意冒着风险历时多年投入时间和金钱。他通过与承包司机和可能雇主的交谈、阅读卡车杂志和承包司机商业手册，仔细权衡了传统的就业和自雇的利弊，考虑了每种选择的风险。为了做出最佳的劳动力市场决策，乔尽了一切努力。

很遗憾，和成千上万的卡车司机一样，乔所不知道的是，他们所面临的选择以及他们在做决策时所使用的大部分信息是雇主和相关企业精心设计的，目的就是说服他们签约成为承包司机，而这个决定往往会导致财务和个人灾难。

无论过去还是现在，卡车司机都在为改善恶劣的工作条件和提高工资而努力。只是如今，卡车司机们不想为此组织工会，而是想变身为承包司机。之所以选择成为承包人，是因为他们不了解承包制的真相。如果这就是全部，我们可能会把整件事归结为信息问题：雇主拥有的信息更多、更有质量，而工人在情况不明的状态下做出就业决定。但这远不是全部真相。选择承包制的大多数司机是因为受到劳动力市场体制的系统性影响，而体制是偏向雇主的。选择成为承包人并不是因为轻率或没有花工夫去了解承包制度，绝非如此。大多数工人是经过深思熟虑的。但是，劳动力市场体制制约了他们的决策，体制几乎决定了一切：从他们个人的工作经历，到行业范围内的阶级关系，再到更广泛的行业经济和监管环境，处处都对雇主有利。

拂去风尘与重新塑造：自营车主的重生

去管制化之后，货运公司需要廉价劳动力，因此转向了承包司机。去管制化后的市场一度十分混乱，非常激烈的竞争接踵而至，卡车变成了高风险投资，这时候，利用承包司机来规避拥有卡车的风险成为很多企业的选择。一时间，自营车主和员工成为承包司机的机会暴增。[1]研究表明，在这一阶段，增加使用承包司机的公司节约了大量成本。[2]而没有使用承包司机的货运公司更有可能破产。[3]换句话说，在去管制化后的最初几年，使用承包司机是许多货运公司的生存策略。1986年，85%的货运企业表示有计划增加使用承包司机。[4]但是这一时期向承包司机的转身是短暂的。

20世纪80年代中期，由于竞争激烈和运费暴跌，许多承包司机破产，尽管货运企业有心招募，劳动力供给还是迅速减少。上一章讨论过的那些最赚钱的先进整车运输企业（ATLF），现在通过更高效地使用雇员司机来获取利润。当时的一篇相关学术文章指出，这些新公司明确表示：

> 雇用自营车主不利于实现效率和成本目标……[他

们］发现，在使用非工会雇员司机的情况下，公司可以以20%的折扣大量购买生产资料（特别是牵引车和拖挂车）。根据以往的经验，他们还发现非工会雇员司机比自营车主效率更高、更可靠、更安全。[5]

这篇文章总结道："有明确无误的信号表明，自营车主很可能会走入末路。"[6]承包司机受到运费下降的挤压，无力对设备进行投资，从而导致服务质量不佳和生产力下降。去管制化后出现的盈利能力强大的整车货运企业实现了很高的资产利用率，这要求车辆必须可靠，货运调度系统更加成熟，司机必须接受系统分配给他们的每一单活儿。对货运企业来说，承包司机虽然有工资低且多半不会加入工会、公司无须投资车辆等优势，但他们同时又有不愿意或不能服从公司的调度和保养计划的短处。短短几年内，承包司机们的运量急剧下降。[7]

从1980年代末到1990年代中，主要的整车货运企业普遍倾向于使用非工会雇员司机。但日益恶化的薪酬和工作条件导致了前几章所讨论的极高的员工流失率。为了更长久地留住司机，并利用承包司机的成本优势，货运公司在1990年代中期再次转向承包制模式。但承包司机显然无法满足货运公司对控制和可靠性的需求。于是，企业开始有意识地对劳动力市场体制进行改造，以生产出一代能满足其需求的新承包司机。1998年的一篇社论是这样解释这种转型的。

> 想用独立自营车主填补驾驶员空缺，无异于方枘圆

凿，难度极大，除非你有一把足够大的锤子，最好有一把很锋利的凿子……不过几年前，传统观念还认为公司拥有并经营设备是效率最高、风险最小的方式。这种观点认为，自营车主只有在快速、廉价地扩大或缩小车队时才有价值。80年代末期的自营车主没有市场……货运公司认为他们缺乏远见和资本，无法跟上时代变化的步伐……[但是今天]这些公路骑士正在被拂去风尘，重新塑造为对货运行业未来至关重要的企业家。成千上万的个体通过自己的辛勤工作，为自营车主打造了新身份——能干且成功的企业家。大企业因此不再将使用独立承包司机视为一个需要"控制的问题"……相比较而言，雇员司机和兼职自营车主离职没有什么顾虑，而承包司机不太会引起劳动力流失。[8]

"拂去风尘""重新塑造""打造新身份"，这样的表述表明了承包司机重生的性质。去管制化后，卡车司机变身为寻求货运控制权的承包司机，他们认为身份的转变将带来更多的收入和回家时间。但是，从根本上讲，货运公司为了确保效率，容不得司机选择货运项目和回家时间。货运公司需要塑造全新的承包司机意识，让司机们以为，任何一单货运都不是公司命令他们做的，而是为满足客户需求而做，是经营自己小企业的明智之举。

企业成功了。今天的承包司机在许多方面与过去大不相同。1970年代中期，货运行业的许多领域，大多数自营车主是工会会员，而今工会会员几乎为零。[9]去管制化之前，33%的自营车主拥有 1 辆以上的卡车，16%的自营车主拥有 5 辆以上的卡车。[10]到 1997 年，只有不到 14% 的自营车主拥有 1 辆以上卡车，拥有 5 辆以上的不到 2%。[11]在我最初的 75 位受访者中，只有一位自营车主曾雇用过其他司机。不过最重要的变化应该是，去管制化后，90%的自营车主只与单独一家货运公司签订长期出租合同。[12]相比之下，在 20 世纪 70 年代中期，50%的自营车主只签订 30 天或更长一些的合同，而且这些司机大多保留了在其他货运公司拉货的权利。[13]如今，承包司机按每英里固定费率计酬。他们的全部收入都依赖于单一货运企业的货源，因此不太可能拒绝派工。而在去管制化之前，75%～80%的承包司机按收入提成，所以他们可以拒绝派工，等待报酬更高的任务。[14]虽然货运企业现在似乎在大力推行提成的做法，以便将更多风险转移给司机（将在第五章讨论），但在 2005 年，只有 10% 的大型货运公司向承包司机提供按比例付酬的机会。[15]

如今，承包司机是货运公司的首选劳动力。几乎所有的大型整车货运公司都用承包司机，他们运送的货物在货运公司业务中占有相当大的比例。[16]道理很简单，承包司机是廉价而灵活的劳动力的重要来源。整车货运企业协会（Truckload Carriers Association）主席曾在 2004 年解释过其中的原因。

> 很明显，整车货运公司是受劳动力问题困扰最严重的行业之一……历史上曾经使用过［加薪］的办法，不过

> 总的来说，我们始终没找到可以防止司机改行到建筑业或其他行业的那个工资额度……[承包司机]面对着燃料和零配件成本不稳定的诸多风险，[但]他们现在是被追捧的对象……[17]

虽然没有准确的数字，而且数字波动也很大，不过近年来整车运输行业的约80万名司机中，有多达20万～30万名的承包司机。公司使用承包司机有四大好处。首先，在法律意义上，他们是自雇的，因此企业不需要为他们支付医疗和退休福利，不需要为他们缴纳社会保险、医疗保险、工伤和失业保险。这可以为企业节省高达30%的劳动力成本。其次，由于承包司机拥有自己的卡车，自己支付燃料、维修和保险费用，企业有可能将大量的资金和运营成本转移到他们身上。再次，虽然法律规定承包司机对自己的工作拥有控制权，可自由选择为谁工作，但与雇员相比，他们通常面临更大的压力，必须接受任何派单。因为所有收入都依赖于单独一家公司，他们几乎必须不停地工作，以支付固定开销，保证税后收入。受经济上的脆弱性和转换公司所涉成本的制约，他们比雇员司机更难离开不满意的公司。最后，承包司机组织工会的可能性很低，也不具备组织工会的能力。简言之，与技术水平相当的雇员司机相比，雇用承包司机的成本更低，司机也更顺从。这就是企业使用承包司机的原因。

雇用承包司机，企业一方明显受益良多，现在需要回答另一个问题：司机从中得到什么好处？这个问题的答案取决于你

第三章 大卡车

问的是谁。货运行业的雇主、律师和说客可以立刻告诉你,司机们自愿选择成为承包司机,因为看到了众多好处。例如,ATA 2009 年提交给美国审计总署(Government Accountability Office)一封信,这封信意在指出该机构一项研究的错误分类(将雇员司机归类为自雇者),在这封信中,ATA 声称承包司机有自己创业的意愿,想要追逐"他们自己的美国梦"。信中引用了一项调查发现:承包司机有强烈的独立意识,希望能够控制在家的时间和工作环境。信中说:"事实上,鉴于货运行业历来存在司机短缺的问题,找一份雇员司机的工作并不难。然而,因为上述的好处和机会,他们*选择*[①]成为独立承包人。"[18]

不过,ATA 的说法并没有确凿证据的支持,没有任何研究表明,在任何可比的项目上,承包司机获得了比雇员司机更好的收益。事实上,正如下一章将介绍的那样,如果将工作经验考虑在内,承包司机的处境很可能远不如雇员。大多数承包司机既没有和雇员司机一样的收入,也享受不到任何重要的职场福利。这就是为什么 ATA 为使用承包司机的体制辩护时,只提工人的愿望、期待和目标,因为他们拿不出有关承包司机实际利益的数据。尽管如此,ATA 的论点在某种意义上也是真的:承包制是司机们的自主选择,因为他们相信有利可图。本章的其余部分将解释工人们这些观念是从哪里来的。

---

① 此处着重显示为原信中所加。——作者注

打造能干（can-do）、能成（can-succeed）的承包人

在进入这个行业之前，工人们对做承包人没有任何了解或兴趣。不过，几年后，大多数留在行业内的人会认为承包是个具有现实可能性的选择。一整套面面俱到的理念（我称之为"承包话语"）建构了卡车司机们对这个行业的理解，引导许多人购买卡车，成为法律意义上的自雇人士，然后将自己的服务出租给某家公司。为了确保工人每天都能通过公司通信、卡车驿站、公司培训、行业展会以及各种印刷、电子和广播媒体接触到这些话语，各相关机构精心安排，协同努力。最终，在众多第三方的帮助下，货运企业收获满满，不仅招募到承包司机，还尽可能长时间地留住了他们。

承包话语

承包话语的基本理念是，做承包人是卡车司机"成功之路"上的"下一步"，是一种提升，也是决心，是从雇员或工人到自己当老板即小企业家的重大一步。

在这套话语中，承包看起来就是水到渠成，只要关注成本效益，严格按计划执行任务（雇员司机在里程游戏中已经掌握此道），承包人就能取得成功。新晋的雇员司机只知道里程游戏，对货运企业的成功之道了解非常有限。大多数人不知道客户如何支付运费，也不知道费率如何变化以及为什么会变化。我访谈的那些不够老到的司机甚至不愿猜测公司为自己这车货向客户收取了多少运费。他们完全不了解销售人员如何寻

找新客户和新项目。在大多数情况下，这些司机故意与这些经营活动隔离开来，他们认为，货运就是开车运送。在他们眼中，除了价格谈判，就属他们自己最重要。他们也因此认为，拥有一辆卡车然后取得成功只需做三件事：拒绝赖活、行驶大量里程和降低卡车运营成本（主要是通过提高燃油效率）。

针对那些对承包的负面看法，这套话语也提供了使问题个别化的理解方式，例如告诫人们，承包制"并不适合每一个人"。失败几乎总是被描绘成散漫或没有妥善理财的结果。例如，一家大型货运公司的卡车租赁主管在一篇针对准承包司机的文章中指出，他的公司与"管理好自己的时间和金钱，并真正有志于此"[19]的司机合作，取得了巨大成功。

有关承包的话语承认存在风险，但又强调，尽管如此，许多卡车司机还是利用承包的机会成为成功的企业家。一些大型货运公司宣称，他们自己就是从一辆卡车起家，并把自己奉为承包司机的榜样。这些故事总是在说，成功就是辛勤工作、甘冒风险、勇于牺牲和创业精神——这些话语往往能激起阅历不足的司机们的共鸣，激励他们超长时间工作，为长途货运贡献出自己大部分的余生。这些司机在接受访谈时经常会提到他们的雇主或知名承运商的历史，以此表明成为或继续做一名承包司机的决心。罗尔运输公司（Roehl Transport）年收入达 2.75 亿美元、拥有 1700 多辆卡车，出版了一本《经营手册》，免费提供给承包司机，它是这样介绍自己的历史的。

> 1962 年，公司创始人埃弗雷特·罗尔（Everett Roehl）

137

和您一样，用一辆卡车开始了自己的事业。自1962年开始运营以来，罗尔公司业务每年都在持续增长……公司制定了一项计划，帮助其自营车主伙伴发展自己的业务，像公司创始人一样取得成功。[20]

115　这段话的意思是，货运公司不仅是承包司机的楷模，也是乐于且准备好帮助承包司机实现梦想的合作伙伴。货运企业将承包制比作平等的商业合作。他们承诺，司机签约之后可以完全自主地控制行驶里程和回家时间，有权拒载，收入会大幅提高。同时，货运公司也告诫司机，鉴于货运行业的竞争性质，承包制也是有风险的，因此需要可信赖的商业伙伴。对此，罗尔运输公司的《经营手册》这样说：

对许多职业司机来说，［承包］将是最令人兴奋、最有价值的旅程……如果你工作出色，你就会从你高超的技术和辛勤的工作中获利。不过，就像任何一次公路旅行，你需要一张好的地图——告诉你哪里转弯，哪些道路应该绕开，沿途的检查站位置，才能确保你沿着正确方向前进，同时又能够灵活地适应不断变化的环境。在当今脆弱的商业环境中，有一个认路的可靠商业伙伴是很重要的。罗尔运输是您可以信赖的合作伙伴，它能帮助自营车主走上成功之路。[21]

另外，没有与货运企业合作的自营车主被描述为步履维艰,风险迭出。独立车主可能会成为无良经纪人的猎物,他们不仅从运费中抽取高额佣金,而且数周或数月才向司机支付运费,甚至可能根本不支付。反观货运企业,可以在竞争激烈的货运市场上定期提供优质货源,承包司机只需专心开车即可——用承包制话语说就是,驾驶是货运业真正的收入来源,请把驾驶之外的工作留给企业。手册上还说:

> 经纪人和货运交易所并不是可预测或可靠稳定的业务来源。自己花时间向托运人推销服务意味着车辆空置,意味着运营成本,而不是创收活动。与罗尔合作,您无须担心下一单货从哪里来,您也不需要为了保持稳定收入而被迫接受不那么理想的运单。[22]

为了应对货运企业剥削承包司机的担忧,他们还推出剖白自己的文案,声称其他公司的"方案"不利于承包司机,而自家的"计划"性质不同。一篇针对准承包司机的文章表示:

> 去年12月,M. S. 承运公司(M. S. Carriers)开始实施设备租赁/购买计划,帮助符合条件的司机实现自主创业。"与其他将这类计划视为利润来源的承运商不同",[一位公司高管表示]"我们的目的是帮助打造'真正的'自营车主。"[23]

M.S. 承运公司提出，承包制是阶层流动的手段。图 1 中他们的招聘广告以"梦想"为标题，称该公司的租赁购买计划帮助司机们成为成功的企业主，从而实现美国梦。

图 1　M.S. 承运公司的一则招聘广告

招聘类杂志上充斥着关于承包司机收入的虚假广告。这些广告的视觉中心通常是收入数字，暗示承包制可以"赚到"高得离谱的钱。一家名为麦加特鲁克斯运输（Megatrux Transportation）的公司在一则广告中称，第一年单飞的承包司机年收入可达 17.5 万美元或更多，组队驾驶更可高达 37 万美元以上。广告还称，这家承包司机每单平均运送里程为 2100 英里（当下长途司机每单平均里程不到 500 英里），平均每英里工资为 1.25 美元（整车装运司机的平均工资为每英里 36 美分）。驾驶里程和每英里工资是司机评估里程游戏报酬的两个基本指标。

还有更吸引人的广告。图 2 和图 3 展示了一则广告的对开页内容，该广告称工人可以"做自己的老板""拥有和经营自己的货运业务"，这就解决了控制权和阶级流动问题。广告还宣称货运公司拥有承包司机走向"成功所需的一切"，是他们理想的商业伙伴。和图 1 那则广告一样，他们也号称自己是一家帮助工人从劳资关系中解放出来的公司，而不是唯利是图的企业："自 1934 年成立以来，达特（Dart）公司一直是劳动人民实现美国梦的地方。"

卡车司机从这些广告看到的东西远比非卡车司机看到的更为丰富。哪怕只有几个月的驾驶经验，也能认出图 2 所示的卡车是经典的独立自营车主装备，它是顶级品牌彼得比尔特——这个品牌甚至有一本专门的杂志，名为《自豪与品位》(*Pride and Class*)。这辆彼得比尔特带有许多昂贵的镀铬装饰（如遮阳板、保险杠、工具箱、双直排气管）和额外的车灯，这些都清楚地表明，拥有这辆卡车的工人有权利也有财力定制这辆卡车。图 3 展示了两辆卡车，这两辆车与彼得比尔特的煊赫恰成对比。在"你也买得起"字样的上方，是两辆廉价品牌的卡车，大型低成本货运公司员工驾驶的多是这种车，这就是货运公司用于出租的卡车，**其中肯定不包括彼得比尔特。**

大卡车：公路货运业与美国梦的幻灭

118

OWN AND OPERATE YOUR OWN TRUCKING BUSINESS

Chris Magers

BE YOUR OWN BOSS

YOU CAN DO IT! You can be an independent owner operator. Since 1934, Dart has been a place where working people make the American Dream come true. Today, 2,200 owner operators contract with Dart. We have **EVERYTHING YOU NEED TO SUCCEED**. Great loads, immediate settlements, fuel discounts, fuel adjustments and more. We offer one of the **BEST TRUCK LEASE/PURCHASE PROGRAMS** available. And you can choose the driving option that fits your needs: National, Super South, Northern Region, Local and Dedicated. You've waited long enough to call your own shots—**CALL US TODAY.**

BIG PAY INCREASE IN 2005!

图 2　达特公司一则广告的对开页之一

第三章 大卡车

BUY OR LEASE A NEW TRUCK AND BECOME AN OWNER OPERATOR

YOU CAN AFFORD IT

We have a **LARGE INVENTORY*** of money-making trucks including Freightliners and Internationals. **HIGH MPG** translates into even more profit for you. **NEW TRUCK WARRANTY** means you can forget about repair worries. And with a comfortable truck that "Rides Like A Cadillac", you'll be more productive. With deals like this **YOU CAN AFFORD A NEW TRUCK**. Flexible financing makes it easy to qualify. Best of all, with Dart behind you it's a lot easier to be successful. **CALL TODAY!**

*Truck and financing offered through participating vendors.

NEW RATES IN 2005!

图 3　达特公司一则广告的对开页之二

为什么企业刻意将其用于出租的不太引人注目的卡车与顶级品牌做比较？因为这些图像直观地展现了驾驶员每天都能体验到的阶级流动。广告和它所使用的图片呼应了卡车司机对成功要素的理解，以及他们所关注的从雇员到承包司机的转变。即使是最初级的司机也知道，彼得比尔特的方型车头和其他不符合空气动力学的设计，很不经济。与之对应，图3的文字将重点放在燃油效率上，把省油描述为盈利的重要因素：达特提供的是"燃油效率高"的卡车。该公司的策略是让承包司机更多关注驾驶成本的控制，而不是每英里盈利能力。这些卡车不华丽，但它们足够舒适，省油还高效，司机不仅可以长时间在里面工作，而且还可以在里面生活。这是长途驾驶所必需，也是奔向成功所必需。

彼得比尔特会让新卡车驾驶员望而生畏（我就很害怕），因为这种卡车很可能配备13速、15速甚或18速变速箱。而几乎所有大型货运公司的司机都像我一样驾驶着10速变速箱的卡车。如果让我驾驶彼得比尔特，我第一次的尝试肯定会是一场尴尬的灾难。虽然我掌握了基本的驾驶技能，但是为了了解挡位和更强大的发动机的耦合关系，需要反复换挡，搞不好卡车就会摇摆、拖曳和熄火。

新卡车司机也知道，要购入彼得比尔特，加上所有的额外配置，价格要比对页上的卡车高得多，不仅每周的付款额高很多，首付也高得多。它不仅配备了更复杂的变速箱，还配备了大功率发动机，适合运输特殊的高价值货物（如重型设备等超大型货物），这些货物只能由技术娴熟的老司机运输，而这些司机多半是独立运营商,而不是承包司机。

换句话说,彼得比尔特代表的是独立经营、丰富的经验、高超的技能和充足的资金。综合来看,这些图片的含义是"怀揣成为独立运营商的梦想,大步向前,但是当下,最好的选择是做一个承包司机。我们不会向你推销超出你需要的卡车。你明白燃油效率意味着什么,所以买这辆卡车吧,它能最大限度地提高你的收入。成为承包司机就是迈出了一大步,你已经掌握了所需的技能和知识(你将驾驶同款卡车),随着经验的积累,你将获得更大的发展"。这家公司一方面表示理解潜在承包司机们对于成为一名成功小企业主的担忧和困惑,另一方面不露痕迹地给他们建构了有关职业之路和阶级跃迁的理念。

向司机推销承包制

卡车司机们可能在学车之前就已经接触到了承包话语。职业生涯是第三方劳务招聘公司和企业自营驾校经常用来吸引工人的概念。最初的承包教育在培训时就开始了,教练向准司机们推介公司提供的各种可能性(劳务顾问建议营造一种职业生涯的感觉,以便较长时间留住司机)。[24]一些企业推出从新司机到承包司机的多阶段就业方案(例如,实习生—雇员—承包司机)。公司通信和站点都被用来宣传承包制,卡车司机在工作中大量接触承包话语。

有些公司的推销方式更激进。有几位司机告诉我,为了让他们买车,经理甚至把送货的文件拿给他们看,用以强调货运总收入与司机工资之间的差别,告诉他们作为承包司机可以赚得多得多。这些司机说，他们的经理一遍遍重复这些说法。

还有一些公司采用更具胁迫性的方法将员工转为承包司机，即干脆取消员工职位，让工人选择成为承包司机或者改换门庭。我曾访谈过一家公司的老板，这家公司就为员工提供了这样的选择，结果半数以上的员工选择了购买卡车。还有一些企业在收购竞争对手后，要求原雇员转换身份为承包司机，一方面从出售或出租卡车中获利，另一方面还扩大了承包司机队伍，获得了承包司机的廉价服务。例如，广达物流（Greatwide Logistics）是一家大型整车冷藏运输公司，该公司称，曾在收购一家运输公司时，将其55%的员工转为承包司机。[25]

说服自己的员工转为承包司机，或者将整个团队转为承包司机有一定风险。出于税收和监管目的，有关区分雇员司机和承包司机的法律对于签约之前是否为同一公司雇员有明文规定（这些问题将在下文进一步讨论）。由于面临法律和监管方面的问题，公司越来越倾向于从公司外部招聘承包司机。他们为此求助于非承运商合作伙伴，这些第三方公司称自己是承包司机的代言人和服务提供商。

在我访谈的司机中，几乎所有认真考虑承包的司机都声称，他们正在阅读承包司机杂志和网站，从他们认为权威和独立的其他来源获得相关信息，诸如如何开始承包业务的手册和DVD指南。很遗憾，这些信息源实际上是为货运企业招募和管理承包司机的纵横交错的咨询网络的一部分。[26]一些最重要的信息源将自己包装成新闻来源和商务服务提供商。少数几家公司把控着货运媒体，其中最著名的是兰德尔-莱利出版公司

第三章 大卡车

(Randall-Reilly Publishing)。仔细研究兰德尔-莱利的服务，就会发现，他们就是货运企业的推销员，与货运企业沆瀣一气，说服卡车司机转型为承包司机。

货运媒体

兰德尔-莱利出版公司拥有行业最知名的杂志《超速》。《超速》号称有9万多订户和数十万网络读者，是"租赁自营车主（承包）和独立自营车主的首选杂志"。该杂志确实拥有维护自营车主利益的辉煌历史。《超速》创刊于1961年，创办人麦克·帕克赫斯特（Mike Parkhurst）是一位自营车主，坚信IBT、监管和大公司"扼杀了自由企业制度的健康发展"。[27]

历史学家沙恩·汉密尔顿（Hamilton，2008）曾撰写了一本关于自营车主和货运行业去管制化的专著，详细描述了帕克赫斯特如何利用刊物作为反工会和反监管的信息平台。20世纪70年代，帕克赫斯特成为自营车主中最具影响力的人物。1975年，《时代》周刊的一位作者研读了《超速》的诸多文章之后，将之描绘为一本"扒粪杂志"（muckraking journal），[①] 而帕克赫斯特则被誉为自营车主的代言人。据《时代》报道，

---

① "Muckraking"一词在英文中指的是通过深入调查揭露丑闻或不当行为，尤其是涉及公众人物的丑闻。将其直译为"扒粪"，形象地描述了一种新闻报道或写作方式，即像用耙子扒开粪堆一样，深挖和揭露社会的黑暗面、丑闻、腐败和不公正现象。在历史上，"扒粪"特别指20世纪初美国进步时代那些通过深入调查和报道来揭露政治腐败、工业垄断和社会不公的记者和作家。这些"扒粪者"（muckrakers）通过他们的报道激发了公众意识，促进了社会改革和政策变革。——译者注

帕克赫斯特自称是"激进保守派"，对广告商"不屑一顾"。帕克赫斯特还告诉《时代》，他的目标是"唤醒卡车司机，让他们认识到自己是垄断的奴隶"。他声称，是他煽动了1979年夏天自营车主抗议燃料成本上涨的集体行动。[28]

1986年，帕克赫斯特将《超速》卖给了兰德尔-莱利出版公司。《超速》被重新塑造，它也重塑了承包司机的形象。过去，《超速》为自营车主维权；如今，它鼓励卡车司机都去做自营车主。《超速》吹嘘自己的报告和数据是最完备、最准确的。但实际上，准承包司机需要的关键信息总是以误导的方式呈现。以下是《超速》定期专栏"车内"（Inside Track）中关于报酬的典型节选。

> 如果你在这一行干了很长时间，你就会知道事情已经发生了变化。现在的自营车主已经不像20年前，甚至5年前那样了……《超速》投入大量资金，追踪这些变化……对全国自营车主的经营方式、购买习惯和人口特征进行了最详尽的调查。这份2007年自营车主市场报告……内容包括［例如］：拥有两年制大学学位，并有详细运营开支记录的车主经营者收入为63700美元。[29]

大多数考虑承包制的整车货运司机从业时间不足5年。根据《超速》的报告，好像拥有"两年制大学学位，并有详细运营开支记录"的自营车主的平均收入是普通承包司机预期收入的将近两倍（我将在下一章解释这个现象），但是报告没有说，

第三章 大卡车

只有4%的长途货运司机拥有两年制大学学位,"详细运营开支记录"这句话的定义也不明确。[30]此外,与准承包司机们能获得的几乎所有信息一样,这篇报道没有明确说明这些自营车主是承包的还是独立经营,以及他们是否雇用了多名司机。

准承包司机们不知道的是,像《超速》这样的出版物对承包制的描述绝不是没有偏向的。他们可能会猜测,一家号称面向承包司机的杂志,却向承包司机的雇主出售广告版面,那么这家刊物肯定希望承包司机越多越好。事实是,这样的出版机构与承包制话语纠缠之深,与大型承运企业的利益纠缠之紧密,是准承包司机们根本想象不到的。

司机们经常阅读的几十种招聘杂志、货运报纸、货运网站以及《超速》这样的刊物几乎都在三家公司控制下。[31]兰德尔-莱利出版公司——自称是"货运行业首屈一指的B2B媒体公司",是迄今为止行业内规模最大、最具影响力的公司。[32]兰德尔-莱利出版公司出版了十多种货运月刊、网站和全国性广播节目,并定期主办数种以承包司机为对象的美国最大的货运贸易展。1986年,该公司收购了《超速》,并向广告客户介绍说,这是针对"独立卡车司机的历史最长久、最受尊敬的杂志"。[33]

卡车司机可以免费订阅《超速》的印刷版,也可以免费在线阅读。卡车司机们会看到《超速》的宣传语与当年迈克·帕克赫斯特使用的标语相同:"美国卡车司机之声"。如今,兰德尔-莱利出版公司在《超速》中使用了另一条口号来吸引广告商:"输送自营车主。"[34]《超速》向制造业和零售业,最主要的是向货运企业输送自营车主。

兰德尔-莱利出版公司将《超速》从一本"扒粪"的调查性期刊转变为一本精心制作的招聘刊物。它以独立媒体的形象出现，宗旨却是将雇员司机转变为承包司机。在这本杂志中，司机们可以看到有关如何成为承包司机的包罗万象的详细描述，以及反复出现的承包制话语。

仅以乔所纠结的租购问题为例。承包司机要从他拉货的公司租购一辆车，通常由这家货运公司下属的一家空壳公司充当出租人，中介的目的是表明母公司不能利用租约对承包司机的工作进行经济胁迫。老司机们一致认为，租购是货运企业用来剥削新卡车司机的骗局，这是唯一一个我所有的资深受访者观点完全一致，也最为热衷的问题。他们认为，即使司机能够坚持到合同期满，也不可能赚到足够的钱来支付期末整付（balloon payment）。[①] 他们都建议，想成为承包司机，最好是攒钱买一辆二手车，还应该备有足够现金保证维修。否则，购车和/或维修费用会高得让你永远无法拥有卡车。最重要的是，租赁购买意味着承包司机只能为出售卡车的货运公司工作（即使实际出租人是一家空壳公司）。老司机们认为这简直就是一种"劳役偿债"。因为你不能为其他承运商开车，所以如果有任何意外，你不仅会失去卡车，还会失去首付款。

《超速》这样的刊物经常会对一些有争议的话题提出不同意见。例如，《超速》在一篇题为《艰难的财务选择》的文章中对租赁购买有如下说法。

---

① 期末整付（balloon payment）是分期付款中最后一笔较大金额的付款项。——译者注

第三章 大卡车

在两种财务方案之间选择就像雾中行车，看不清通往何方……自营车主很少租用卡车。如果所有条件都相同，时间又足够长，购买会在你的口袋里留下更多的钱……也有人支持另一种观点——租用，到最后才买断。**许多企业的出租协议架构有利于那些从没有买过卡车或没有现金支付首付的自营车主。**施奈德金融公司（Schneider Financial）的总经理史蒂夫·克里尔（Steve Crear）说："我们注意到，手握现金，能支付大笔首付款的人不多。"[35]

承包制鼓吹者很清楚，准承包司机一定会听到一些关于租赁购买或其他有关承包制的恐怖故事。为了反驳这些故事，他们将每个负面论点都归结为个人选择、个人偏好和特定情境。据他们说，在货运行业，任何一件事都没有一种最佳选择。以下是《超速》另一篇关于租购主题的文章的开头，题为《另一种购买方式》。

租购方案并不适合所有人，但只要条件优惠，租购也能行得通，而且效果很好。1980年代初，杰夫·瓦尔塔（Jeff Warta）在4年的卡车租购计划中支付了46笔款项。在只剩下最后两期付款时，货运公司的出租人破产了。瓦尔塔说："我的卡车被银行收回，以支付货运公司的债权人。"他失去了卡车和为之投入的5.1万美元。他后来与另一家货运公司完成了租购合同，拥有了自己的车。[36]

这篇文章讲述了一个常见的恐怖故事，告诉读者这类事件可能且确实发生过。接着，它强调，也有可供参考的正面故事。每一个像瓦尔塔这样的恐怖故事之后都会跟着一个成功的故事。

根据《〈超速〉2003 年自营车主行为报告》，已还清贷款的自营车主中，有 9% 的人采用了租赁购买方式。许多人通过这种方式开始自己的职业生涯或从经济困境中重整旗鼓。[37] 与这些公司介绍的几乎所有关于承包制的信息一样，上述数字也是为了误导而设计的。付清车款的司机只是极少数。在我的受访者中，只有两名自营车主付清了购车款。其中一位独立自营车主是从父亲那里继承的，另一位是在去管制化之前以租购方式买的车。根据这位司机和其他几位司机的说法，在去管制化之前，租购也很常见，不过那时候租购的条款对司机要友好得多。这篇文章并没有止步于简单的误导性数字，它接着指出，租赁购买之所以存在，是因为某些司机没有大量现金或没有良好信用（当然是绝大多数准承包司机），所以需要这种方案。

在某些情况下，准自营车主对租赁购买或直接租赁疑虑重重……卡车租赁通常吸引两类司机。第一种是没有多少钱但雄心勃勃的自营车主，吸引他们的是只需很少押金或无需押金的租约。另一类是有行业经验，但陷入困境后信用受损的自营车主。[38]

写文章的人预料到新入行的司机听到过承包制的负面故事

第三章 大卡车

和建议,所以话锋一转,明确地将租赁购买说成是对现实中几乎所有准承包司机(那些无法以其他任何方式购买卡车的人)有好处的方案。它传递的信息是,"这可能不是**最好的**选择,但对**你**来说是最好的"。

2008年,兰德尔-莱利公司被全球投资集团(Investcorp)收购,后者当时拥有两家大型货运公司和几家货运媒体公司。从那时起,兰德尔-莱利公司进一步明确了自身的角色:打造承包司机——至少对广告客户来说是这样。该公司2010年给广告商的媒体指南中说,"新的编辑方针将双管齐下:一面分析货运问题如何影响司机/自营车主,一面为雇员司机转型成自营车主提供帮助"。根据这一新方针,它在每期中增加了一个固定专栏,名为"如何成为一名自营车主"。《超速》告诉广告客户,该专栏旨在帮助"公司的雇员司机做好准备,有朝一日成为车主或企业主"。[39]

兰德尔-莱利公司向广告商推介自己的包括招聘和承包司机研究的"闭环"服务。他们说,自己的出版物"包括行业新闻、安全驾驶技巧、薪酬和福利信息包,以及成功货运企业介绍。出版物每月在全国1400个主要卡车驿站(免费)发行"。[40]

兰德尔-莱利公司还新增了附加服务,这些附加服务在公司收入中占有越来越重的比重。该公司现在有一个市场信息部,利用《超速》和其他出版物,以及网站开展诸如"自营车主市场行为"类的研究,该公司将其宣传为"自营车主市场的权威信息来源"。[41]这份报告通常每年收集8万多名卡车

153

司机的信息。参与调查的司机有机会获得 2500 美元的大奖。兰德尔-莱利公司的首席执行官在几年前曾说，数据收入约占公司收入的 25%，"今后的重点将放在数据、在线和活动开发上，'就像杰西·詹姆斯（Jesse James）[①] 抢劫银行时所说的……跟着钱走'。"[42]

《超速》称，将"自营车主市场行为报告"呈现给司机是其新闻使命的一部分，他们的目的是向自营车主提供成功所需的信息，实际上，把数据售卖给广告客户和货运企业才是收集数据的真正动因。兰德尔-莱利公司首席执行官在 2006 年曾对一位商业期刊编辑解释道：

> 编辑：只有为数不多的几家［B2B 出版商］利用大数据取得了成功，兰德尔-莱利是其中之一。许多出版商，尤其是中小型出版商不会使用大数据。您对他们有什么建议？
>
> 首席执行官：大数据是一个大词。其实我们在发行量审计中收集的数据，就已经有很多可以出售给广告客户，公司已经为这些数据付了费。几年前，我们问的是，我们的读者在运些什么货物？我问我的出版商："这些数据能不能用起来？如果我们不用它们，那你问的每一个问题都是白花钱。你有没有办法把这些数据卖出去？"[43]

如今，兰德尔-莱利公司不再问卡车司机运输何种货物，也

[①] Jesse James 是美国 19 世纪末著名的强盗和铁路劫匪之一。——译者注

不再问他们对该行业的主要关切是什么,而是问他们使用什么品牌的机油,在哪里买油以及价格、品牌和质量哪个最重要。

破解族裔符码

随着该行业所依赖的传统承包司机来源(主要是白人和黑人)的枯竭,雇主们开始探索新的劳动力来源和途径。到目前为止,该行业几乎还没有成功招募到女性,除非她们是与丈夫组队或者有搭档。不过,该行业最近在招聘移民方面取得了成功,尤其是在地运输领域。我访谈的跑长途的司机中有不少墨西哥移民,但大多不是新移民。新移民人口面对更多挑战,包括语言表达和文化差异,他们在招聘、考驾照和留用方面都有困难。但是对货运企业来说,他们也有突出优势。首先,一些男性移民可能没带家属,在美国无家可归,因此他们或许愿意不间断地工作。我最近遇到的一位泰国新移民就是这样。保罗(Paul)先是移居到俄勒冈州波特兰市,通过一家最大货运公司开办的驾校进入这个行业。在做了一年雇员司机,以及一次失败的租赁购买尝试之后,保罗通过其他泰国移民找到了一份收入更高的工作。他就职的新公司规模很小,只有十几名司机,都是泰国移民。他们的工作就是定期在东西海岸间往返。保罗的妻子后来也到了美国。她刚来时,他们租了一套公寓,但很快就不去住了,几个月前他们放弃了这套公寓。现在,他们就是不断地在美国大陆上来回穿行,住在卡车里,"看看这个国家"。保罗正在考虑在这家公司购买一辆属于自己的卡车,作为对未来的投资。

大卡车：公路货运业与美国梦的幻灭

  一些货运企业像保罗的公司一样，与特定移民社区建立了关系，作为招募劳动力的途径。这就相当于 20 世纪初美国移民人口众多的城市普遍采用的"帕多涅"（padrone）制度，①企业雇用移民社区中地位较高、受人尊敬的成员作为招聘人员。吸引货运公司的不仅是这些劳动力的机动性，还有移民的创业雄心，以及他们可以从社区汲取的购车资金。在一次行业圆桌会议上，一位行业内有影响的顾问描述了这种关系的潜力。

  ［我们］知道有一家货运企业……原来有 29 名自营车主……他们现在有了 249 名，只用了大约一年的时间，他们所做的就是设法破解索马里社区的族裔符码。这些人的共同点就是，都想自己创业。［这家货运公司甚至没有设立］资助项目。最令人惊讶的是，这些人靠东拼西凑的钱把卡车开上了路……太棒了，12 个月，［这家货运企业］就从 39 辆车②增长到 249 辆车，没有资助一辆卡车……［公司］告诉我说，"你必须建立起信任，我们找到了一个在社区很有声望的人，把他签约为招聘人员，让他带了几个人进来，然后让他们大谈自己的故事，'他们赚了钱，我们对他们很好'，这就是诱惑"……我认为，作为资方，［破解族裔符码］是非常重要的。

---

① 帕多涅（padrone）是一个意大利语单词，意为"经理"或"老板"，通常是移民或第一代美国人，充当移民工人和雇主之间的中间人，旨在满足对熟练和非熟练工人日益增长的需求。——译者注
② 访谈中原表述如此。——作者注

的确，如果这个行业继续以每年几十万人的速度"吞吐"劳动力，它必须想办法开发新的来源，而这就意味着招募越来越多的移民。比起本地工人，移民对货运行业的承包制模式更为陌生，雇主可以随心所欲地向他们贩卖美国的卡车运输梦。

购买卡车

我访谈的司机中有四分之三是现任或前任承包司机，或者正在认真考虑这个选项。剩下的司机中大多数要么过去曾经认真考虑过，要么刚入行不久，如果他们决定留在这个行业，很可能会考虑。

在我最初访谈的 75 位司机中，只有 8 位表示他们从未也永远不会考虑做承包司机。其中 4 人提到了家人或好友的负面经验和建议。提供负面意见的人或者有亲身经历，或者在货运行业内见多识广。这 4 位新司机相信这些信息的可靠性，确信自己根据他人经验做出的决定是正确的。另外 4 名司机经历过以下三种情况中的一种或多种：①在工会化的企业开过车；②运过零担；③做过货运企业的调度或销售。这些工人对货运业务以及各种货运组织方式有广泛的了解，他们认为承包制就是企业将风险转嫁给工人的一种手段，不仅如此，承包制模式还压低了工人工资。

除了上述 8 名司机从多种信息源获得了有关货运行业的不同信息，这个行业中几乎每个决定以此为职业的人都认真考虑过承包方案。工人们在进入这个行业时对承包制几乎没有什么概念，但几年后，大多数人将其视为标准雇佣关系之外的一种现实的、可能也是理想的替代选择。

尽管总的来说承包不是什么好事，尝试做承包人的司机很多都失败了，而且败得很惨，然而，在货运行业存在一种关于承包制的文化氛围，使得准承包司机们听不到这些失败的经验。我访谈过的老承包司机、前承包司机都对上文讨论的企业口中所谓的所有权持严厉批评态度。但根据我在卡车驿站数百小时的观察以及与卡车司机群体的大量非正式访谈，行业老手们明显表现出不愿与新手们讨论这些问题。事实上，谈论承包制的坏处有如一种禁忌，因为司机们担心会引发激烈的争论。如果有老司机直陈承包制的坏处，那他一定正处在与企业的纠纷之中，而且激愤不已。准承包司机们多半会认为他们心怀不满，或者应对自己的失败负责。

此外，新的承包司机通常会大肆宣扬自己的成功，并经常讲些正面案例来支持企业的话语。包括承包司机在内的老司机们在接受访谈时经常嘲笑这些人，说他们是跟新司机吹牛的傻瓜，或者是为了获得推荐奖金——大多数货运企业会给成功招募到新承包司机的人发放推荐奖金。

所有考虑承包的司机都跟我说，遇到了某个承包司机，被告知总收入非常高。这种说法即使不是为了招募司机，也容易引起准承包司机们对收入的误解，因为在讨论"赚多少钱"[44]时，承包司机通常给出的是毛收入。

成功承包人对成功的信念与承包关系

在准承包司机们看来，货运就是一种职业，按部就班走下去，就能成为独立卡车司机，甚或拥有一家货运公司。他们可能对目前就职的公司不满意，但是认为做了承包司机就有了选择权，可以拒绝赖活，可以靠自己的技能和努力获得更多的经济回报，还能提高社会地位。他们相信承包制可以帮助他们跨越阶级鸿沟，成为更加自立的人。

准承包司机们多半只关注行驶里程以及与里程相关的操作，认为这是盈利的关键。大多数人根本不知道什么是运费，也不知道运费的多样性。尽管他们对如何找到货源，以及货运的销售端一无所知，却敢断言货运市场虽然竞争激烈，却是个公平的市场。准承包司机们确信，自己一无知识，二无资本，不可能直接参与货运市场竞争，但是做好三件事仍然可以成功：拒绝赖活、行驶大量里程和减少燃料消耗。

一位准承包司机在讨论如何取得成功时说：

> 我：如果你有了自己的卡车，你认为成功的关键是什么？你做的事情会和现在做雇员司机有什么不同吗？
>
> 司机：不，没什么不同。和雇员司机的工作基本上是一样的。你只需要管理好自己的钱，尽量降低油耗。

另一位正在考虑投身承包制的新卡车司机认为自己可以成功的原因是：

> 我会保持车况良好，一切井然有序，日志、文件、车

辆都正常，一切完美。但［现在由于油价飙升］我很害怕，害怕财务风险，欠更多的债。我不知道，我想如果有人走过来对我说，嘿，那边有一辆卡车，你买下来，我让你挣更多的钱什么的，我可能就会去做。

准承包司机和新承包司机都认为，可以减少卡车怠速运转以节省燃油，也可以通过选择货运项目（如轻载或避开拥堵城市）来提高燃油经济性。公司对雇员司机的要求是，如果怠速占发动机运转时间的比例低于10%，就可以获得奖金，准承包司机以此作为高效运营的衡量标准，而且他们知道自己能做得更好。一位新承包司机对效率的看法是：

我：你为什么决定购买自己的卡车，而不是在货运企业开车？

司机：因为作为雇员司机，当我刚开始工作时，你看到的大多数情况是……［在我的公司］每英里挣28美分。我看别的有A本的人，大多拿到每英里30到35美分……作为车主，［扣完油钱］，我可以拿到49美分，收入好得多，因为你可以更主动地控制开销，而不是有了钱就乱花，然后剩下什么算什么。

对于准承包司机和新承包司机来说，拥有一辆卡车并对其成本负责，这就是经营企业。这些司机经常把他们赚到的高于支出的钱称为利润，而这正是承包制话语中对利润的定义。相形之下，老司机，无论是承包司机还是雇员，在计算利润时，都要去除劳动力的市场价值，这是对承包司机承担的额外风险和责任成本的补偿，所余才是利润。准承包司机和新承包司机甚至不考虑收入低于雇员司机的可能性，至少认为从长远来看不会。他们都想成为承包司机，部分原因就是相信能赚更多的钱，至少不会低于雇员司机。

准承包司机和新承包司机都承认，确有失败的承包司机，但他们把失败的原因归咎于人品不好、理财不善、缺乏自律或家庭制约。下面是一位新承包司机对失败的解释，他认为成功的关键是要表现得像公司里最优秀、最守纪律、最"成人化"的司机。

> 我：那些没有成功的承包司机错在哪里？
>
> 司机：他们不知道如何管理自己的时间。就像个孩子，十四五岁的时候，爸爸允许你出去玩，你却玩过头了。没有人管他们，可以睡更长的时间，随心所欲……可以花两天时间才到地方，每周都要回家。周一、周二不想工作，周三才上班。你必须坚持做［雇员］同样的事。你要自律，因为现在是为了你自己和你的家人干。

另一个准承包司机这样回答了我的问题。

> 我：如果有了卡车，你想从中得到什么？
>
> 司机：更多的收入，自己决定回家时间，想在家里待

多久就待多久，诸如此类。我真的很想工作两周，休息一周；或者工作三周，休息一周……诸如此类。

我：你认为会赚更多的钱吗？

司机：哦，是的。因为我开车。有很多人不喜欢开车。我通常开到法定时限才停下来，有些人开三四个小时就觉得累。我不是这样的人。

我：所以如果你跑得很卖力，就会有钱赚？

司机：即使你不那么认真，你只要不懒……只要你愿意开车，你就会成功。

准承包司机和新承包司机都经常提到勤奋和牺牲精神的重要性。他们认为，在激烈竞争和风险中付出牺牲和辛劳是值得的。他们以自己的奋斗为荣。为"赚取利润"付出艰苦努力，或者实得收入比雇员少，这些都是暂时的，是投资或"创业"的必经之路，他们最终将获得巨大的经济回报。

司机在做承包决定时，会评估与各个经济参与方的关系，参与的每一方都有自己的利益，评估结果直接影响司机们关于能做什么和应该做什么的认知。准承包司机和新承包司机都认为承包制是一种互惠互利的伙伴关系，工人可以获得经营企业的经验和更高的报酬，而货运企业则获得了更有责任心和更有经验的司机。

没有承包司机认为短期内能实现独立经营，但是确有一些人对长期前景抱有希望。当他们考虑这个问题时，总是拿独立经营的风险和与货运企业合作的好处相比较。这些司机几乎一

第三章 大卡车

致同意,没有企业的帮助便手足无措,不确定能否持续找到好的货源,也不确定资金是否足以应对可能遇到的问题。

承包司机也担心独立经营会增加被不法分子利用的风险。他们对那些"不讲信誉"的公司,尤其是货运经纪人心怀戒惧,因为他们听说过有关这些公司的恐怖故事。司机们认为,独立经营必定增加被利用的风险。

> 有经纪人,也有货运平台。但是,跟他们打交道,立刻就要面对应收账款风险。也就是说,你拉货,谁能保证你能按时拿到钱?如果收不到钱怎么办?你可以打100个电话,威胁起诉对方,除了应付这些事,每个月还要跑1万英里。像我这样的人,不会因为有人欠我732美元就请律师。

在这些司机眼里,做承包人比做独立运营商更安全,不容易被人利用——承包制可以保护他们不受市场的影响。尽管司机们离不开公司,但他们还是把承包视为自我实现的一大步。一位司机讲述了他想成为承包司机的理由。

> 司机:嗯,这不是我理想的工作,但这是朝着正确方向迈出的一步。
> 我:所以你想多赚点钱,然后……
> 司机:办自己的企业,我想这是每个人的梦想。这里的人你随便问,都想拥有自己的卡车或为自己工作。

这些司机都相信，他们有能力从工人变身为小企业主。一些人甚至认为，迈出做承包人这关键的一步，未来就有可能拥有一家能够雇用其他司机的货运公司。一位新承包司机对我说："谁知道呢，一切皆有可能。"

最令准承包司机们向往，也是他们相信承包就能获得的好处就是两项，一是实得工资数额，二是工作不再受制于人。

对收入的信念

大多数承包司机回顾当年做雇员的日子，对最初几年的总体收入还算满意，特别是与进入货运行业之前的收入相比。有些人在受雇时曾换过一两家收入稍高的货运企业，但许多人在成为承包人之前只在一家公司工作过。普通雇员司机的收入会在最初五年左右增加几千美元，但之后的工作年限一般来说对年收入影响甚微。ATA 在 2011 年的统计数据显示，大公司长途司机的起薪中位数为每英里 32.5 美分，最高薪资中位数为 40.7 美分，司机达到最高薪资水平的平均时间为六年。[45]换句话说，一般在六年内，驾驶员每增加一年工作经验，就可能多赚约 1 美分/英里，或每年多赚约 1200 美元的工资；在那之后，工作经验几乎没什么用了。司机们也因此对前景感到不满，对资历得不到回报感到沮丧。

准承包司机们认为，承包司机比雇员挣得多——多得多。下面这位司机在接受访谈时正计划着几个月内成为一名承包人。

我：你想从中得到什么？为什么想要买车？

第三章 大卡车

司机：就是想增加收入。

我：更多的钱。

司机：更多的收入，如果你想的话，还可以控制休息时间。

我：相对于你的经验，你现在的工资已经很不错了，你觉得拥有自己的卡车后能增加多少？

司机：大概一年能多赚 5 万美元吧。

我：自己买车有什么担心吗？

司机：没有。

这位司机有 4 年卡车驾龄，上一年的收入略高于 4 万美元。他认为，如果成为一名承包司机，他的收入可以翻一番还多。

司机们承认，在广告中看到的数字很可能只是预估毛收入，但他们的判断是，如果毛收入在 15 万美元以上，实得收入必然大幅增加。一位正在考虑成为承包司机的司机说：

我：那么你很确定想拥有自己的车？

司机：我告诉我妻子，我真的想。我是说，我已经四十二三了，我可不想在 65 岁的时候还在干……所以我想，如果我买一辆卡车……我可以拼死拼活干上 10 年，然后就彻底退休。可能到那时候钱已经挣够了，就像今天早上外面那个家伙（指着驿站的停车场）告诉我，他去年赚了 21.2 万美元，我不知道他的支出是多少，当你拥有自己的卡车时，毛收入和净收入看起来很不一样。不过，如果我干上 10 年，玩命干，应该能过上舒服日子。我不需要几十亿美元。我不需要那么多钱，我不知道有钱人的钱怎么花法。

承包司机赚钱多，这是准承包司机们的普遍看法。这是承包制的魅力所在，它从 20 世纪 90 年代中期自营车主"重生"以来贯穿至今。密歇根大学 1997 年执行了一项对普通货运承包司机的调查，询问了他们做承包人的原因。调查要求按照 1 分（非常不重要）到 5 分（非常重要）的等级对几个原因的重要性进行排序。当被问及"赚更多的钱"对他们的决定有多重要时，100% 的司机回答在 3 分以上。超过 60% 的司机将"赚更多钱"评为 5 分。承包人比雇员挣钱多无疑是司机们的共识，无论是承包司机还是准承包司机。

对控制的想象

准承包司机高估了承包司机的收入，原因之一是认为可以自己选择行驶更多里程的派单，而不会产生负面影响。一位正在考虑签约的司机告诉我他买车的理由。

司机：［当］你成为［承包司机］后，无论你［出租给］哪家公司，你都可以自由地做任何你想做的事。如果你想拒绝一单活，你只需告诉他们"不，给我换一个"。雇员司机就［必须］接单。

第三章 大卡车

准承包司机们认为，他们可以挑选在州际公路上行驶里程最长、重量最轻或周转时间最快的派单，这样就可以大幅提高收入。一位刚刚开始做承包人的司机解释他的买车决定时说：

我：那么，当你决定购买自己的卡车时，你想从中得到什么？

司机：我希望能在三年内付清。

我：那你觉得你能赚更多的钱吗？

司机：是的，三年后你就可以挑活了。

准承包司机不仅相信可以挑活，可以赚更多的钱，还相信可以全权控制回家的时间，而且大多数人想着从此可以多回几次家。一位即将在几周内和公司签约的承包司机说："有了自己的卡车，我就能赚更多的钱，那时候我就可以多回几次家。"承包话语集合了各种各样的碎片，试图说服工人们承包制对企业、对司机都有好处，但归根结底，司机们相信的就是：挣钱和回家。

重塑劳动力市场体制

作为雇主，货运企业有时从招募和培训的那一刻起，就开始给员工灌输承包制话语，鼓励他们成为承包司机。标榜代表工人利益的第三方企业则负责把承包制话语合理化，帮助货运公司劝服员工转化为承包司机。我将在下一章讨论承包制的真相。这里我们先简要地讨论一下为什么承包话语对工人的期望和理解有如此深刻的影响。

一方面，承包话语高度契合司机们的体验和愿望。它是为司机们精心打造的，建立在他们在工作中形成的对自身能力和货运业务的理解之上。另一方面，可能也是最有意思的，为了支持特定的阶级关系和雇佣关系，承包话语重新定义了常见的概念。承包制话语的基础框架是一些宽泛概念，如"美国梦"、"自由"和"自主"等，含义模糊不清。话语中或明或暗涉及的其他概念似乎明显有别于我们的认知。以两个最重要的概念为例：小企业主和利润。承包话语中的小企业主概念包括：①签订合同，按固定费率为同一雇主工作至少一年；②被指定何时何地做何种工作。司机们心目中的非货运小企业主是这样的吗？小企业主的定义应该包括参与日常的市场活动，例如，为自己的商品或服务寻求最高售价，或设法吸引并留住客户。而承包制话语强调，这类活动对承包司机来说是有风险的，也是非生产性的，多跑里程和降低成本才是王道。

与小企业主定义相配合的利润定义也是被歪曲的。利润被解释为毛收入与净收入之间的差额，个体付出的劳动被忽略不计。而利润实际应该被定义为超出自身劳动价值的溢价，是对承包司机承担额外风险的奖励（如老司机们所定义的那样）。而承包话语鼓励工人们去做的，如我将在第五章讨论的那样，是在评估企业支付给他们的报酬时，只考虑"运营成本+家庭开支"（需要多少钱再生产劳动力）。

货运企业和为其工作的第三方构建了一种符合其自身利益的阶级关系，叙事缜密，有说服力：工人成为小企业主，雇主成为商业伙伴，收入变成了利润，低收入和无薪工作时间变成了投资。在这些话语的掩饰下，劳动过程中一些深刻的改变（例如，让承包司机放弃拒载的权利；要求签订固定费率的长期合同）被合法化了。所有这些都意味着，雇主们已经彻底改变了非正式劳动力市场体制，塑造了工人们的期待、信念、目标和行为，更增加了企业的收益。至少在一段时间内，货运企业让工人们相信，承包制是个好主意。

第四章 为买车而干
承包的严酷现实

克劳迪奥的倾诉

我在卡车驿站的休息室里遇见了克劳迪奥（Claudio）。他看起来很疲惫，有点衣衫不整。他的脸上有几天未刮的胡茬，黑色卷发竖在脑后。他的栗色T恤皱巴巴的，没有拉紧，盖在有点鼓起的腹部上。我知道他是怎么变成这个样子的。每天工作12~16个小时，睡在牵引车的后座上，几天后，你的头发会有点乱，你的衣服会有点皱。你多想在每天结束时冲个热水澡，洗掉头发和皮肤上的柴油废气，但你只能在隔天加油时获得一次免费淋浴。每天早上，你在卡车铺位上醒来，穿上衣服，拿起洗漱包，穿过驿站去洗手间。如果这是一个真正的卡车驿站，碰到的只有卡车司机。但如今越来越多的驿站向普通汽车和卡车开放，提供综合服务。因此，每周总有那么几次，一大早，你就发现自己身处便利店，周围都是普通司机。时不时地，你会注意到，当你进去洗脸刷牙，甚至取咖啡时，人们会把自己的孩子搂得紧一点。有时候别人似乎对你敬而远之，他们的表情明显是在说：脏兮兮的卡车司机。这种时候，你真的很想说："嘿，兄弟，我干着活呢。你是穿着西装从床上爬

第四章 为买车而干

起来去上班的吗？"但最终你只是微笑着说："抱歉。"

虽然克劳迪奥看起来就是一个辛勤工作的典型司机，但我立刻感觉到他有些不同。他很紧张，真的很紧张。我解释了我的研究，他毫不犹豫地同意参加。我们握了握手，在一个小隔间面对面坐下。他马上用带着浓重口音的英语问了我在这个行业的经历：开过车吗？喜欢吗？工资怎么样？我总是出差在外，我的家人会怎么想？看得出来，他对我的回答很感兴趣。

我从不在面试一开始就谈论自己当司机的经历，以免影响司机对我的问题的回答。但直觉告诉我，克劳迪奥不会被我说的任何事情所影响。克劳迪奥有一个重要的故事要讲。我马上就知道他在评估我，判断我是否"听得懂"。我告诉他，我确实喜欢这份工作的某些部分，也不介意无规律的生活和长时间的工作。但是，工资太低了，等待让人沮丧，长时间驾驶也很无聊。我告诉他，我怀疑自己能否长期忍受生活在路上这种个人牺牲。

显然，克劳迪奥认为我能理解他，因为他一开始说话，几乎一个半小时都没有停下来。不幸的是，我已经从其他受访者那里听过了类似的故事，虽然我要再过几年才能真正完全理解这些故事。他是又一个承包制的受害者。克劳迪奥的与众不同之处在于，就在我对他进行访谈的时候，他的承包事业正危若累卵，而且他自己也知道这一点。

克劳迪奥原先在墨西哥当卡车司机，靠这个挣钱上学，最终获得了化学副学士学位。20世纪80年代末，他移民到美国，在得克萨斯州的一家化学公司担任技术员。1990~1991年经济衰退期间，公司倒闭，克劳迪奥被迫接受能找到的任何工作。最初他进入餐饮业，先是洗盘子，后来做厨师，再后来管理后厨。结婚并有了孩子之后，餐馆的工资变得入不敷出。克劳迪奥想为他的孩子们提供比南得州大多数第一代墨西哥移民所能提供的更好的条件，他想确保孩子们能完成大学学业，找到白领工作，这是他自己想做而没能做到的，尽管他受过一些教育。

于是，克劳迪奥重回货运行业。两年来，他换了几家不同的公司，保持了良好的驾驶记录。后来，他在一家小公司找到了一份拉平板拖车的长途运输工作。在这家新的公司，克劳迪奥努力工作，每周行驶约 3000 英里的带薪里程，年收入约 4 万美元，几乎是他在餐馆工作收入的两倍。但是，像许多长途运输司机一样，克劳迪奥跑一趟长途就是 12 天，然后回家休息两天。他的妻子和 3 个孩子（在接受我的访谈时，他们的年龄从 5 岁到 15 岁不等）都不喜欢这种安排，全家人都感到有精神压力。全家人忍受了两年。2004 年夏天，克劳迪奥决定买一辆自己的牵引车，成为一名承包司机。他确信承包可以赚更多的钱，也能有更多的时间陪伴家人。不幸的是，他没有多少现金可用于首付，当他看中一辆 5 万美元的二手牵引车时，却被告知，由于他刚买了房子，贷款还未还清，收入也太低，不符合贷款条件。他只好将计划搁置一边，开始存更多的钱以支付车辆首付款。

大约一年后，也就是 2005 年 6 月，克劳迪奥接到了美国最大的货运公司之一——大红货运的招聘人员打来的电话。

第四章 为买车而干

他之前没有接触过这家公司，但他们愿意卖给他一辆二手牵引车，无须首付，还提供贷款。车辆是2003年产的弗莱纳（Freightliner）基本款，和我在利维坦公司开的那辆一样。两年多一点的车龄，还可以开很多年。每周的还款额为416美元，外加保险费、燃油费、税费以及每周225美元的维修费和储蓄托管账户。① 三年期满后，克劳迪奥可以一次性支付2万美元，卡车就归他了。招聘人员说，每周行驶2500英里可净赚1000美元，每周行驶3000英里可净赚1500美元。当时，克劳迪奥每周行驶3000英里的收入约为800美元。招聘人员给克劳迪奥寄来了一些光鲜亮丽的小册子，宣传大红公司的承包司机计划。这个机会很诱人，克劳迪奥认真考虑了一下。但这时他的妻子怀上了他们的第四个孩子，他认为现在不是做这么大动作的时候。下一次招聘人员打来电话时，克劳迪奥告诉她，他还没准备好接受这份工作，但等孩子出生、生活稳定下来后，他可能会重新考虑。事实上，克劳迪奥不想以这种方式买车并成为一名承包司机，他希望一两年后他能从经销商那里以更好的条件贷款购买一辆类似的卡车。大红公司的招聘人员继续每隔几周给他打电话，让他知道机会仍在。

2005年8月底，克劳迪奥在家休息两天后回到公司，接到了从南得克萨斯到迈阿密的运输任务。这条路线是他平时最喜欢走的，沿I-10号公路向东经过路易斯安那州、密西西比

---

① 储蓄托管账户（savings escrow accounts）是一种用于将个人或企业的储蓄资金存放在由第三方管理的专用账户中的金融安排，在一些情况下也可能用于特定的投资或项目，以确保资金被用于指定的用途。——译者注

州和佛罗里达州的潘汉德尔，然后沿 I-75 号公路向南到达迈阿密。通常情况下，他会"加把劲"，在两天内跑完这批货，每天能赚近 200 美元。但这一趟颇不寻常。在前一周，巨大的卡特里娜飓风在巴哈马上空形成，袭击了佛罗里达州，并开始在海湾地区加强。克劳迪奥一直密切关注新闻，他不想遇上风暴，但托运人急于在风暴登陆前将货物运出，因此他的雇主给出了高价。

我在三天前跟调度说，"别让我受这个罪"……他说，"我们需要这趟活"，[我告诉他]"伙计，你是认真的吗？让我干这个？这一趟要穿过纽约州和北卡罗来纳州，都是飓风经过的地方！"他们非要我去。

尽管克劳迪奥苦苦哀求，调度员还是拒绝改派。克劳迪奥的孩子马上就要出生了，他需要钱，所以无法拒绝派工，也不能辞职，于是他装上货向迈阿密驶去。飓风接近新奥尔良的时候，他还在与飓风赛跑。他与逃离城市的疏散人员一起向北绕行。暴风雨的外围雨带迫使他在密西西比州南部停下，正停在风暴途经的路上。

我目睹了整个飓风的来袭……天哪，我永远忘不了。我哭了。我坐在牵引车里祈祷。车的一侧被沙子磨了。但车没坏……我希望谁都不要经历这样的恐怖，我想都不愿想……有人死了……我在迈阿密交了货……一路回到家，

第四章 为买车而干

我把钥匙扔在调度员的桌子上,告诉他,"下次你想派这种活,自己拿驾照,自己去!"我当时[在卫星电脑上]就很粗鲁。是的,我就是这么粗鲁。"这是我的性命!"

我跟他说:"谁也不能让我拿自己的命冒险!"现在,克劳迪奥丢了工作,孩子也快出生了,而且刚刚深切体验了无法掌控自己工作的凶险后果。他决定接受大红公司的邀请。他想立即开始工作,但被告知大约需要等一周才能安排他参加为期四天半的强制性培训。公司为他支付了车票费用,并承诺在他完成入职培训后支付300美元。

克劳迪奥满怀希望地到达迎新会现场,这是他向拥有自己的小企业迈出的第一步。但他当头遇到的就是高压销售环境,这立刻让他感到不安。他把入职培训形容为一场自我膨胀的"心理游戏":"你觉得被打了分,'你将是最好的。你会被选中的'。"这同时也是一场恐惧心理游戏。因为你很快就会发现,受邀参加培训的司机远远多于真正有机会购车的人数。他们都通过申请获得了"预选资格",在审查工作经历、背景调查、药物测试和面试后,又一个个被要求离开。克劳迪奥描述了公司的做法。

[持续]对你施加压力,因为调查员在调查你的背景……他们在培训期间发表格让你签字。中间带你出去,让你无法集中注意力……他们让你觉得摊上大事了……"你两周没工作,为什么两周没工作?解释一下""我不

想干了""我会给你一份表格，让你签字，你可以回去参加培训了"……到了签合同的时候，你直接就签了，根本就没看合同，因为你已经崩溃了……他们谈保养、维修，谈安全措施，正经事一点没做，然后塞给你一堆保险文件，想要快速解决一切，砰、砰、砰、砰，他们让你一直担着心，"他们不会要我，他们不会要我"……合同到来那天，大家都在提车，但是没有你，你就会担心："怎么回事？"

145　　克劳迪奥在合同上签了字，合同长达50多页，密密麻麻的法律条文。

我认识克劳迪奥时，他为大红公司开车还不到三个月。大红公司给他的最好的运单也只有五六百英里，而且要等很长时间才有任务。他仍然工作12天，休息两天，只是现在每周跑超过2200英里就算幸运了。承包的第二周，克劳迪奥工作了5天，在家休息两天，支出超过了收入。整整5天工作，大红公司扣除他的所有费用后，最终他还欠公司100美元。当他向调度员抱怨他的派单（他认为这是问题的根源）时，调度员告诉他，如果他愿意拉长活，在外面多待一段时间，就会有好活。于是，克劳迪奥连续工作了整整一个月，一天都没休息。这趟马拉松进行到一半时，他5岁多的女儿开始不肯睡觉。他的妻子只好打电话给他，克劳迪奥告诉女儿，他会在她第二天醒来之前回家，尽管他根本不知道下次见面是什么时候。在告诉我这些之后，克劳迪奥盯着我，问道："你知道这样对孩子

第四章 为买车而干

撒谎是什么感觉吗？"即使做出了这些牺牲，仍然没拉到什么好活，每周能拿回家的钱不到 600 美元。一个月的奔波让他的家庭不堪重负，克劳迪奥告诉调度员让他回到两周一次的轮班。

那时克劳迪奥还只是觉得大红公司误导了他，但情况越来越糟。在我见到他的两周前，他在离家不到 150 英里的地方放下了一辆拖车，然后又被派了一单，目的地是佛罗里达的潘汉德尔。他嫌离家太近，拒绝了这趟活，回家过夜。克劳迪奥曾被承诺有权拒载而不受处罚。但在他拒绝了这一单后，派给他的活更差了。他怀疑调度员在惩罚他，于是他们开始争吵。在我见到他的前一周，克劳迪奥的调度员让他选择等三天，等待一单好活，或者跑一系列现场装货的短途运输。他跑了短途运输，然后被要求空车行驶几百英里去拉下一单，价格还很低。我访谈他时，他正在附近的公用电话等待调度员通知。他既愤怒又沮丧。

> 我要辞职。我上周拿回家的钱是 41.58 美元（工作 7 天），根本养不了家，也付不了房租。每次我打电话［给大红］，他们都［忙得没空理我］。

在我们的谈话过程中，他曾两次打通大红公司电话，但是都没能联系上调度员。

雇员司机遇到这样的事，通常就辞职了。有些人干脆把牵引车停到离家最近的卡车驿站，一走了之。有时他们太气愤了,甚至懒得给公司打电话说自己辞职了,也不告知把卡车停在哪里。在这种情况下,公司会扣除司机的最后一份工资,以补偿找卡车的费用。对于克劳迪奥这样的承包司机,货运公司的处罚力度要大得多。他与大红公司签订的是"租赁购买"协议,"租赁购买"是目前雇员司机转变为承包司机最常见的方式。这种方案很诡诈,老承包司机们称之为"出租卡车"。克劳迪奥在领取卡车之前,签订了两份独立的合同。一份是向大红公司的一家姊妹公司租借卡车,这家公司是个空壳公司,这份合同的目的是让法院和监管机构认为大红公司不能利用卡车租借从经济上控制克劳迪奥。另一份是和大红公司签订的拉货合同。[1]租赁合同要求克劳迪奥遵守拉货合同的条款。如果他违反了拉货合同,租赁合同的条款将使他付出沉重的代价。当我们聊得更深入的时候,克劳迪奥告诉我,他想雇一名律师帮他摆脱这些合同,但他付不起律师费。糟糕的是,律师可能没法给克劳迪奥提供什么直接帮助,因为大红公司的合同无疑是精心制作的。在我写这本书的时候,对这些骗人合同的质疑越来越多。有几起集体诉讼正在法院或仲裁机构进行审理,但到目前为止,还没有任何一起诉讼的代价足以制止货运企业继续骗人。

克劳迪奥的故事令人叹息,但绝非孤例。货运企业说服卡车司机们自愿接受的那些法律和财务条款,把他们带入更加辛苦、更加无法把控、风险也更大的境地,而收入则明显低于同等资历的雇员司机。司机们在亲身经历之前很难相信这是真的。

第四章 为买车而干

承包的真相

对绝大多数卡车司机来说，承包是一种极其糟糕的方案。不过，在了解它的种种弊端之前，我们先了解一下承包司机与货运企业之间最常见的两种安排。

租车

成为承包司机并非只有像克劳迪奥这样的租购一种方式，也可以直接从经销商那里购车。但是这需要现金和良好信用，而这正是大多数新卡车司机的短板，因此大多数人选择租赁卡车。尽管许多人认为，只要拥有一辆自己的卡车，就能赚更多的钱，但新司机们同时也相信，因为自己缺少资源，而且货运市场竞争激烈，个体只能与货运企业联手经营。在他们看来，公司在租购关系中投资更大。许多新司机认为，从大公司租赁车辆，风险小一些。一位刚刚签订了租购协议的司机在接受访谈时说：

> ［与］一家公司签订租购合同，一家大公司，不会有什么真正的坏处，因为如果你的车抛锚了，公司会先替你付钱，给你贷款，所以即便你的信用状况不佳，也没事，公司会从你的工资里扣，然后收取利息。但如果你真的独立运营，为经纪人工作，一旦你的卡车出了事，你正好没钱，信用也一团糟，那你就完了。

这些司机认为，租车带来的债务只是暂时的，他们能够积累足够的资产和储蓄，还清巨额债务。大多数人相信，不久的将来，他们就能完全拥有一辆卡车。他们与大公司的合作将使他们的技能、知识和财务状况全面发展，从而变得更加独立和成功，将来甚至有可能拥有不止一辆卡车。

还有很多人听说，租购是一种"走人式"租赁，我问一位司机是否考虑购买一辆卡车时，他说：

说真的，从公司买车最简单。你试试从经销商那里买一辆，非常高的首付。3万（美元）左右的首付。对大多数人来说，这是一大笔钱，特别是与公司的零首付相比。如果［租公司的车］干得不满意，［我会说］"这是钥匙，这是你的油卡"［然后把车还了］。这就是他们说的"走人式"租赁。

实际上，租购协议使司机们陷入了劳役偿债之中。司机通常不可能带着车离开公司，签约另一家。而且，合同中往往包含令人难以置信的违约责任条款。例如，如果违反购车合同，承包司机常常被要求立即支付合同期内的所有付款。也就是说，像克劳迪奥这样3年合同期一开始，就欠下了6.5万美元，合同期满时，如果不支付2万美元的期末整付，还是无法拥有卡车。当然，司机们付不起也不会支付这些费用。因此，公司通常会要求司机将数千美元的工资存入公司控制的代管账户，一旦违反合同就扣押。在不到3个月的时间里，克劳迪奥

第四章　为买车而干

已有2500多美元工资被转入大红公司控制的维修和"储蓄"托管账户。大红公司要求其承包司机托管账户的余额达到10000美元。毫不奇怪，这些账户就像新卡车司机欠下的培训费，把承包司机牢牢拴在公司战车上，无论情况多么糟糕都不能离开。就克劳迪奥而言，他得在大红公司干满3年才行。

除了劳役偿债，租购方案中的车辆价格虚高，加上不友好的贷款方案，相当于以离谱的利率从经销商处购买一辆类似的卡车（根据我在自营车主独立驾驶员协会的访谈，相当于年利率70%，甚至更高）。再加上常见的附加费和各种服务收费（如与支付工资相关的费用）。所有这些使得采用租购方案的承包司机的实得收入远远低于独立购车的承包司机。

更糟糕的是，在最后一笔尾款支付之前，卡车一直归租赁公司所有，而在此期间，公司为了保护自己的资产，要求承包司机支付昂贵的定期保养费用。为确保车辆合规，公司要求在公司拥有或认可的设施进行保养，而这些地方的收费通常很高。最后，如果驾驶员想要最大限度地利用卡车，行驶大量里程，公司会对超过规定的里程按英里收取额外费用。

司机们根本不了解他们签署的租购合同的全部含义。这不是司机的错。我曾与专业的劳动法专家一起审查过类似克劳迪奥的合同，其中一些重要的条款非常烦琐复杂，我们好几个人花了几个小时才解读出它的含义。司机们在参加克劳迪奥经历过的那种新员工培训之前，不可能查看合同细节。司机们即使要求提前拿到合同，以便与律师一起审阅，也往往拿不到副本。

培训通常持续三四天，大部分时间都用来讲解公司的规章制度、如何使用公司的通信系统、加油站和加油卡以及签署合同。好几位司机向我详细介绍了这些培训，虽然货运公司声称这是小企业主培训班，但培训内容却只是如何减少油耗（这一点司机基本上已经了解）、如何按照公司规定保养车辆、购买保险以及如何应对就业状况的变化。对新承包司机来说，这些信息很重要，但与租购可能带来的经济后果无关，而这才是司机们需要了解的。据司机们说，公司拒绝提供可预期的平均里程数或平均实得工资，对实际成本避而不谈，全程都在描摹收入、有规律的工作和回家时间等不可能实现的美好设想。

　　总之，与克劳迪奥的感觉差不多，司机们口中的培训班，除了常见的恐吓，就是惴惴不安，不确定最终能否获得一辆车。有几位司机表示，事后看来，培训就是一种操控。

　　那些参加了培训却没能买到车的司机——克劳迪奥原先担心成为其一员——实际上是幸运的。不过，这些司机也是辞去工作，或者放下好几天的工作来参加培训，结果却被告知，因为工作经历或其他因素，他们不够资格租购卡车。在克劳迪奥的故事中可以清楚地看到，这些工人最终成了培训中的陪绑，就像工人在卡车驾校结了业，却因为背景调查而不被录用。货运企业在事前对准承包司机几乎不做调查，到培训时才进行工作和其他背景评估。我曾访谈过一位司机，他被一家大型运输公司邀请成为承包司机。他辞掉工作，坐了一整天的公交车前往，却在第四天的培训中被告知，他的驾驶经历中存在空白期，他此前在一份非驾驶岗位上工作过一年，这使他失去了参

第四章　为买车而干

加项目的资格。

> 去年，我试着［买一辆卡车］。我跑了好远的路到那儿，待了差不多 4 天，他们才说："你去年没有开过车。""唔，我在家的时候你就告诉我呀……"我培训过，各种的，他们说……我还得接受他们的教练培训 90 天……我说，免了，我来这里是为了挣钱，不是为了让别人挣我的钱。没辙，我不得不回头……坐灰狗巴士一路返回。

租购模式处处都对公司有利。我没有遇到过一个去管制化后能成功完成租购合同的司机，尝试过但是失败了的司机却有十几个，他们不仅损失了托管的钱，信用也受到损害。更多老司机认为，公司故意让承包司机在租购协议临近结束时终止合同，以便收回卡车并转售。我遇到过几个声称遇到此类骗局的人，比如下面这位。

> 远离［租购］。租购就是用你的钱保养他们的车。等你快把钱付清了，他们又不用你的车了，你维持不下去，只好把车还给他们……这就是个骗局，这一切……因为他们才是车主。他们决定你什么时候上厕所，甚至什么时候喘气，什么什么的。这就是所谓的"租车"。

听起来很极端，但即使是租购方案的支持者也承认，货运企业确曾有过故意迫使司机终止合同的黑历史——尽管他们声称这些问题已经成为过去。2005 年，货运行业里最大也是历史最悠久的达特公司，其租购项目经理说："租购计划刚推出时，确实名声很不好，因为一些公司会在租期结束前解雇司机。"[2]

不幸的是，这些糟糕的租购故事并不一定会阻止工人成为承包司机。工人们可能会像克劳迪奥那样，把失败归咎于具体的租购合同，或者是某个企业，而对承包体制的问题视而不见。有些人甚至会在租购失败后攒钱直接买一辆卡车。

押宝

老承包司机们认为，要想成功，就必须有一辆自己的卡车。他们相信，买一辆便宜的卡车（不能依赖货运公司），然后尽可能多地跑里程，是成功的两个关键因素。一位比克劳迪奥年长 10 岁的拉丁裔司机对我说：

> 做［承包司机］？在外面买车，用自己的信用买，然后一切照旧，只是要加倍努力。你就成功了。没有什么理所当然的事。该干什么还得干。

也就是说，要想成为一名成功的承包司机，既要付出超常努力，还要降低成本。从货运公司之外购车的承包司机，其固定成本明显低于租购车辆的承包司机。不过他们也面临更大的潜在风险——重大故障。

租购的卡车通常是新车或车龄不到四年。卡车的日常保养

第四章 为买车而干

非常昂贵。仅一套新的10轮牵引车的轮胎就需要4500美元左右。车龄不到两年的卡车，每英里的保养费用可能在5美分到7美分之间，如果承包司机每年行驶11万英里，保养费就在5500~7700美元。不过更换机油和轮胎等费用，一般可以预计到，而且不需要停工好几天。较新的卡车通常还会对主要部件提供保修。这些因素对于有意选择租购的承包司机来说非常重要。

而独立购车的承包司机购买的卡车车龄相对较长，需要大量的定期保养。一辆车龄超过五年的卡车的定期保养费用约为每英里15美分，同是11万英里需要16500美元。同样重要的是，这些车龄较长的卡车发生灾难性故障，如发动机或变速箱故障的风险要高得多，修复这样的故障费用可能高达10000美元。货运企业就是想把老旧车的这些成本和风险转嫁给工人。我访谈过几位司机，他们的承包合同都是因重大故障而终止。

从布莱恩（Brian）的例子可以看出，重大故障可以多么迅速和彻底地击垮一个承包司机。布莱恩，32岁，白人男性，有一年左右的从业经验。他的姐夫也是入行不久的承包司机。在姐夫的劝说下，他刚从驾校毕业就开始尝试签约承包。他买了一辆二手车，跟企业签订了合同。布莱恩在第一家企业那里只待了几个月，就转到另一家，希望能提高总收入。第二家货运企业初看起来更有吸引力，但是也没给他派很多活。布莱恩没有听从自己的直觉，而是留在了第二家货运企业，并将大部分收入投入燃油和保养上。在我见到他的前一天，他的车的曲

185

轴坏了，维修店告诉布莱恩，他需要更换整个发动机，费用为 12000 美元。他付不起这个钱，所以想把卡车拆解卖零件。

我见到布莱恩时，他正等着他姐夫从家乡驱车 4 小时来接他。他很庆幸卡车抛锚时离家不算太远，因为他没有钱坐公交车，而且路上的生活费和卡车维修费已经刷爆了他唯一的信用卡。

> 我尽力了……我知道维修费很高，但我以为这辆车两年内都不用大修。

他告诉我，他打算重操旧业，做一名机械师。

对独立购车的承包司机来说，如果遭逢疾病、事故或其他不幸，就是雪上加霜，伤害不亚于租购。为了付清购车首付和启动资金，司机们通常会抵押自己的房子或清空以前工作的退休账户。由于卡车的产权归自己，即使不能工作或者挣不到钱，司机们也得继续付款。这会迅速耗尽他们可能剩下的所有积蓄，迫使他们挤压生活费以维持运转。一位承包司机买了两辆卡车，一辆是他自己开的单体货车，另一辆是牵引车，他儿子开，他对自己的情况做了如下描述。

> 我：展望未来，你对［承包］的最大担忧是什么？取得成功的未知数和挑战是什么？
>
> 司机：我个人的想法？我赌上了一切。赌上了我的房子。我把一切都押上了。如果我们有一个月……比如，去

第四章 为买车而干

年11月，我在印第安纳收费公路上撞上了一头大鹿，修车要1.3万美元。我的车在修理厂停了6个星期。我们只有两辆车，6周没有收入几乎让我们瘫痪。因此，我们近期重点是继续努力减少债务，这样，如果出现不在保修范围内的重大问题，还能有一点余力，特别是那辆大卡车，太贵了。那东西如果6个星期不能动，我们就惨了。

另一位承包司机的担忧是：

> 工作本身是相对可预测的。不可预测的是卡车。那辆该死的卡车随时都可能抛锚，说不准是什么原因。它可能几个星期都正常，一切都挺好，突然之间，无缘无故就抛锚了。你开得太多、太猛、太频繁，磨损就是个时间问题。[员工]可以今天去这家公司，明天去那家公司，无车一身轻，而我们，卡车就是我们的命。

我访谈过的资格最老的承包司机只买新卡车，但我访谈过的所有其他承包司机都买不起新车。不过，买二手卡车以避免租车的司机们很快就发现，购买旧卡车不但没省下钱，反而增加了风险。这些人还坦承，带着自己买的车在公司之间流动也是有风险的，还要付出一定成本，即便如此，他们还是确信自己比走租购路线的司机更具独立性，因此不愿意放弃。

经济后果

很不幸，不管是通过租购买车还是自己买车，大多数承包司机都会在几个月或几年内了解到一个痛苦的真相,那就是他们的收入明显低于有同等经验的雇员司机。在大衰退开始前,我访谈的 75 位司机中有 50 位(31 位雇员司机,15 位承包司机,4 位独立司机)[3]报告了他们的年收入。此前一年,雇员司机的平均税前收入为 46200 美元,支付 FICA①(工资的 7.65%)后,如果不计其他税款,平均为 42665 美元,而我访谈的承包司机在扣除卡车费用后,平均税前收入为 37267 美元,支付自雇税(self employed FICA taxes,92.35%收入中的 15.3%[4])后,不计其他税款的话,剩余 32001 美元,比雇员司机的平均税前收入少 25%。[5]

承包司机的收入明显低于同等条件的雇员司机,这种情况自 1990 年代现代意义上的承包司机重现以来一直存在。我对密歇根大学 1997 年的一项调查数据(详见附录 1)进行工资税调整后,发现未雇用其他司机的承包司机的收入中位数比雇员司机的收入中位数低约 16%。不过,这些数字虽然很突出,却没有反映出资历的影响。平均而言,承包司机比大型货运公司的员工资历长。[6]因此,采用承包方式,公司实际上得以用低于新手司机的工资水平,使用经验丰富且有潜在价值的劳动力。那些提倡承包的人所提供的数据也承认,承包司机的收入低于雇员司机。[7]

承包司机的收入究竟比雇员少多少,我们无从知晓。但是,如果承包司机不曾离开公司,他们的收入可能至少比现在

---

① 全称为 Federal Insurance Contributions Act,美国收入税的一种,是政府强制征收的税种。——译者注

第四章 为买车而干

多出15%~25%。如果他们离开公司，利用自己的经验在企业专属车队找一份工作，他们的年收入可能会翻一番，而工作时间却会少得多，2011年，专属车队的工资中位数超过7.4万美元。[8]但是，这些人被说服留在公司，成为承包司机。

准承包司机们在预期净收入方面受到系统性误导，而且对行业提供的估值几乎没什么辨别力。他们最大的难题是没有能力对拥有卡车的成本进行估算或计算。当然，大多数人都明白，他们必须支付燃油、购车、维修保养和保险费。但是，所有新司机和一部分老司机大大低估了这些费用和其他开销，重要的是，他们没有认识到拥有一辆卡车是要缴很多税的。

当我请那些准承包司机估计租赁或拥有并运营一辆卡车的成本时，他们都少估了数万美元的可能成本。这并不仅仅是因为他们准备不足，或者努力不够。而是司机们被系统性地剥夺了获取信息的权利，货运企业和其他信息源歪曲或从不提及对司机们来说至关重要的信息。货运企业是可以准确估算出主要成本的，这些数字累加起来对个体司机而言是一笔巨款，而这个数据司机们是不知道的。

假设一名司机正在考虑购买一辆卡车，他被告知这辆车的平均油耗为每加仑6.5英里，这是货车满载时的典型油耗。他计划每年行驶2万英里，这是新承包司机的常见里程。如果燃料价格与2007年和2008年价格飙升之前一样，为每加仑2.80美元，他每年将消耗约18460加仑，燃油费用为51700美元。但是，如果这辆车并不像经销商告诉他的那样省油，而租车给他的公司又经常要求他在丘陵地带运输啤酒等货物，那么他的油耗可能会变成每加仑只能跑 5.5 英里。虽然这不算太差，但如果出现这种情况，他每年将消耗 21818 加仑燃油，费用为 61090 美元，与正常油耗相比，每年相差 9390 美元。这 9000 多美元是他原本预期可以拿回家的。2008 年 5 月，全国柴油平均价格为每加仑 4.20 美元，这样算下来，我们假设的这位司机每年的燃料成本变成了 91635 美元，比预计多出近 40000 美元。

大多数承包司机会从货运企业获得燃油附加费，以抵消油价上涨带来的部分成本。然而，当 2008 年燃料价格飙升时，我遇到的几位承包司机尽管收到了燃料附加费，但仍然是亏损运营或接近亏损运营（我将在第六章中讨论）。

我发现，还有很多可预见的成本经常被准承包司机们低估，比如医疗保险、自雇税和某些州的工伤保险。已经签约的承包司机们，在对比自己与雇员的收入时，也常常忘记这些费用。

以下是承包司机需要支付，但常常被准承包司机们低估的其他费用清单（如果他们记得的话）：货运责任险和非货运责任险、州和联邦的营业执照费、州和联邦许可证费、会计、洗车、电话费、过路费、公路税和燃油税。这些费用加起来每年很容易就超过 1 万美元。

买了卡车的司机们一开始都欣然接受承包模式，将之作为实现小企业主的"美国梦"的一种途径。当他们发现这些额外开支时，美国梦心理就将之合理化。没有企业为其支付失业保险，还需要支付自雇税，这些都被承包司机们视为迈向独立的合理成本。自己支付福利税，表明他们是不依赖雇主的企业

第四章 为买车而干

主。对于原来由雇主支付，而现在是自己支付的社会保障税，承包司机们并没有什么怨言。不过一旦发现保有车辆带来的所谓好处不过是一个骗局，他们就会决定重回雇员身份。下面是一位拥有卡车不到一年的承包司机对税收问题的典型回答。

我：你有单独的银行账户来支付卡车费用吗？还是说，你把所有钱都存在同一个账户上？

司机：……我们有一个企业账户。所以，我们会把我的一部分工资和结算存入那个企业账户，因为我们要自己负责自己的税款。我们是自营车主。如果我想买工伤保险，就得自己出钱……我们的医疗保险必须自己买……那是我们自己［作为］独立经营者的事。很多人在进入这个行业时都会说，我想拥有自己的卡车。好，坐下来注意听，这就是你要付出的代价。他们没有意识到拥有自己的卡车、自己的企业需要付出什么。

我：你觉得值得吗？

司机：对我来说，拥有自己的企业是值得的。

承包司机们认为，作为小企业主可以接受支付自雇税等费用，并为此感到自豪；与之形成鲜明对照的是，承包司机们注意到，货运企业为了避税，将雇员在路途中的生活费另计，而不是把这笔钱计入工资。越来越多的企业为了规避工资税，将行驶途中的生活费算作差旅费，不再计入工资。一位新承包司机解释他为何离开之前的公司时说：

司机：我决定［做一名承包司机］的最终原因是，公司将我的工资削减了30%。他们把我的工资从每英里31美分降到了19美分，差额作为差旅补贴（即生活费，而不是工资）发给我。貌似我现在口袋里有更多的钱可以花，但我已经55岁了，这种做法使我的养老金减少了33%。

我：这样他们就可以少缴养老保险？

司机：他们少缴了30%的工资税，说是让我赚更多的钱，但他们的所作所为却让我失去了30%的养老金……差旅费这部分，我还得提供收据，如果没有那么多收据，其余的部分就算是我的收入，因为是我的收入，就得由我来支付社保和联邦税，而这些税是在工资之外另算的。因此，这也是一个税务问题。

这位工人认为，作为承包司机，他愿意支付自雇税，他辞去原来的工作，只是因为他的雇主减少了为他缴的社保福利费——公司的行为损害了他未来的福利水平。所以，他宁愿在4年内从一家公司租购一辆卡车，尽管这家公司不为他缴纳任何社会保险金、工伤保险或失业保险。对税赋的这种态度表明，承包改变了工人对就业中的阶级关系的看法。[9]

放弃控制权

行业新手们认为，成为承包司机就可以选择最能挣钱的活，这意味着更多的收入。因为公司告诉他们，他们拥有这项

第四章 为买车而干

权利，而且合同和法律都保障他们的权利。承包的法律定义中最为核心的部分就是工人能够选择工作，并且能够决定如何工作。这种控制权是公司向工人、监管机构和法院证明承包关系的关键。①

承包司机们即使不行使拒载权，也会提到这项权利的重要性。以下是我与一位新承包司机（出租给一家中型公司近一年）的对话。

> 司机：是的，[承包司机可以赚更多的钱]，因为你可以挑活。
>
> 我：你能做到这一点吗，挑活？
>
> 司机：我可以通过[卫星通信系统]拒绝接活。他们会给你一个报价，他们管这个叫"报价"，你可以拒绝，也可以接受。
>
> 我：他们真的管这个叫"报价"吗？
>
> 司机：报价。[10]
>
> 我：你真的拒绝了？
>
> 司机：还没有过。

在我对新承包司机的访谈中，经常出现这样的矛盾：只强调拒载权有多重要，却从未真正行使这一权利。而老承包司机们都明白，合同条款在他们与调度员的日常关系中没什么用。几乎所有的承包司机都说，拒载这种名义上的权利是当初想成

---

① 雇用与承包涉及不同的税务、劳动保障等方面的责任。——译者注

为承包司机的主要原因之一，但只有少数承包司机称在过去一年中有过一次拒载，而且他们还担心如果经常拒绝派活，会遭到调度员或公司经纪人的报复。下面这位 27 岁的白人男性，租购失败，我见到他时，他已经用自己的卡车在另一家公司做了 4 个月的承包司机。

> 我：你拒绝过［现在］公司的派活吗？
>
> 司机：没有。他们规模小……这就是小公司的问题之一。他们没有很多额外的货源。正常情况下，一旦有活，你就得去拉。通常是，要么是他们的老客户，要么是他们通过经纪人找来的客户，而你最不想做的事情就是得罪比较好的经纪人。得罪了经纪人，他们就会给你一大堆三四百英里的单，从长远来看，这只会让你吃亏。

另一位承包司机解释如何取得成功时说：

> 我：［你的意思是］你必须更灵活一点？
>
> 司机：如果你配合公司，公司也会配合你。但如果你告诉公司这个我不想干，那个我不能干，公司就会说我们没有活派给你，我们不需要你。这就是底线。

从理论上讲，你有权选择重量更轻、路程更长的活，或者留在可能有好活的区域。要想大幅增加净收入就得经常挑活。但是，承包司机和雇员司机一样，都必须接受赖活，因为他们

第四章 为买车而干

有大量的固定费用需要支付。一两天的车辆闲置就会伤筋动骨。不过，新承包司机们认为这种脆弱性和缺乏控制并不是自身与货运企业关系中的问题，而是自家的企业运营问题。下面这位承包司机的想法是很典型的。

> 我：承包成功的关键是什么？我听说很多人都不成功。
>
> 司机：就像我说的，有些时候你不得不做一些你真的不想做的事，但你必须去做。因为总得有人做。必须得完成。如果你要支付账单，你就得工作，这才是最重要的。有些人说，我不想干这个，我不想去那里。你坐在那儿是赚不到钱的。所以，很多人挑挑拣拣，就是自己断自己的路。
>
> 我：所以太挑剔是个问题？
>
> 司机：这是生意。如果你想让你的生意兴隆，任何生意，不管你做的是什么生意，有很多事情你必须去做，不管你喜不喜欢，你必须去做。总得有人做。如果你坐那儿等着特殊的运单出现，其他人都在外面跑，你在那儿等着，你是付不出账单的。

和上面这些司机一样，所有承包司机很快就会明白，拒绝接受派活只会给他们带来经济损失，最终他们会像雇员司机一样，几乎有活就接。

在家的额外工作及影响

许多司机没想到,做一个承包司机有那么多必须完成的额外工作。一位司机向我描述了这些意想不到的额外工作。

> 司机:在公司开车的时候,你不必操心车辆贷款、维修费、油钱等。经营自己的生意比我想象的要复杂得多。每天都在学习。从交税、燃油、保养到其他一切。要保证一切正常运转,你必须有这个能力。我的妻子曾是一名教师,她帮了我很多忙。这比我想象的要辛苦得多。我想很多人都没有意识到,拥有一辆自己的卡车意味着多少工作量。

对许多承包司机来说,最糟糕的是家庭生活受影响。跑长途对任何一个有家庭的人来说都很不容易,无论是否拥有自己的卡车,对承包司机尤其艰难。即使是最简单的事情也会引发家庭冲突。比如,许多承包司机没有开设专门的公司账户,结果,用于车辆的费用和家庭开支就分不清。他们从未真正核算过用于卡车的费用和在路上生活的成本,也不知道妻子和孩子们的收入和支出。许多司机说,每当货运支出增加时,他们就会与配偶因家庭支出发生争执。这当然会带来极大的压力,但司机们把为家庭做出的牺牲理解为小企业主事业的一部分,也是保持自己独立性所必须付出的代价。下面这位司机已经做承包司机三年了。

第四章　为买车而干

　　经营一家货运公司，哪怕是只有一辆卡车的公司，多少有点不一样……我的意思是，我赚的钱，我想，还不如我开别人的车赚得多……你得小心你的每一分钱。即便是家里的开销，你也得注意。你的工资是自己公司出的……我的意思是，不要去买一辆崭新的凯迪拉克，也不要去买一栋 15 万美元的房子……[做承包司机] 压力更大，但对我来说值得。[很长的停顿] 我想过把卡车卖掉。三周前，我给 [贷款的车行] 打了电话，让他们过来取车。"行，不过这会影响你的信用。"我说，"我不在乎，我会申请破产的，来拿吧。"我受够了。"来拿吧。"我妻子看着我说："你不能这么做！我见过你给公司开车时的样子，当你不得不听别人指挥的时候，你是那种你自己都嫌弃的人。"她说："车留着吧。"我说："好吧，我们 [将不得不] 省着点过，可能免不了拆东墙补西墙。"[我今年 33 岁] 我感觉自己好像快 60 岁了。

可以想象，因为承包而需要家里做出这样的经济牺牲，往往会给人际关系带来巨大压力。好几位前承包司机告诉我，就是承包毁了他们的婚姻。

更普遍的问题是，在家也得工作，这是承包司机无法避免的；这些额外的工作经常还需要配偶和子女帮忙。一位 60 岁的白人男性从上一份工作中被裁员，在我认识他一年半之前成为一名承包司机，专门从事加急货运。他描述了回家后的工作。

做加急业务，你不知道什么时候会接到电话。你回到家，可能要到下周三才接到活，但也可能明天就要上路。我在第一个星期就明白了这一点。再也不会像以前那样了。我一到家，如果是白天到家，我会清空卡车，妻子开始帮我洗衣服。我是说立刻、马上。如果是白天，我就把卡车停在车道尽头，开始洗车。然后妻子准备吃的。我车上有一个小冰箱，总在路上买着吃很贵。我把车准备好，如果电话突然响了，我15分钟内就可以开上高速。你必须这样做。你不能不备好车。我曾经有一次没准备好，那次我最终没迟到，但为了准时到达，我开得比应该的快多了。那是一场可怕的混战。我对妻子说，我们结婚40年了，这种事不会再发生了。第一要务——如果我已经离开两周了，那也没关系——到家打声招呼，亲个吻，处理一下紧迫的事，30分钟后，我开始清理车辆，她开始洗衣服。你不会想这么做的。你一进家门，肾上腺素就会从身体里流走。你什么都不想干了。

是不是自己保养车辆，牵涉很大一笔钱。我做雇员司机时做很多保养工作，例如更换烧坏的灯泡或断裂的软管卡箍，但大多数承包司机都不掌握这些技术。不过，为了省钱，只要合同允许，承包司机还是会自己保养，或者推迟所需的保养。前者，自己保养，如更换机油和基本维修，会大量占用承包司机有限的在家时间，而后者则会使车主面临罚单、故障或更严重的风险。自己保养的承包司机描述说，他们到家后，非驾驶时间都用来购买配件和修理卡车。一位前承包司机告诉我,总有一些东西需要修理或调试。那些尽可能多地自己保养车辆的承包司机往往经济上最成功,他们也为这些额外的工作牺牲了很多和家人在一起的时间。

承包司机花在路上和在家工作的时间往往大大挤压了他们的生活。与我交谈过的老驾驶员们都是承包司机或者曾经是承包司机,他们描述了为了"成功"拥有自己的车辆而做出的巨大个人牺牲。与准承包司机的认知相反,承包司机的休假时间通常少于公司雇员(考虑到雇员司机的休假天数已经很少,这一点尤显突出)。我访谈过的司机们有一种共识,要想成功,就必须尽可能多地出车。我确实遇到过两个承包司机,他们的休息时间与工作条件优质的雇员司机一样多,但他们是目前为止我访谈过的收入最低的司机。他们充分意识到收入和陪伴家人的时间之间相互抵消的关系。这两位司机拥有自己的卡车至少有10年之久,为了在还车贷的同时还能享受隔周休息和每年一两周的年假,他们做出了一些牺牲。然而,克劳迪奥这样的较新的承包司机经常强迫自己跑的里程比雇员司机还多。在他们看来,这些额外的时间,就像他们需要做出的其他牺牲一样,是一种投资,在未来的某个时候会得到回报。但是,所有司机最终都会厌倦一直在路上的生活。当我问一位非常有经验的成功承包司机,对想要做承包人的司机们有什么建议时,他不无讽刺地说道:

我会说,你喜欢开车吗?那就开吧!不管赚不赚钱,你喜欢就行。这是一种生活方式。如果你还没有结婚,你可能永远结不成了。所以,在你开上这辆倒霉的车之前,最好先安排好自己的生活。我觉得,想留住一个女孩,或者有一个女朋友很难。好歹你还有机会。但是如果你是一个每周开出 4000 英里的人,你是不可能有女朋友的。你会有艘船,有辆车,有房子,也就这样了,其他的就别想了。船你用不上。车你不会开。我有一辆小皮卡,17 年才跑了 7000 英里。

164 "成功"的承包司机们普遍感觉为了追求梦想而放弃了自己的后半生。

强化游戏

如上文所述,承包司机们怀揣着成为成功小企业主的梦想,往往比做雇员时工作时间更长,驾驶里程更多。为了提高实得工资,他们比雇员司机更希望延长工作时间,更愿意非法开车。通常情况下,承包司机如果休息或者被派了赖活,那么扣除租车款、保险、燃料等费用后,可能相当于一周或更长时间白干,或者收入低于最低工资标准。因此,他们必须埋头苦干或非法驾驶,才能挣到与技术和经验相仿的雇员差不多的工资,甚至更低。[11]

"自我压榨"可以有多种形态,包括为了省油而把自己"压榨"出汗。一位在租购中失败的驾驶员这样描述他在培训中接受的有关提高燃油效率的教育。

第四章 为买车而干

[他们基本上把重点放在]燃料上。努力降低燃油成本。但是你看,他们坐在那里说,你不要在晚上开车。如果天气好,比如现在,那倒是真的,但如果你停在亚利桑那州,晚上室外温度高达90华氏度,[1] 你不可能睡在车里……如果外面是90华氏度,车里就是100华氏度,你会坐在那里汗流浃背,然后第二天起来开车吗?我认为根本不可能。

有些承包司机试图钻法规的空子,这可能导致被开罚单,甚至更糟。下面这位承包司机说,他之所以选择签下目前的公司,是因为这家在执行法规方面以"灵活"著称。

司机(明显犹豫不决):我跟一些司机谈过,[他们告诉我,这家公司的经营]有点——我猜可以说——不规矩。不过他们正在努力改善安全措施。他们基本上让我们自己掌握,让我们自己安排工作时间,我们当然必须遵守交通部的规定,但他们不会每隔五分钟就来查我们,相对宽松。公司只说,"我需要你在这里提货,那里卸货,你怎么去是你的问题"。你是专业干这个的,他们拿你当专业人员对待。

交通部的规定没有"灵活性",货运公司必须执行,司机

---

[1] 这里单位为华氏度。从华氏度转换到摄氏度为 $C = \frac{5}{9}(F-32)$,其中 F 代表华氏温度,C 代表摄氏温度。——译者注

必须遵守。这位司机和大多数雇员司机或承包司机一样,对遵守交通部规则一事不置可否。这么苦干的承包司机,即使是在货运行业中,也算是凤毛麟角了。当我问这位承包司机是否喜欢他现在的公司时,他回答道:

> 司机:他们让你一直跑。我很少像现在这样休息,但我需要休息。上一趟活刚送完,我还在恢复中。我知道,明天我可能就要去加利福尼亚送货了。而且我知道,一到加州我就得掉头,返回东海岸,那儿是公司的运营中心。我通常每周平均跑3800到4500英里。
>
> 我:那可够多的。
>
> 司机:工钱不错,这是你唯一能(停顿)……唯一能赢利的办法。
>
> 我:你不是想突破70小时规则(司机8天工作的总时数)吧?
>
> 司机:(笑)哦,是的。
>
> 我:你会(休息34小时)再开始(下一个70小时)工作吗?
>
> 司机:会休息,尽量保持每天工作9小时或9个半小时。
>
> 我:日志上是这样[日志上的记录]。
>
> 司机:对,日志上。因为这样你才能增加工作时间。这一趟有点紧张。但我知道下一趟活得等10或12个小时。只要我[少报等待和驾驶的时间,就总也]到不了70小时。这么干,就能一直跑下去。重要的是赢利。

第四章 为买车而干

这位司机描述了所有司机，包括承包人和雇员，为了规避 70 小时规定，经常采用的伪造日志的策略。我当年开车的时候，即使拉上最顺畅的活，每周也要工作 90 多个小时才能行驶 3000 多英里，可以想见这位司机的工作强度。无须说，即使他们有奇迹般的"好运单"，能让他们在东西海岸间往返，这样驾驶的风险也是很大的。违反服务时限（HOS）规定会危及他们的执照，并导致数千美元的罚款。对于卡车是自己的，保险自己付的承包司机来说，违反服务时限的后果还要严重得多。最重要的是，像这样把自己逼到（或超过）精疲力竭，是将自己置于更大的事故风险之中。任何一个老司机都会告诉你，这样干是不可持续的。早晚会因为疲惫不堪，再赶上错误的情境，司机会因此失去他的车和未来更好的工作前景，甚至失去生命。

许多司机报告说，开自己的卡车时，由于更加卖力，他们感到更疲劳，并认为这对他们的健康造成了负面影响。一位前承包司机，现在是一名雇员，他告诉我：

> 我曾经认为，除非你有两本日志［有一本是给执法部门看的］，否则你就挣不到钱。如果你合法经营，你就无法生存。不，我不再相信这种说法了。这不是真的。如果一个人要靠吃药，或不择手段谋生（停顿，摇摇头）……不，我以前从来没有合法经营过……我以前［当承包司机时］拉汽车配件。我太卖力了，以至于［我的调度员］还以为我是组队跑车［即有一个搭档交替驾驶］。他说，"你

不是组队跑车？"我说，"不是，不是。我就是疯了"。不管怎么说吧，这一切都让我变成了一个老人。我累坏了。如果可以，我昨天就退休了。

几乎所有与我交谈过的曾经的老承包司机都提到，承包带来的精神压力和体力消耗造成了巨大的伤害。对大多数人来说，这是不可持续的。

结　论

最终，几乎所有尝试承包的司机都不得不面对这个残酷现实，他们比作为雇员时工作得更辛苦，收入却远远低于预期。有些人很快，也许几个月内就意识到自己犯了一个错误。另一些人则会继续为理想奉献经年。部分原因是，想要在货运行业干出一番事业的工人们，禁不住企业所承诺的更多自主权和丰厚经济回报的强大诱惑。在听取了现任和前任承包司机们的声音后，我开始由衷希望，承包确实可以为他们提供这样的机会。无论结果如何，大多数人都表现得好像更多的自主权和更多的金钱已经唾手可及，而他们为实现这些目标所付出的努力和承担的风险实在令人扼腕。固然，我们的经济应该鼓励这种努力。但是，努力而没有回报则难以为继。当然，让工人尽可能长时间地做企业的承包人是符合货运企业利益的。下一章我们将要讨论，随着时间的推移，货运企业的注意力已经转移，他们正在开发新的方法，以确保独立承包司机们在意识到回报不会到来时，仍然不断付出。

第五章　寻求支持
对承包司机的非直接管理

承包司机们往往很快就会意识到，他们并没有享受到预期的好处，就像克劳迪奥一样。虽然承包司机的离职率比新雇员司机要低，根据一些货运企业的数据，前者只有后者的一半，但离职率也算是很高的。具体有多高以及离职的原因，目前尚不清楚。许多司机在执行合同失败之后彻底离开了这个行业，但这只是一部分原因。一位货运保险顾问在最近的一次演讲中回顾了在他们公司投保的承包司机自愿离开雇主的原因。在一项调查中，20%的人联系不上；1%的人是因为"不喜欢"调度员；8%的人因为车辆故障；31%的人因为派遣的里程数不够或工资太低；其余40%的人彻底离开了这个行业。[1]

如果承包司机不满意，过早地离开公司，对企业来说，这就像新员工离职，换人的成本会超过承包司机为企业带来的收益。企业非常清楚我们在上一章所讨论的问题，因此采用了各种手段尽可能长地留住承包司机。利用租购合同和代管账户进行财务和法律胁迫是最直接的。还有一些方法，让工人们在不知不觉中接受一套劳动力市场体制的认知，以左右他们的行为，承包司机招聘就是用这样的技巧。新承包司机们以为新体制主要是为了帮助他们成长为商业伙伴，但实际上，货运企业所做的是将劳动力管理外包出去，因为法律规定货运企业不能对独立承包司机实施管理。管理工人即代表着要给他们下命令，意味着工人不是自雇。企业变成雇主，就要承担由此带来的所有成本和责任。所以货运企业要利用第三方来影响承包司机的行为，同时保护自己免于被指控为将工人错误分类，也免于承担雇主的法律和财务责任。货运企业还可利用第三方协调彼此的劳动力市场策略，构建并合法化新的劳动力市场规范，避免相互争夺承包司机，从而最终降低劳动力成本。

货运企业有一些可以直接帮助承包司机增加收入的途径，例如在需要订购轮胎、燃油和保险服务时帮助砍价或者团购。货运公司还可以提供税务建议和不同工作方式的建议。这些建议通常是通过"商业"课程、公司顾问和外部咨询（最常见的是货运会计师）来实现的。不过，公司提供的这些"商业技能"与服务价格最大化无关，全然是为了教育司机们做个好工人，面对管理端正态度以及学会在收入较少的情况下生存。

一本贸易刊物就刊登过文章指出，货运企业要想成功留住承包司机，就必须确保工人有足够的毛收入。该篇文章向货运企业提出了以下建议。

> 采取措施确保你的新自营车主获得成功。例如，出租车辆并签约司机作为独立承包人的普莱姆公司（Prime Inc.），要求司机参加为期两天的研讨班。这是一项已有4

第五章 寻求支持

年历史的"ACE 2"（Associate Career Enhancement，同侪职业提升）课程，由普莱姆公司支付学费。其结果是，自营车主的净利润提高了15%，公司的人员流动率降低了一半。[2]

如第三章所述，承包话语把承包司机称为商业精英，并称货运企业应对此有所认识并尊重他们。但从行业媒体及其对待承包司机的态度来看，货运企业显然认为许多司机缺乏作为承包司机所需的基本生存技能。以下是另一篇文章的节选，介绍了货运企业为新承包司机提供的培训计划。

> 租车给自营车主的精明的货运公司正在想方设法帮助他们掌握……商业技能。例如，位于密苏里州斯普林菲尔德的O&S货运公司开发了一套六模块培训系统，利用桌游和其他方法向自营车主传授商业技能。其目的是让新的，甚至是不那么新的只有一辆车的车主像企业家一样思考问题。司机们在设备上投资了6位数，但许多人几乎没有任何商业技能。开发总监夏洛特·埃克利（Charlotte Eckley）说，许多人甚至连计算器都没有。但是，随着司机们开始明白，作为一名自营车主，周末除了擦亮卡车之外，需要做的事还很多，这支全部为自营车主的车队的人员流动率下降了60个百分点。[3]

除了"商业技能"的启蒙和教育，大型运输公司还会派公司人事部门定期给司机们提供帮助。施奈德物流公司（Schneider National）定期安排员工帮助承包司机管理成本，一位经理解释了公司的做法。

> 诺德（Norder）说："我们认为，帮助自营车主解决成本问题有助于我们吸引和留住（承包司机）。"诺德表示，施奈德在与准独立承包司机签合同时，看重的是安全驾驶和财务稳定性。加入施奈德后，承包司机们每天都会得到车队的独立车主顾问的建议和指导。"我们的顾问拥有敏锐的商业和财务洞察力，能够确保独立承包司机取得成功。"诺德解释说，"我们还从外部引入专业人士，为独立承包司机们提供税务等方面的指导"。[4]

合谋的力量：ATBS、它的客户和战略合作伙伴

施奈德的外部专家很可能来自美国货运企业服务公司（American Trucking Business Services，ATBS），许多大型货运公司都聘用这一家。ATBS的创始人托德·阿门（Todd Amen）把家族公司400辆卡车的所有司机都转为承包司机，之后成立了ATBS。阿门经常在卡车展的研讨会和电台上向承包司机和准承包司机们介绍ATBS，他说："ATBS成立于1998年，公司的目标就是帮助自营车主取得更大的成功。（我们为他们分担税务和会计事务，提供商务服务）而他们可以去做自己最擅长的事，那就是驾驶卡车。"（节选自公司网站上的一段

视频)[5]

ATBS 直接向承包司机推销其财会和业务咨询服务,并称"与 ATBS 合作的自营车主在其经营期内可多获利 40% 以上,并节省数千美元税款"。[6]承包司机只需每月支付 86.67 美元,即可获得"无限度业务咨询",并且只要将其所有票据发送给 ATBS,就能获得月度盈亏报告和年终税务报表。ATBS 还为他们提供与其他承包司机的成本比较基准,以便他们与平均水平进行比较。

虽然 ATBS 声称其主营业务是为承包司机提供服务,但其最重要的客户是 100 家左右的"战略合作伙伴",其中有福莱纳等主要的卡车制造商和几乎所有雇用承包司机的最大货运企业,包括联邦快递(FedEx)、斯威夫特(Swift)、施奈德、土地星(Landstar)、J. B. 亨特、达特、广达等。其中许多企业为司机们提供免费的 ATBS 服务,或者给使用 ATBS 服务的司机发放补贴。有些货运公司直接要求他们的承包司机使用 ATBS 服务。通过这些合作关系,ATBS 公司快速发展壮大,目前已有 4 万多名承包司机客户,在同类公司中规模首屈一指。

这家"会计和税务专业公司"兼"专业商业顾问"像货运媒体一样,实际上以多种方式为货运公司招募和管理劳动力。ATBS 有自己的广播节目,主办面向货运企业高管的研讨会,并经常与《超速》合作。[7]ATBS 与《超速》、施奈德和福莱纳一起经营着一项名为"商业伙伴"(Partners in Business,PIB)的项目,他们将其描述为面向自营车主的高级商务培训。[8]他们在卡车展上联合举办研讨会,还有在线研讨会,并出版一本《商业伙伴：自营车主商业手册》（以下简称《商业伙伴》）年刊，提供会计和法律信息，售价约 30 美元。

ATBS 提供的信息中包含了所有承包话语，这些话语被包装为商业顾问的建议。例如，《商业伙伴》开篇就说："近年来，自营车主的收入平均比雇员司机高出 20%～30%。"[9] 尽管 ATBS 掌握着 40000 名承包司机的确切数据，但它完全不提这些司机的收入状况，相反，整本手册都在描述各种假设情境中的成本收益，坚称承包司机每年扣除开支后的收入可达 5 万～6 万美元。《商业伙伴》的最后两章讨论了租购卡车这一重大决策，并做出了这样的评估："有些货运企业被人怀疑用这些项目挣钱，不过大多数此类项目还是公平的。"[10]

ATBS 招聘承包司机的方式与兰德尔-莱利出版公司及货运企业差不多，有时甚至是联合招募，不过，ATBS 在构建货运公司与承包司机的关系、帮助货运公司留住承包司机以及协调货运公司群体的劳动力市场行为方面发挥着重要作用。

例如，它现在为货运企业提供自己的卡车出租方案。ATBS 描述该项目如下。

> 自营车主是终极运力开发工具，可减少您的资本支出，获得更安全、更可靠的驾驶员，提供更高质量的货运服务。与 ATBS 租赁公司合作，您将获得一个诱人的租赁方案，能够吸引并留住那些希望成为自营车主的司机们，为您节省时间和资源，还能够与司机保持专业的商业距离。我们能够确保签约司机具备技术、经验和能力，成为

第五章　寻求支持

成功的自营车主。我们的人员流动率至少低于平均值的一半。我们拥有车辆，我们来管理自营车主的租赁事务［我们提供商业服务和培训］。与我们合作，您将得到一辆可靠的卡车和一名合格的、拥有经营知识的，也拥有我们支持的自营车主。[11]

ATBS还提供"车队转型计划"，帮助货运公司将现有车队转型为承包司机车队。ATBS称：

> 招聘自营车主可以［让］您以很少的资金快速扩大车队。然而，招聘成本可能相当可观，竞争也很激烈。ATBS的"车队转型计划"为您建立自营车主车队提供更具成本效益的解决方案，解决车队转型所需的后勤工作，并提供自营车主业务所需的各种产品、服务和卡车租赁选择。[12]

ATBS提供的"应急计划（已）通过避免回购和减少人员流失，帮助金融公司和车队节省了数百万美元"。当承包司机威胁毁约或者要宣告破产时，ATBS的应急顾问将替货运企业或债权人出面，"全面评估业务和个人问题"，制定"行动方案"，并给承包司机提供"持续咨询"，以帮助"面临风险的自营车主扭转危局"。[13]

最后，ATBS还为合作的货运企业提供基准比较服务，公司将其描述为"一种重要的战略管理工具，您可以用之比较

211

您和其他公司的自营车主计划，以了解竞争对手，管理和改进招聘工作"。[14]换句话说，这家"会计和商业咨询"公司所做的就是追踪承包司机的收入和支出，然后将这些信息提供给他们现在或潜在的雇主，提高雇主们在劳动力市场上的竞争力。ATBS的战略合作伙伴们对其承包司机的"经营"收入了如指掌，对竞争对手雇用的承包司机的平均成本收益也一清二楚，个别货运企业（更不要说承包司机）掌握的数据是无法与之媲美的。公司的薪酬方案因此有更为准确的依据，可以避免在市场上被哄抬工价。

通过ATBS，货运企业还可以相互学习。下面是一篇文章的摘录，介绍ATBS如何在大衰退期间帮助货运企业制定新的付酬方案，将风险转移给工人。

"采用按比例分成的方式是因为货运行业边际利润微薄。货运企业和自营车主一直在分食疲软的货运市场"，ATBS总裁托德·阿门说。起初，有些习惯于简单地按英里计酬的自营车主对按比例分成很不适应。这种不适应增加了招聘的难度，一些企业因此重新采用按里程计价。尽管有这些反复，但至少有5家"重要的货运公司向我们询问哪些企业在做这件事，以及是如何运作的"。"他们希望从长计议。他们想立刻实行（按比例计酬），因为托运人降低了运费，而货运企业给司机的费用（每英里）没变，公司的收入因此受损。他们希望以弹性的方式计酬，这样司机的工资就会减少。"随着业务量减少，有一些货运企业已经被迫减薪。阿门说，他听说有些承运商"调整了他们的套餐——可能从基础英里工资中扣掉一两美分。他们把燃油附加费从原先的5.5英里/加仑调到6.5英里/加仑，或者不再像以前那样支付基础牌照费和许可证费。这些东西加起来相当于每英里减1~3美分，但不会像直接降薪那样引人注目"。[15]

自从货运公司开始探索按比例分成，《超速》刊登了多篇有关这个话题的文章，称越来越多的成功自营车主热衷于这种方式。这些文章引用 ATBS 员工的话，正面评价了 ATBS 的伙伴货运公司的比例分成制。与此同时，《商业伙伴》手册也增加了关于比例分成制有利于承包司机的文章。

ATBS 还提供企业制定薪酬标准所需的基准数据来协调雇主在劳动力市场的行为，从而减少劳动力竞争和司机流失。根据基准数据，公司可以参考同类公司的薪酬标准，从而尽可能降低薪酬，获取更多利润。但在向司机们解释薪酬问题时，ATBS 却暗示，公司对薪酬标准无能为力。下面是《商业伙伴》手册中暴露的一个"谬论"。

"神话5"：你的公司可以控制他们付给你的工资。公司对运费的影响不大，因为运费是根据市场情况决定的。[16]

而事实是，公司完全可以控制给司机的报酬，而且一直在调整支付给承包司机和员工的工资，以便在低工资和人员流失之间找到最优解。

ATBS出版一份服务承包司机的通讯。在这份通讯中，可能在与承包司机进行的一对一咨询中也如此，ATBS都以劳动力管理者的身份出现，他会提出一些货运企业永远不会向其员工提出的建议，比如时间管理。ATBS的建议恰恰是司机们力求避免的——他们建议司机们把牺牲在家时间视为商业投资。例如，节假日前往往是货运企业最忙的时段，也是货运企业最难保证车辆上路的时段，同时也是承包司机和雇员司机最想在家休息的时段。在一份通讯中，为了发展业务，ATBS提出了如下的建议。

没有人应该错过与家人团聚的节日，但保护自己的事业也很重要。您能做些什么呢？工作到年根儿。节假日前几天是创收的最佳时机。其他司机已经回家，而托运人急于将货物送走……在一月份补上错过的休假吧！您会因为尽可能多的工作而错过一个与家人团聚的假期，但您可以在一月份多休息一段时间，补偿您的家人（在货运不那么忙的时候）……如需更多建议、支持，甚至是一句欢快的节日祝福，请致电您的业务顾问。[17]

ATBS为承包司机们提供各种各样的建议，从假期到新的薪酬制度，帮助他们了解和应对这些问题。其通讯中的大部分建议都涉及削减卡车运营成本和家庭开支。它们建议承包司机减少信用卡债务、制定家庭预算、减少娱乐开销等。其中一份

第五章 寻求支持

关于如何减少家庭开支的文章开篇就说:"如果你的收入不错,但还是不够花,那么结论只有一个:你花得太多了。"这篇文章的结论是,"**简而言之,这取决于你的选择**①"。[18]可以看出,ATBS在这里鼓吹的是商务活动与家庭开支一体处理,薪酬所得要优先保证承包司机的业务需求。

除了省油,ATBS议论最多也是最明确的主题莫过于跳槽的成本。2010年的一份通讯专门讨论了为提高薪酬而跳槽的问题。

> [经济复苏和供应短缺将提高货运企业向承包司机支付的费用] 这将重新点燃自营车主跳槽的诱惑。跳槽的好处似乎显而易见——收入增加。然而,这在经济上并不总是可行的。如果您为ATBS工作过,您就会知道这不仅仅是钱的问题。跳槽的成本常常超过10000美元……我们可以帮助您算算账,或者您自己算一算,看看跳槽为什么要花这么多钱。许多自营车主在跳槽后失去了业务,还不明白这是为什么……你挺过了经济衰退,是因为你头脑清醒,很多事情做对了。你做对的事情之一就是选择了一家好的货运公司,并在困难时期不离不弃。在当时这是明智之举,现在也应该如此。招聘广告、签约奖金和新的薪酬方案都会诱使您更换东家,但在冒风险之前,要确保头脑清醒。[19]

---

① 此处重点显示为原引文所加。——作者注

ATBS对货运企业的最大卖点之一就是降低承包司机的流失率。要实现这个目标，ATBS的努力方向必是说服工人不要为了更高的收入承诺而离开。因此很难相信ATBS会为承包司机"计算"出其他方案。

　　ATBS实际上充当了货运企业的劳动力管理机构，有了它的帮助，货运企业就不必在劳动力市场上相互争抢承包司机。ATBS所做的就是在工作场所和劳动力市场影响承包司机对其雇主的行为。当行业的主要参与者试图重构劳动力市场制度时，例如将按英里计酬改为按比例分成，ATBS可以帮助他们找出实现这一目标的方法，然后说服工人这是一件好事。ATBS一直以来把自己塑造为代表司机们利益的财务和商务咨询专家，正因如此，它在工人中获得了信任。ATBS在形象方面做得非常成功，以至于成千上万的卡车司机愿意为他们的服务付费。

　　我遇到过的几位使用ATBS服务的司机，都是因为他们签约的公司推荐，或者公司给使用者予以补贴。我还在互联网论坛上读到过司机们对该公司的几十条评论。一般来说，对ATBS的会计服务多是负面评论，但似乎没有人质疑该公司业务的最终性质，或者该公司与货运企业之间的关系。在司机们眼里，ATBS就是一家为承包司机提供商务服务的公司，仅此而已。例如，在一次在线讨论中，一位承包司机想知道是否有人使用过ATBS的服务，有几十位承包司机对他的问题做出了回应。许多人表示对该公司的服务或价格不满意。最后，话题发起人回复了一条评论。

回复：感谢所有这些有用的信息。似乎没有人与他们有过良好的合作。如果是这样的话，他们是怎么做到这么大的？

最后评论：他们的销售策略很好，很多公司都会向司机推荐他们，甚至替司机支付费用。我们就是这样用上的。他们能做得这么大，让我很吃惊。[20]

为雇用承包司机辩解

雇用承包司机的货运企业还有一个障碍需要 ATBS 这样的第三方来解决：避免税务和法律方面的挑战。最重要的是，公司必须确保其与承包司机的关系符合使用独立承包司机的法律要求。使用承包司机最直接的成本优势是避税。货运企业使用承包司机可以避免支付社会保障法规定的工资税（社会保险和医疗保险）、工伤保险以及联邦和州失业保险。大多数劳动法不涵盖承包司机。因此，许多州和联邦机构，包括美国国税局、社会保障局、州和联邦劳工部以及全国劳资关系委员会，都要确保雇主不能将工人归类为承包司机，以逃避税收和劳动监管。

对于货运企业来说，不幸的是，这些机构对独立承包司机的定义非常复杂，如果不能确保合同安排符合这些定义，后果会很严重。声称货运企业对工人分类不当的集体诉讼越来越多，州和联邦层面的审计也日益严格。例如，2010 年，联邦陆运（FedEx Ground）① 遭遇集体诉讼。该案于 2015 年达成

---

① 联邦陆运（FedEx Ground）是联邦快递（FedEx）的一个子公司，2024 年已与联邦快递整合为一家公司。——译者注

和解，联邦快递同意向部分承包司机支付共2.25亿美元。2010年1月，针对美国联合包裹运送服务公司（United Parcel Service, Inc., UPS）的一宗诉讼达成初步和解，UPS向其660名承包司机赔偿1280万美元，人均超过1.9万美元[21]。利润丰厚的行业巨头承担得起此类和解费用，利润较低的货运公司则可能会因分类不当诉讼而破产。

因此，大大小小的货运公司通常都会就雇佣关系向专业的法律公司寻求帮助，以避免独立承包司机被错误归类为雇员。我访谈过两位公司所有人，为了节省资金和劳动力成本，他们都将自己的雇员司机转为承包司机。两人都告诉我，几年前他们就在考虑转型，但都由于法律问题放弃了。当这些企业主最终认为别无选择、只能雇用承包司机来保持竞争力时，他们转而向法律专家和第三方租赁公司寻求帮助。

在货运行业的错误分类诉讼和审计中，有两个起决定性作用的关键问题：对工作的掌控程度和对财务的控制程度。财务控制问题通常集中于盈亏的可能性和设备投资上。而货运归根结底就是投资卡车。

为了避免出现对承包司机的财务控制，律师建议货运公司通过第三方将卡车租给承包司机，第三方可以是空壳公司，也可以是类似ATBS这样的租赁服务企业。最大的行业协会之一整车货运企业协会曾发表一篇由租赁专家撰写的文章，题为《自营车主贷款计划提升盈利能力》，这篇文章描述了第三方公司的作用。

雇员司机流失率居高不下，新司机就职成本也持续增加，值此之际，拥有自营车主设备租赁计划的货运公司可以更成功地吸引和留住成熟可靠的自营车主……租赁方案不仅可以吸引自营车主，货运企业还可以借此免除或减少许多与雇佣关系相关的成本，如带薪休假、医疗保险和其他福利……［其他好处包括］降低资产负债表杠杆率、改善现金流、减少保养费用、增加设备处置的销售收益、减少培训费用、提高驾驶员忠诚度等。与经验丰富的租赁公司合作制定贷款计划，可以把变更司机合同的不确定性转嫁给租赁公司……简而言之，通过与第三方合作，贵公司将获得诸多好处，风险却微不足道。[22]

如上文所述，专家们不仅帮助公司远离租赁的法律纠纷，而且还向企业推销承包制。他们给客户提供各种新商业模式，也提供竞争对手的行为信息。例如，鉴于对独立承包制的执法力度和立法审查力度加大，专事劳务纠纷的律师事务所现在鼓励客户进一步"优化"合同，探索其他适用法律。在最近一次由《商业伙伴》主办的关于承包司机法律地位的会议上，一位税务律师强调，货运公司有必要仔细审查各种雇佣关系特征，发现隐藏风险。最后他说，目前有关合同的立法不仅定义重叠，而且执行机构叠床架屋，相关法律密不透风，使得关于合同的辩护步履维艰。

当下［起草合同］与其说是一门科学，不如说是一门艺术。重要的是你自己……想清楚在整个控制问题上你想怎么做……关键不在于你做了什么，而往往在于**你怎么做**。[23]

这位律师还评论了两种最有前景的可能策略，可以尽量降低承包司机被误归类为雇员的风险。这两种策略是：利用劳务租赁公司，由其承担雇主的责任；或者让承包司机正式注册为有限责任公司（LLCs）。他讲解了让承包司机成立有限责任公司的好处。

另一种模式是，货运企业鼓励自营车主自立门户（注册为货运公司），然后出租设备给大型货运企业的车队，并提供专门服务……［最近，与我合作的几家大型货运企业］都在考虑采用这种模式来对冲风险……我建议［公司让自营车主成立有限责任公司］。我并不是说一定要这样，但肯定是个依据，必要时你就可以说："我们鼓励这个人注册公司，成立一个有限责任公司，这样我们打交道的就不是一个个体，而是一家企业，这是我们的要求"……我曾向一些客户提出过这样的建议，他们却说"这很麻烦"……当然麻烦，如果你告诉一个自营车主你希望他成立公司，你就得千方百计为他提供方便。[24]

从这段引语中可以看出，法律专家不仅为使用承包司机进行辩解，还一家家推行新的雇佣关系模式。这段话也清楚地显示出,即使税法和就业法发生变化,或现行法律的实施使承包模式吸引力降低,那些已经开始使用承包司机的雇主也不会立刻回归传统的雇佣模式。承包模式的诱惑实在是太大了,不可能不试试就放弃,何况一些雇主已经在这样做了。[25] 这段话最重要的意义是,揭示了企业与潜在承包司机们之间资源的巨大落差,也表明企业及其顾问们充分认识到他们能够塑造新的就业体制,也能说服工人接受新的体制。

第三方合作伙伴网络可以协调雇主们在劳动力市场上的行动,并代表雇主直接介入招聘、培训和劳动力管理事务。它还是雇主集体的工具,监控、试验并改进新就业体制的实践,并在必要时保护这套制度安排免受政府的干预。历史上由工人组织和工会在工作场所和劳动力市场承担的许多职责,现在由这种制度安排承接下来,那些劳工主导的机构已经不复存在。

难乎为继的承包

承包体制让司机们感觉自己对工作有更多的掌控,经济剥削也更少,但这只是留住并剥削那些辛勤工作的司机的手段。无一例外,但凡做过承包司机的人,最后都会把这段经历和辛苦归结为"为卡车而战"。最终承包司机总是要离开,公司及其第三方合作伙伴采取的所有管理和挽留措施,只是把这个结果延迟一段时间。

有些司机一旦承包就是好几年,他们努力工作,希望一切都会好起来,但最终他们确信自己应该回到雇员的身份,或者找一份新工作。一位已经承包了若干年的司机描述他目前的境况时说：

> 我们付出了大量的时间，却得不到回报，没有人真正得到过回报。有好几天，我都是花钱请人替我干。我沮丧地坐在那儿，心想我这么做到底是为了什么？作为一名雇员司机，有些时候你实际上是在白干。不过作为自营车主，这样的日子也不少。一次故障就花掉两个月的油钱，甚至更多，或者让你关门大吉……我买卡车的时候没有付首付，也没有准备任何维修费，所以只能自己动手。他们会直接从我的工资和预付款里扣钱。因此，有好几周，为了让卡车上路，为了维持生计，我都没给家里一分钱，所以家里的账单都拖欠下来了。

对许多司机来说，承认承包没有带来最初所希望的结果，就意味着失败，但回去做雇员又犹如伤口撒盐。但是，在几年残酷的现实教育之后，承包司机的信念发生了变化。首先，他们开始相信，要想实现签约时被承诺的好处，恐怕得搭上自己的余生。

到这个时候，他们也开始认为公司就是恶魔，而不是什么有价值的合作伙伴。这些承包司机们表达了对不公正待遇的不满，开始谈论公司如何撒谎和虐待司机。不过他们仍然认为，雇员的处境更糟。他们承认不能挑活，工作时间也不能从心所欲，可有些人还是坚持说自己比雇员更独立，因为只要愿意，无论付出什么代价，他们都可以行使控制权。他们普遍认为自己是比雇员更好的卡车司机，因为他们承担了更多的风险和责任，完成的工作量也更大。承包司机们并不掩盖他们比雇员更辛苦的事实，尤其是他们跑的里程数，不过他们以此为荣。在他们看来，成为一名成功的承包司机是对一个人工作能力的终极考验。另一些人并不觉得作为承包司机有什么可骄傲的，他们只是想获得雇员所没有的尊严。这样的承包司机谈起毛收入、额外成本、潜在风险以及自己得到的微薄利润，通常是痛心疾首。

与刚入行的承包司机一样，一些资历尚浅的承包司机对自己的定位也自相矛盾，暴露出他们对企业的屈从。他们声称自己是独立的、敢于承担风险的小企业主，但说起话来却总是像个雇员。他们像雇员一样议论公司在新合同中给他们"加薪"的可能性，而不是讨论如何与公司重新谈判他们的服务费率。另一些人则抱怨自己要承担所有运营成本，还受到市场的制约。以下是访谈中这些司机的回应。

我：承包司机面临的最大问题是什么？

司机：燃油价格高，成本高。自营车主不应该有成本。他们有签约的公司，公司应该支付他们的成本。

我：如果你要［换公司］……如果要租给别人，你想要什么条件？

司机：我希望他们能承担相关成本。确保我能挣到钱，给我的钱足够支付成本，这是由工作产生的。不能由我的公司（即司机本人）承担所有费用。不能是他们拿走利润，我承担损失。这就是我现在的情况。我一边跟你说话，一边在想，我他妈到底在干什么？就像我说的……我想，现在就是挣个本钱，勉强糊口。

陷入困境的承包司机将他们境遇归咎于政府对其工作的限制、税收负担，或剥削性的客户，而不归咎于他们的租赁公司。他们相信，制约他们发展的某些因素是结构性的，尤其是企业的规模，但是对自身与大企业之间的经济关系却甚少批判。总体而言，这些司机信奉自由市场原则，认为自己的劣势是竞争的自然结果，与阶级力量无关。他们并不怨恨那些建立了当下主导货运市场的大公司的成功者。他们认为这些人的成功是聪明和努力工作的结果。不过他们相信一旦公司"太大"，政府就会干预，其中某些人认为政府想要的是一个寡头垄断的市场，以便控制工作时限和税收。

一些心怀不满的普通货运承包司机（大多数人都是从这里起步的）会转向其他货运领域，特别是平板运输和冷藏运输领域，希望那里的收入更高一些，但往往徒劳无功。极少数承包司机认识到定价的重要性，想要到更有利可图的利基市场一试身手，尝试风险更大的独立经营。但大多数承包司机认为，他们没有资源和知识，不靠发包公司就无法开展业务。自己干风险很大，而且还涉及寻找货源、费率谈判和让经纪人付款等很多工作。当我问一位司机是否考虑过独立经营时，他说：

第五章　寻求支持

独立运营需要付出很多。因为一切都要自己负责，在你牌照下的一切。我可能是第一个告诉你还没准备好的人。了解法律，了解运营的方方面面，了解经营方式。失败概率大概是90%。

还有一些承包司机，他们拥有廉价可靠的牵引车。为了保持独立自主，或者说保持"尊严"，他们坚持做承包司机。这些司机想留在这个行业，但不想重做雇员。一位司机解释了他想继续做承包司机的原因。

我：那么，你觉得自己赚的钱［比公司司机］多吗？

司机：没有。

我：［如果你赚的钱不如预期］为什么还要继续做［承包司机］？

司机：主要是因为你是自己的老板。为了独立，你少挣了一点钱。自由比什么都重要。如果你为一家公司工作，开他们的车，你就得守他们的规矩。

不过承包司机迟早会体会到被剥削的感觉。

司机：你得到的报酬和你的工作量不成比例……如果你占用我的时间，如果考虑到我（花费）的时间，（公司给的那点钱）是不够的。自营车主并不能真正了解货运所涉及的成本。公司［雇用承包司机］就是为了免除其中的一些成本。

老工人都知道做一个承包司机会经历什么，也知道如何应对。但新承包司机往往不认识这些老司机，也没有任何机会交流，因此无法从他们的经验中获益。

早知如此

新承包司机和准承包司机对通过辛勤工作和做出牺牲来实现"美国梦"有着近乎浪漫的想法。我和他们谈得越多，就越希望他们的单车小企业能够在货运行业取得成功。但除了极小的利基市场外，成功从不曾眷顾他们。久而久之，工人们也就明白了这一点。一位承包司机从自己的失败中学到了经验。

> 司机：我认为 70%~90%（的承包）都是骗局。如果一家公司靠卡车赚那么多钱，他们为什么要把卡车交给你呢？如果他们说，"好吧，这辆卡车一年能让我净赚 2 万美元"，他们是不会把卡车给你的。他们会［派一名雇员坐车上，然后说］："这是我赚的 2 万美元，开支和司机工资除外"……如果对他们没好处，他们就不会这么做。
>
> 我：那么，如果你想给正在考虑［承包］的司机们一些建议，你会怎么说？
>
> 司机：我会告诉他们，不，别这么干。
>
> 我：你后悔了吗？
>
> 司机：是的。挣不到钱……你挣的钱和他们给你勾画

的租赁卡车的美景，不是一回事。

我：所以你认为公司从承包司机身上赚的钱比从雇员司机身上赚的钱多？

司机：哦，绝对！这就是为什么他们想要［承包司机］，因为他们能多赚一大笔。

老司机们知道，没有能使司机和货运公司都挣钱的承包制，对他们来说，这就是一场零和游戏骗局。他们也不同意关于承包司机比雇员拥有更多自由的观点。一位雇员司机描述了其亲朋好友的经历，说明承包如何导致更大的自律性和风险。

［承包］挣不到钱。等你付了车辆首付，买了保险，加了油，保养了车，钱就花完了。你还什么都没赚到。我有几个朋友曾经是车主，但现在已经不是了。他们失去了卡车，因为撑不下去了……他们现在都是雇员了……我有两个叔叔曾经有自己的卡车，现在都在给别人开车……他们以为自己可以当家做主，可以做自己想做的事情什么的……你做不到的。他们想出去按自己的速度跑。好吧，你可以跑上一年，然后你就再也没有驾照了，因为你收到了太多的罚单。而且油也烧得太多……所以成本更高……加上保养的钱……所有的钱都花在车上。没有一分钱是你的……当司机之前，我当过八年的机械师，我知道维修这些车让它们正常运转要花多少钱……像瑟莱克特（Select Express & Logisticst）这样的公司，所有这

些公司，伙计，他们就是这么干的。他们就是在坑司机的钱。对我来说毫无意义。你还是为他们干活，为什么不直接当雇员呢？……［承包］你也还是得［按英里开］……［事实上，］当你有了自己的卡车，你就不得不［开更多的里程］，因为你得不停地赚钱。根本挣不到钱。如果你真的赚到了钱，下个月准得来个爆胎什么的。在路上换个轮胎得花 700 美元。你挣的那点钱全没了。

186　老司机们认为，公司能诱骗司机去做承包人，就像上面那位司机所说，给他们画一个大饼，让他们觉得可以赚很多钱，是因为新司机不了解自己的劳动价值。老司机们把承包看作一份工作，而不是一门生意。只有当司机能够投资并管理他们的资产，使回报超出其作为司机的劳动价值时，这才是一门生意。老司机们的定义是，收益必须大到能证明为拥有一辆卡车所付出的额外工作和承担的风险是合理的。他们直言，承包制掩盖了司机的劳动价值，导致了低薪酬。当我问一位来自亚利桑那州的 50 岁白人员工——曾经 10 年的老承包司机，对考虑成为承包司机的同行有何建议时，他说：

> 大约 75% 的（承包）司机都是新手。你来这里工作，每小时挣六七美元。你领到工资回家，"看，300 美元！"他们骗你［买了一辆］车，再拿到工资时，你赚了 600 到 700 美元。这可是一大笔钱，尤其是当公司送他们去上学，6 个月后他们就成了车主。就像我说的，你至少要有初始投资，

第五章 寻求支持

你必须心中有数——**他们都没有想清楚**——你必须赚到比你作为雇员司机赚到的多得多的钱。就像我说的，作为一名司机，我赚了 54000～55000 美元，今年接近 60000 美元……［承包司机］要想赚到这些钱，必须有 200000 美元的毛收入。现在人们可能会说，"哦，我去年用这辆卡车赚了 130000 美元"。**是的，你是赚了。是的，你是赚了**。你赚的是 30000 美元！我干太多次了……我［三次拥有卡车］……如果有人问我，我要说的第一句话就是："别，别干这个。"

读者可能会问：如果承包司机并不比当雇员好，为什么一些人还是一直做承包司机？这也是很多新司机的问题。货运公司会说，这正说明承包是好事。但我遇到的最老资格的承包司机却不这么认为。比尔（Bill）是一位 62 岁的白人男性，有超过 34 年的驾龄，其中包括十多年的承包工作经验。他现在是雇员司机，在为数不多的几家大型整车货运公司中的一家工作，薪水很高。他上一年的收入约为 55000 美元，而且每个周末都能回在俄亥俄州的家。比尔向我解释了他为什么成为承包司机并干了那么长时间，尽管他所追求的金钱和自由总是与他擦肩而过。

比尔：你看自己车的毛收入，看着相当不错。但是你仔细一算，把所有的花销加在一起，你才会发现经营这辆卡车要额外花费多少钱，这些看不见的钱，你从来没想到过……

我：那你为什么不在最初的几次租赁中就搞清楚呢？

比尔：看起来总是很美……看起来你能挣到钱……

［你会想］"如果我买一辆好点的车，如果没那么多故障，停的时间少一些，情况可能会好很多"……事情变成，有活就得干，每天、每周，有就干。不可能说，"哦，我是一名自营车主，这儿也不去，那儿也不去"，一旦你被所有的花销和贷款捆住，一两个星期付不出，你就完了……自由就是神话。如果你的卡车出了故障，你回家，整个周末都得用来修车。不管这辆车有多新，总有些地方需要修理……你要修理车灯，检查这儿检查那儿，如果不修理刹车，就要调整别的，每个周末卡车上都得增加点新东西。［承包司机］认为他们有更多的自由，想去哪里就去哪里，想什么时候去就什么时候去。哪有这回事！

拉里（Larry）是我遇到的最有经验、最成功的承包司机，他可以算是另类。他是一名白人男性，55岁。不像其他长期从事货运的司机，拉里的体重并没有增加。他已婚，孩子也已长大成人。他在去管制化之前就开始做承包司机，他认为当时公司给承包司机的条件比现在好。如果说有所谓承包司机之梦的话，那么拉里就是梦想成真。他总是买彼得比尔特，在需要大修之前就把它们换掉。拉里喜欢钓鱼，每年夏天都会休一个月的假去钓鱼。8年来，他与一家液体罐车运输公司签订了一份非常好的租约，为一家大型制药公司运输化学品。他每个周末都会回位于印第安纳州阿提卡的家。在我访谈他的前一年，拉里赚了66000美元，和我访谈过的收入最高的雇员司机差不多。他也认为，公司雇用承包司机是因为他们更便宜。他说，他的收入那么高，只是因为那一年他不需要付卡车贷款。当他有贷款要付时，一年也就挣 45000 美元左右，远远低于从事同类工作、技术相当的雇员司机。他将自己的成功归功于最初几辆卡车"幸运"地不需要太多维修、牺牲了 20 多年家庭生活、然后签约了一个利基市场，服务于一个愿意出高价确保可靠性和安全性的托运人。现在，他获得了卡车的产权、每年四周的假期，以及一份他所称的"老人的工作"。

拉里是一个成功的承包司机，但他明显对所付出的感到后悔。

> 人们一直告诉我，我永远也付不起［我的第一辆卡车］。胡说八道！我买下了一辆。大概是 4 年后，我付清了。又过了两三年，我买了一辆彼得（彼得比尔特）。然后我又买了一辆彼得……就像我说的，在家的"周末"就是周六回家，周日出门。这就是自营车主的生活……而且我一干就是很多年。抚养孩子？孩子几乎是妻子一个人带大的。我露个面，大概一周一次。通常你到家时精神紧张，要花几个小时才能放松下来。就是这样。所有那些破事，你都要花上一段时间才能放松下来。后来孩子们都出去了［拉里停顿了一下，看着窗外，深吸一口气，又长出一口气］……好了，后面就简单了。

在我的受访者中，拉里的承包资历位列第二。当被问到如果职业生涯重来一次，他是否愿意再次选择成为承包司机时，他给出了如下回答。

挣不到钱。这是一个残酷竞争的世界。这很难。现在比几年前更难，而且会越来越糟，因为有很多人［承包］，白忙活。他们拉货，什么也没挣着。我不知道他们是怎么干的……低价运货的人……好像比我还能干。我看不出这么干有什么好处。

结　论

本章阐释了雇主和劳动者在理解和塑造卡车货运业劳动市场的方式之间存在巨大反差。雇主通过与第三方网络合作，避免了彼此间的竞争，并在与工人和监管机构的博弈中占据上风。而当卡车司机做重要决策时，面对的是一系列混乱且相互矛盾的意见和大量错误信息。老司机和自营车主独立驾驶员协会（OOIDA）是优质信息的来源。OOIDA是一个大型倡导组织，它与行业内许多最恶劣的弊端做斗争，并试图引导新司机远离那些骗人的制度安排。OOIDA通过一档广受欢迎的广播节目和一本杂志，提供了一些司机们可得的独一无二的高质量和准确的信息。遗憾的是，最需要这些信息的新司机们往往不知道有这么个组织，更不可能成为会员。除了最近的集体诉讼外，OOIDA向各种最恶劣的滥权行为提出了严重挑战，不过，它归根结底只是一个自愿加入的保护承包车主和自营车主的会员组织，在类似经济大衰退这样的严峻形势下，OOIDA拒绝支持司机们采取诸如拒绝向雇主提供劳动力这类的集体行动。

第六章　"世上再无吉米·霍法"
绝望的司机和分裂的劳工

2008年3月一个寒冷的雨天，我和迪安（Dean）一起参加了抗议高油价的车队游行。迪安是一个在东北部从事普通货运的承包司机。2007年初，迪安差点在一次严重的卡车事故中丧命，这次事故导致他一年无法工作。在那段时间里，他获得了宗教觉醒，开始相信他的使命就是通过民用广播向卡车司机传播福音。在我们出发前几个月，迪安用事故赔偿金付了一辆1998年产的国际鹰（International Eagle）牵引车的首付。这台车曾经很棒，但现在却需要大量昂贵的维修。尽管如此，即使在阴天，这辆卡车的黑色外观依然熠熠生辉。从前保险杠到后挡泥板都是镀铬装饰。这辆车看起来和我小时候最喜欢的玩具牵引车一模一样，是一辆经典的自营车辆。

迪安在言谈话语中都透着为自己卡车的良好车况感到自豪。这是他重生的具体体现。在驾驶室卧铺的一侧，有一个白色十字架，上面用樱桃红字母写着"卡车司机基督会，CB7频道"[1]，稍靠后的地方还有一行字："自营车主迪安·史密斯"。这些字母较小，但颜色和风格与驾驶室门上的广告相匹配，广告是迪安签约的货运公司及其授权标志以及交通部颁发的 DOT[①] 号码。

除了个性化的刻字外，迪安对牵引车唯一的升级就是安装了一台顶级的 CB 收音机。几个月来，他一直在为卡车司机的婚姻、个人和财务问题提供咨询，并在工作时通过 CB 传播福音。当我们跟随车队前进时，迪安告诉我，这项工作让他感到非常满足。但他坦言，最近他的脑子里一直萦绕着自己的财务问题。随着燃料价格的飙升，他的大部分货运业务都在亏损。他从货运企业那里收到的燃油附加费甚至还不够支付额外的燃油成本。雪上加霜的是货运量也在下降，迪安很难接到活。几个星期以来，他不拒绝接到的每一单活，但也仅够支付卡车的分期付款、保险费和其他跟车有关的费用。他现在用妻子的部分收入来购买燃油。虽然迪安认为他的信仰正在经受考验，但他相信上帝不会用财务问题来考验他。迪安把责任归咎于石油工业。

由几百名承包司机组成的车队驶向宾夕法尼亚州首府哈里斯堡。卡车包围了国会，台阶上的演讲者向几百名支持者发表了演说，这些支持者大多是抗议者的家属。他们要求州政府降低柴油税。他们强调高油价已经影响了工薪家庭购买商品和服务，并抨击华尔街投机者操控了石油市场。他们要求进行调查。但是，没有一位发言者指出，货运公司决定了承包司机的报酬和燃油附加费，承包司机生活困难，货运公司也有责任。

[①] DOT 认证是指美国政府颁发的认证或合格证明，用于确保车辆、设备或运输工具符合国家标准。——译者注

第六章 "世上再无吉米·霍法"

在活动结束后,我参加了组织者的一次会议。组织者认为抗议活动取得了成功,并发誓这只是全国性卡车司机运动的开始。

当晚,我驱车前往匹兹堡,那里有一群钢铁运输承包司机邀请我去见证他们正在进行的多日停工——他们称之为"罢工",尽管他们都是承包司机,并没有法律意义上的雇主,故罢工无从谈起。路上,我在一家大型卡车驿站办理了入住手续。在那里,承包司机们坐在停驶的卡车上,通过无线电恳求雇员司机们停止驾驶。他们所能提出的最有力的理由是:高昂的燃料成本也会转嫁给作为消费者的雇员司机身上,他们也将遭受损失。但这并不能说服雇员们停止工作。雇员们通常表示同情,但认为高油价与他们没有任何关系,作为雇员,他们并不支付燃油费。

最终,承包司机们在美国少数区域采取的零星行动没有对货运行业产生明显影响,承包司机们在数小时或数天内就重新开始工作。在接下来的几周和几个月里,发生在美国各地的其他行动都遭遇了类似的结局。除了卡车司机工会之外,OOIDA本应是支持承包司机停工的唯一组织,但它拒绝支持停工。OOIDA的长期领导人吉姆·约翰斯顿(Jim Johnston)承认,许多组织成员都在鼓吹罢工,但他态度坚决地予以拒绝。他将这种情况称为"货运行业的噩梦",他指出,虽然一些卡车司机已经"走投无路",但另一些司机却获得了更高的燃油附加费。他说,OOIDA不能号召罢工,因为它只是一个行业协会,而不是一个工会,支持罢工可能会被诉违反反托拉斯法。约翰斯顿认为，停驶的司机会蒙受损失却一无所获，因为许多司机不会参与停工。他的结论是，号召罢工只会暴露协会的软弱和分裂。[2]

大衰退中的风险转移

2007年春，我完成了第一轮访谈。在我看来，很明显，源源不断的新工人和新承包司机瓦解了劳工队伍，使得工人们无法采取集体行动保护自己。不久之后，迪安和其他20多万像他一样的承包司机的惨痛经历有力地证明了这些结论，同时也将货运企业自肥的真相暴露于世。2007年底，全美柴油价格暴涨，2008年大部分时间都居高不下。与此同时，随着经济陷入衰退，货运量和运费开始下降。业内专家认为，这是自去管制化以来货运行业遇到的最糟糕的市场状况。货运公司迅速行动起来，他们经受住了暴风雨：在两年内，一些最大的公司再次获得较高的利润。它们的措施是，迅速缩减劳动力规模，将许多成本转嫁给工人。承包司机是第一批受害者。

当燃油价格快速上涨时，货运企业会在客户的账单上增加一项燃油附加费（或提高现有附加费），以帮助支付额外的燃油成本，但这些附加费往往跟不上价格上涨的步伐，大部分差额被转嫁给承包司机。[3]更让承包司机头疼的是，货运企业往往不支付与装载里程无关的燃油费（如空驶里程或怠速时）。较高的燃油成本让承包司机每周来不来就损失数百美元。与此同时，货运量也很低，为了拉到货，承包司机不得不行驶大量空载里程。因此，新闻媒体上充斥着这样的报道：承包司机

第六章 "世上再无吉米·霍法"

2007年收入4万美元,而2008年只有1万美元。[4]

在大衰退期间,货运行业经历了历史上最严重的一次动荡。这次动荡与以往有所不同。据估计,2006年至2010年间,20%的独立承包司机运力(约5.5万辆卡车)退出了长途货运行业。[5]数以千计的小微运输公司倒闭,20%的整车运力被整体清除。[6]但是大公司几乎没有受到影响。以往的经济动荡通常会导致数十家大公司破产,而这次只有少数几家高负债率大公司遭遇不幸。

从2007年开始,大型货运企业对其车队进行了大规模的缩编,规模之大令人吃惊。他们停止更新公司卡车,让承包司机承担更大份额的卡车成本和风险。一些公司为了摆脱资产负债,将卡车出售给员工,改为使用承包司机,导致二手市场上打折卡车泛滥。随着公司停止雇用员工司机,员工流失率降至去管制化以来的最低水平,货运企业很快又开始大幅削减雇员司机的薪酬。几家大型运输公司不再培训新司机,并关闭了他们的卡车驾校。到2008年,大公司通过调整劳动力供给,并将风险转嫁给承包司机来抵御经济衰退的作用已经显现出来,上市公司的股票价格开始上升。2008年可以说是去管制化以来最糟糕的年份,数以千计的小公司和数以万计像迪安这样的承包司机被淘汰出局,但100家最大的货运公司中只有两家停止了运营。[7]2009年,该行业仍面临着需求急剧下降的局面,小公司和承包司机继续被淘汰,雇员工资也持续下降,不过最大的货运企业都实现了盈利。到2010年,大型运输公司的利润创下新高。简而言之,尽管没有经济法规或强大的劳工合作

194

237

伙伴的帮助，最大的那些货运公司似乎都做到了历史上不可能做到的事情：安全度过了货运行业臭名昭著的波动性风暴。渡过难关的两大法宝是，灵活且驯顺的劳动力供给，和将巨额成本转嫁给承包司机。

一些货运公司的存活和成功实际上部分得益于危机期间燃料价格的飙升。正如客户支付的燃油附加费跟不上燃油价格的快速上涨一样，附加费也跟不上价格的快速下跌。2008年9月中旬，燃油价格是每加仑4美元左右，年底降至2.30美元左右，其间，货运企业并没有将从托运人处收取的超额费用全部转给承包司机；相反，他们套现了。[8]当货运价格和燃油市场发生变化时，公司从燃油附加费赚取了利益，而承包司机承担了损失。

同样，大企业通过合作控制新雇员司机的招聘和培训、统一全行业薪酬，以减少对新雇员司机的竞争，借此在经济衰退时将风险转嫁给工人，市场向好时将好处留给自己。遗憾的是，目前工人个人或集体对此均无能为力。

再无吉米·霍法

卡车司机有诸多不满，排在前位的是低工资、大量无偿工作以及长时间离家在外。雇员司机和承包司机几乎都认为，这些问题非常严重，卡车司机应该采取集体行动来解决。

当我问司机们应该如何解决这些问题时，绝大多数人都建议罢工，认为罢工成功将产生巨大影响。大多数司机说：

第六章 "世上再无吉米·霍法"

[如果卡车司机罢工]，这个国家就会瘫痪。卡车拉动着这个国家，到那时，就有人关注卡车司机的需求了。卡车司机应该获得更好的工作条件和更高的收入。

与我交谈过的每一位卡车司机都同意，他们在经济生活中的地位非常重要，卡车司机的集体行动具有破坏经济的潜在力量。

遗憾的是，员工的高流动性以及承包制的盛行，导致了该行业工人力量的碎片化，阻碍司机们组织起来。我访谈过的司机都表示，成功罢工的可能性微乎其微，因为司机们无法就罢工的目标达成一致。他们无法形成统一的发声。

这就像一个老笑话："拧一个灯泡需要多少个司机？没人知道，因为他们争论不休！"货运行业中最糟糕的就是司机们自己。我们是自己最大的敌人。我们没有组织。即使大家能聚在一起说："好吧，我们要停运一周，"但是停运的目标达不成一致。他们想要更低的油价，还是想减少监管？他们想改变工作时长？还是想要更高的运费？

司机们的议论可能是正确的，即使有一个组织或一个可以持续对话的论坛，司机们也很难达成一致意见。虽然大家都认为最终目标应该是提高收入、减少工作时长和离家的时间，但承包司机和雇员司机对于哪些人应该参加行动、谁是他们的对手和盟友，以及罢工的诉求有着根本不同的理解。

196　　新承包司机们的诉求很可能是，让政府降低燃油成本，和/或尽量减少对工作时长和安全的监管。他们认为这些是提高卡车司机包括雇员司机收入的关键。

　　我认为政府需要介入，只要政府降低燃油价格，自营车主立刻就能赚钱。公司也会省下一笔钱，因为不需要再往油箱里扔钱，反过来还可以给雇员司机分点钱。

新承包司机将自己视为小企业经理人，因此通常认为，货运企业应该参加行动，大家一起对付托运人和政府。他们普遍认为，最有效（如果不是唯一有效）的策略是让货运企业出面组织一次停工。

　　［卡车司机们］坐在一起聊［罢工］，但实际上没有人能够真正把他们召集在一起。必须有人去找所有的大公司，跟他们说，"嘿，停工吧"。

一些新承包司机认为，承包司机之所以组织不起来，主要是因为他们看重自己的独立性，他们就是为此选择这个行业并成为承包司机的。参加一个组织的集体行动与他们的初衷背道而驰。这些司机说，卡车司机没有工会，是因为他们不想要工会。

　　［我们应该］组成车队，停在高速公路上，堵住高速

公路，他们聊的都是这个。罢工，那是行不通的。团结不起来，这就是为什么我们没有工会。每个人都是独立的。言论自由，司机自由。

另一位说：

[不合作]不是态度问题，而是卡车司机的独立精神……司机是真正独立的人。这也是司机们留在这一行的原因之一：他们是真正独立的人。

一些新司机相信，没有企业参与，承包司机也可以采取行动，但又担心员工司机会破坏这种努力。

自营车主就这个话题可以说上一整天。我们都同意应该[罢工]。但怎么让雇员司机停工呢？他不支付油费。不用为卡车买单。他只是在外面跑里程。他只关心赚钱。对我们来说，是的，运费，油钱，这些都会影响我们，但对他们来说，都不重要。公司支付一切，他们想烧多少油就烧多少油。

罢工需要组织手段，需要执行纪律，还要在罢工期间争取财政支持，一些新承包司机认为得有"类似工会的东西"。但其他承包司机拒绝接受这一观点。在他们看来，即使是"类似工会的东西"也会剥夺个人自由，这个东西是利己的。一些新承包司机特别指出，工会司机会成为罢工成功的障碍。

> 有太多的雇员司机不会参加（罢工）。有太多的工会司机，我知道，他们不会参加罢工……他们舍不得那一美元。

另一方面，老承包司机认为，新承包司机在经济上的脆弱性才是关键问题。

> 你告诉一个自营车主，"我们将在4月30号罢工"。他张嘴就说："我可不能一停两三天"……如果你连两三天或一个星期都不能停，那你退出这行得了。但他第一反应就是这个。

资格最老的雇员司机和承包司机只关注工资和工时，认为根本问题是公司和行业结构。他们认为控制了劳动力市场才能提高工资，而工会是提高工资的唯一有效手段——尽管有些人不愿意承认工会的力量。一位雇员司机表示：

> 我们应该成立一个工会，一个真正的工会。你知道我们会有多少会员吗？我们将成为这个国家最强大的工会。这是唯一的办法。我们必须将命运掌握在自己手中，因为没开过卡车的人都不知道我们是干什么的。

第六章 "世上再无吉米·霍法"

工作年头最长的司机们坚定地认为，只有工会才能帮助卡车司机。这些司机知道，IBT 曾经给司机们带来很多利益，即使那些不是工会成员的司机也跟着沾光。一位去管制化之前的老承包司机，本人从未加入过工会，他说：

> IBT 有权时，我的收入还不错。吉米·霍法是个奸诈的人，地球人都知道，但他对这个行业贡献最多。是他让工资变得公平。在此之前，卡车司机都快饿死了。他自己几乎只能勉强养家糊口。是［霍法］让卡车司机们拿到了可以维持生计的工资，甚至比平均工资还要高一点，因为我们几乎是拼了命来干这份工作的，他的到来改变了一切……我想，这里的大多数司机都支持 IBT 重掌权力。

其他老司机也认识到并痛心地感叹如今工会权力和影响力的缺失。

> 我曾经是 IBT 底特律会员——吉米·霍法的［地方］299 分会。那时它是一个工会，现在它徒有虚名。今非昔比。以前，工会为你说话。公司尊重工会。现在，［公司］只会嘲笑工会……［现在的工会司机］福利可能还是多点，退休待遇好一点，但和过去比差多了。我觉得，如果一个人没有加入工会……［雇主］可不会因为喜欢他而付给他多少多少工资。只要有可能，雇主就会给你最低的工资。

老司机们对组织长途货运司机工会最为悲观，尤其是考虑到来自公司的阻力。

有工会，就是那个IBT。问题是公司绝对不允许工会进入。

即使是那些迫切希望成立工会的雇员司机也认为，没有全行业工人的一致努力，成立工会几乎是不可能的。

［工会］不值得一进。现在不值得了。你得不到工会的支持，工会里没有足够多的司机，控制不了任何事。你可以在某种程度上争取提高本地的工资水平，争取更好的工作条件。［但是］你必须有一个力量比他们更强大的工会。［否则］你一罢工，公司可以想找谁找谁。

虽然有一些经理和行业分析师津津乐道于公司战胜了工会，但大多数人并不像一些司机所说的那样嘲笑工会。自去管制化以来，IBT没有组织过针对长途整车货运企业的大规模活动，不过他们在零担运输业和联合包裹运送服务公司（UPS）中确实保持着重要的影响力。最重要的是，近年来，IBT在美国几个主要港口组织了数次大规模卡车司机行动。[9]其中一些引发了公众对独立承包体制的批评甚至法律挑战。大型整车货运公司害怕IBT进入，对工会严加防范。新司机都要接受大量的反工会培训，而ATA更是大力游说，反对简化组织工会的条

第六章 "世上再无吉米·霍法"

件和程序，他们还竭力为承包制辩护，因为企业认为承包制是对抗工会化的重器。[10]

新承包司机认为，司机之间价值观和视角的不同是集体行动的主要障碍，老承包司机则认为，公司故意挑起承包司机和雇员司机的对立，分裂司机群体，以防止集体行动。

> 司机们……被搅得太乱，彼此不相往来，所以〔司机们〕做不了什么。他们甚至不让我们——即使是雇员司机——他们不喜欢我们很多人围坐在同一个停车场或同一个卡车驿站。他们不想让我们聚在一起。因为你们聚在一起，就可能出乱子。如果你把他们分开，挑唆一下，对其中几个人好一点，他们很快就能找出谁是麻烦制造者。

老司机们都说，要战胜雇主对工会的抵制，最大的障碍是司机的高流动性和新司机的不断涌入。老司机们认为，最重要的是，公司正在"商业驾照制造厂"中"批量生产"新司机，这使得公司能够控制劳动力市场，并轻易取代试图组织工会的司机。

> 不会成立〔工会〕，因为公司知道司机多得很，不稀罕。他们会把你赶走，找个学员来开车。

老司机们还确信，即使司机们能够在某个公司成功组织工会，也得不到多少好处，因为那些没有工会组织的公司，拥有廉价、灵活的劳动力，很快就会将工会化的公司挤出行业。

如果你想要得太多，总会有人以更低的价格（接活），**永远如此**。

最后，老司机们认为，鉴于行业目前的劳动组织方式，成立工会有如面对"22条军规"。① 卡车司机们要想控制劳动力市场，要想成功建立工会，就需要强有力的领导和彼此间的沟通，但是如果没有工会，或者至少是类似的机构，他们就没有领导，也没有沟通。考虑到卡车司机当下的工作组织方式已经与监管时期完全不同，这个挑战就更为严峻。

首先需要的是强有力的领导。必须有人……能够说服司机们团结起来。现在已经没有吉米·霍法了。我觉得这是最大的麻烦。如果有个人……站出来，人们愿意听他说，"不管对错，我都会支持他"。［但是］上哪儿找这个人？［去管制化之前］你可能认识一半的［司机朋友］，因为你做短途运输，每隔一两天就能见到他们。这样互相有个交流。［如今］你在这里遇到一个提货的司机……你**可能再**也见不到他了——你们可能再也不见面了，**即使你们在同一家公司工作**。我很少两次遇到同一位一起提货的司机。我们在同一个站台装货，然后就再也见不到了。这就是问题所在。"我只见过他一次，我不会和他站在一起。"

---

① 比喻一种两难选择。——译者注

所有老卡车司机都同意，要想成功提高工资和改善工作条件，需要克服的第一个障碍就是司机之间的隔离，而这种隔离有时是雇主故意为之的结果。

司机们该怎么办？

显而易见，老承包司机对行业有着更深入、结构性和高度批判性的判断，但这并不意味着他们拒绝雇主的主导地位，也不意味着他们可以避开雇主的主导地位。事实上，他们的观点显示了更彻底的顺从，在劳动过程中放弃自己的权利，确保不违逆雇主。这并不是司机们在自欺欺人，而是为了自身利益做出的策略性选择。他们不像新承包司机那样，将自己视为公司的盟友或合作伙伴。他们认为，在对抗性利益关系中保持经济实力的最佳方式是自己的职业态度。一位老司机向年轻司机描述应该如何对待自己的职业生涯时说：

> 不要着急。不要轻信（公司）的一面之词，要货比三家。外面有很多高薪的好工作。不要只看两三家……你的驾驶记录是最重要的。如果你有良好的驾驶记录，哪儿都要你，如果你想离开某一家，去另一家，你还可以提要求，告诉他们你的条件。因为**好司机**很难找，我指的是认真负责、细心、不损坏设备的人……这才是［好］老板想要的，他们想要的是一个会爱护他们的设备并及时把货物运走的人，仅此而已。他们要的是一个不会被开罚单的人。因为一旦被开罚单，不管是公司买单还是你自己买

单，保险费都会涨上去。

新承包司机和准承包司机喜欢使用信任、伙伴关系、诚实，甚至爱等概念来描述他们希望与公司建立的关系，但老司机不这么想，他们也没有兴趣与雇主建立个人关系。他们通常并不认为工作场所的常见问题是由老板或经理的个性或道德品质造成的。他们把雇主与雇员、经理与雇员之间的关系严格限制在经济领域。一位老司机这样描述他在一家大公司的工作。

> 我们不会一起去教堂。我们也不会下班后一起出去喝酒什么的。我为这些人工作，这就是我需要的。我为你工作，你提供给我工作，我就会为你工作。底线就是我的工资。这就是每个人的目的。不，我不想和你，还有你的家人去野餐。

对这些工人来说，不同公司、不同行业分支的唯一区别就是工作条件和薪酬。虽然他们承认雇主有好有坏，但要说某些公司对司机好些，是因为秉持某种价值观，他们必定嗤之以鼻。他们的看法是，公司有意模糊企业和工人之间的界限，以此来操纵司机。一位司机对其雇主的广告评论道：

> 他们说你是家庭的一员。一个有14000名员工的大家庭，你怎么成为家庭成员呢？别指望调度员会给你一个拥抱。

这些工人相信，他们的劳动价值是由他们工作的领域，以及愿意并能够在这些部门工作的有能力司机的稀缺性决定的。他们坚信，在经济利益上，他们与企业的关系是对立的，但他们也确信，好的公司要想留住技术好、无不良记录的司机，就必须善待他们。他们认为，工人问题的主要原因是，在可以使用廉价劳动力的市场，雇佣关系总是向企业倾斜。这些司机倾向于把产业内某些市场存在的恶性竞争或过度竞争，视为造成整个行业劳资关系变化的根源。

一位司机对自己劳动价值的评估是：

> 他们不想付你高工资……我们这个年纪的人之所以还有工作，是因为他们找不到其他人，所以才留着我们……他们得挣钱，才能支付所有员工的工资。另外，这些公司大部分都是上市公司。在股票市场上，股东是第一位的。他们挣钱的唯一办法，向这些股东展示利润的唯一途径，就是压低司机的工资和福利。这就是底线。经济，经济：他们就是想把所有的钱都装进自己的口袋，肥了自己。

结论：卡车货运行业的阶级关系

货运行业的历史可以看作是司机和货运企业之间为控制工作条件和薪酬而进行的斗争史。双方的实力、可供选择的策略以及这些策略带来的利益，在很大程度上取决于行业的经济状况和政府监管。在政府监管的年代，当零担运输在行业中占据主导地位时，货运企业和IBT合作，保证了工作条件和雇佣关系有利于双方。去管制化之后，零担货运企业的盈利能力下降、长途整车运输业崛起并繁荣，与此同时，美国历史上最强大的工会一蹶不振。整车货运公司一度利润微薄，并受到市场需求波动的影响，但在过去的几十年里，大型货运公司开发出成功的商业模式，不仅获得了可观的利润，还为保护自己的利益，将风险转嫁给了极其脆弱的劳工人群。

这一重大的转变源于雇主针对劳工的持续集体努力。为了降低成本、转移风险、留住司机并防止工会化，货运企业处心积虑地推动向承包模式的转型。从招募和培训开始，他们就以个人和集体的方式向员工传播精心设计的话语，鼓励他们成为承包司机。而卡车司机方面缺乏有效的反制措施，大多数新司机只能在卡车驿站听到反对承包的言论。尽管行业内损害承包司机利益的故事比比皆是，但严酷的教训并没有在司机们之间有效传播，而货运企业一方则不懈地为抹去工人的记忆而努力。几十年来，工人、工人利益倡导者，还有负有监管责任的政府听任货运企业为所欲为，与此形成鲜明对比的是，企业一方，作为与劳工相对的阶级，建立了包括专业律师、会计师、媒体机构和基准测试公司在内的协作网络，共同为增进自身利益而努力。

货运企业与各种机构的集体行动，亦可称合作，通过完美的配合和优质的信息，肢解并削弱了工人队伍。它不仅控制了工人，还引导着工人。它改变了卡车司机在某些职业阶段的核心身份认知，让他们相信自己是小企业主而不是工人。承包司

第六章　"世上再无吉米·霍法"

机因此把自己的利益与公司捆绑在一起，而与雇员司机实施切割，哪怕他们是为同一家公司开车。企业联盟还用普遍性话语重塑了工人看待经济关系的方式，工人因此否认行业中可能存在着基于阶级利益的对抗。这不仅掩盖了行业中不平等阶级力量的来源和后果，同时也降低了工人为自己行使阶级权力的可能性。

承包话语把资本主义的核心象征范畴——所有者，推及至承包司机。从定义上讲，所有权赋予了控制生产和获取利润的权利。但是，当承包司机试图行使这些权利时，企业常常无视承包司机的自我认同，使用强制性的法律和金融手段来确保自身的主导地位。

从历史上看，货运行业经历了一个阶级关系不断变化的过程，这个过程可以理解为一系列的集体努力。第二次世界大战前后，货运企业与IBT之间开始了最初的斗争，之后的几十年里，受监管的企业与工会建立了联盟，资本和劳工都因此获益匪浅。这一联盟有两个重要基础：一是劳工有能力阻止其他类型劳动关系的发展（如更多地使用自营车主），二是受保护的市场——通过限制市场上企业的数量保护雇主利益。IBT鼓励工人支持工会领袖，公司间也通过集体制定费率来控制竞争，确保企业健康发展，企业联盟还与IBT谈判制定了《全国货运总协议》，为全行业的工资和工作条件设定了标准。在历时数十年的监管时期，劳工与货运企业各有得失，但双方始终坚持合作。最关键的是，双方都明白，抵制去管制化是重中之重。到1970年代末，双方已经成功抵制了多次试图改变其成功合作基础的尝试。

去管制化的最终实施获益于另一个竞争性的阶级联盟——货运行业的新兴力量（主要是企业专属车队和承包制承运商）与希望从去管制化中获益的各种外部利益集团（主要是大型托运人）的结盟。新联盟通过蚕食监管体制下的市场份额，动摇了货运行业中占主导地位的阶级关系，最终移除了资本与劳工合作关系所依赖的政府监管体系。随着市场秩序被打乱，新的联盟浮出水面，它是非工会化的货运企业与当时的承包司机，以及廉价的非工会雇员劳动力的结合。这一联盟击垮了之前受监管的货运公司和IBT的联手。但是，要维持这个新联盟，还必须不断进行改革，以解决劳动力再生产这一核心问题。

正如当年为了对付强大的IBT，雇主们采取共同行动，成立协会，参与谈判全国货运总协议，现代承包制度的发展也是对竞争和不断变化的劳动力供应市场的集体回应。为了解决劳动力问题，货运企业需要兰德尔-莱利和ATBS这样的第三方，也需要承包司机，尽管承包司机对这种制度安排的赞同十分短命。与之前的体制一样，这种体制的维持也需要雇主们和工人们的政治支持，特别是要迎接法律和监管机构对独立承包司机体制的挑战。[11]

无论是受监管的货运企业与IBT的联盟，还是现如今非工会货运企业与其承包司机之间的联盟，都建基于特定的法律和规范框架之上，同时也是利益相互冲突的各个集团共同努力的结果。只有就各方利益达成互谅的政治经济联盟，才能采取共

第六章 "世上再无吉米·霍法"

同行动。每个时期，占主导地位的联盟都会遭遇强大的挑战者，他们进行了竞争性的努力，并试图以其他方式对行业进行重组。

然而，这些努力在去管制化前后存在一个显著的差异。与监管时期的主导联盟不同，今天的主导联盟在阶级力量方面严重失衡。这些主导联盟如此偏袒资本，以至于在没有巨大成本的情况下无法维持其与劳动者的伙伴关系。其中许多成本被外部化为公路事故、交通拥堵、税收减少和污染等，该行业因此再次引起了外界批评者的注意。他们认为应该重新对该行业进行监管，以减少上述负外部效应。但愿这些批评者能够明白，也应该出于保护工人利益的目的，对该行业进行监管。

在货运行业，由雇主主导的劳动力市场体制在全行业范围内制造同意并维持劳动力再生产。这一过程印证了雇佣关系市场化的理论（见 Cappelli，1999）。工人们都是在非常具体的情境中做出选择，孤立地观察一个甚至几个案例是无法解释其背后机制的。在这种情况下，或许在许多其他情况下，行业可能是分析的基础层面，在这个层面上，可以从比较宏观的视角理解就业关系变化，及其对不同类型独立承包司机的不平等影响。

利用承包制造更廉价、更努力工作的司机，由他们来承担原本属于货运公司的风险，这样的故事绝非仅存在于货运行业。有数十种职业的数百万低技能工人的雇佣关系正在市场化。雇主们正在改写房地产经纪人、家庭保健人员甚至清洁工们的"美国梦"含义。1960年代，卡车司机的"美国梦"是赚取丰厚的收入、拥有自己的住房和一份体面的工作。托福于

IBT 与政府监管下的企业之间的合作，这个梦想曾得以实现。如今，卡车司机"美国梦"的核心是作为个体生产者实现经济自立，以及拥有一家货运公司一夜暴富。

与其他鼓励独立承包的行业中的数百万工人一样，卡车司机所面临的机会与前一代人截然不同。一个曾拥有美国历史上最高收入和最强工会之一的行业，仅因为一个阶级身份的改变，就变成了令工会无足轻重的行业，现在的工人们连续数周生活在他们操作的机器之中，工作时间相当于两份全职，有时甚至更长，而收入往往不及最低工资。

承包制的作用远不止于此。它把工人置于法律和政府监管的保护之外，置于阶级妥协之外，正是在阶级妥协中生长出了美国中产阶级——几十年来，阶级妥协稳步减少了社会中的经济不平等。如今，曾经较为公平的美国经济的基础正在被本书所描述的过程所侵蚀。这种侵蚀有一个美好的借口：这是一个个人经济自由至上的产权社会，每个人都能够创造和实现自己的"美国梦"。对这种说法，货运行业的现实给了我们一个警示，这种侵蚀所代表的其实是一条发展机会有限，不平等日益加剧的，越来越残酷的道路。

附录 1 数据和方法

本书数据有多个来源,包括参与观察和访谈的记录,行业制作的文字、视频和音频资料,技术报告和政府报告,新闻报道以及各种网页和博客。

研究参与者与公司的匿名性

除了少数几个特别要求公开身份的人之外,我访谈或观察的所有司机和公司的名字都是化名。在对司机和公司以及特定工作场景(如客户所在地)的描述中,我对一些细节进行了改动,以防止熟悉该行业的读者识别出司机或公司。

参与观察

当我开始这个项目时,我知道需要对卡车司机的工作进行细致的了解。我也清楚,卡车司机被要求在严格的规章制度下最大限度地调动自身的生产力,而规章制度很可能经常性地被无视。有鉴于此,第一手经验资料至关重要。我很快就发现,除非你亲身经历过,否则你无法真正了解从佛罗里达州到缅因州,从威斯康星州到得克萨斯州,在各种驾驶条件下夜以继日地工作 19 天是什么感觉。我和大多数刚刚进入这个行业的工人一样:对这份工作只有一些模糊的概念,不知道日复一日在路上的长途卡车司机有多么艰辛。

我承认,在开始项目设计的那一刻,我对成为一名卡车司机十分纠结。驾驶"大卡车"(卡车司机对 18 轮卡车的称呼)的挑战令人兴奋,但我也意识到这不是件容易事。我严重怀疑自己是否有能力成为一名合格的卡车司机。我有过两次和卡车打交道的经历,这两次经历让我意识到,这份工作并不意味着环游全国欣赏风光,更多的是长时间在艰苦条件下工作,远离家人和朋友。大学时,我曾在一家大型搬家公司做暑期工,为军人家属搬家。这项工作要求我们一群人(其中许多人是前科犯或吸毒者)乘坐牵引拖车,从中央仓库出发,前往 3 小时车程以外的军事基地。从技术上讲,这份工作是在地性的,我们每晚都能回家,但工作强度很大,工作时间也非常长。在 7 月和 8 月的高峰期,我们经常 16 小时轮班装卸家具。这与长途卡车司机的工作有很大不同,但它给我上了宝贵的一课,让我了解了那些吃人不吐骨头的工作和行业,也让我对卡车运输有了一些了解。后来,我们发现公司非法剥夺了我们的加班费,然后我们被告知,我们是季节工,因此没有资格享受加班费,我也接受了这一说法。这是我第一次亲身接触卡车司机,他们之所以选择这项工作,是因为觉得比长途驾驶强些。长时间在紧密合作的车队中工作,我和几位司机成了朋友,听了他们的讲述,让我心目中从流行文化中得到的关于卡车司机的浪漫想象褪色不少。

我了解卡车司机的另一个渠道是我的父亲,他一生都在世界上最大的轧铜厂之一操作卡车闸门和磅秤。大学期间我曾在

附录1 数据和方法

那家工厂工作过。我父亲整天与卡车司机打交道,处理他们的文件,给他们的卡车称重,指挥他们进出工厂。他总能讲出这个那个卡车司机的有趣故事。尽管司机们的行为和举止偶尔会让他感到困扰,但他还是与许多人建立了长期、积极的工作关系。他对卡车司机工作的欣赏和同情对我有所影响。

因为有这样的背景,进入田野时,我没有把这个工作想象为有趣或令人兴奋的乘坐卡车的全国环游。对于卡车和卡车司机,除了从为数不多的相关学术著作中获得的知识,我所了解的和大众差不多。我想从这个相当有限的知识基础开始,深入了解这项工作,并系统地研究其工作组织方式的变化。我还想知道工人是如何看待行业体制,这些看法又是如何影响他们的工作和就业决策的。要达到这些目标,可供选择的研究方法很少。货运工作并不适合进行传统的民族志观察。卡车司机的工作虽然主要是在公共空间,但大部分工作是独自完成的。

搭车是一种办法,但是有几个缺点。首先,我会成为司机的负担。其次,如果我去一家大公司要求与司机同乘,司机的同意可能是被迫的。最后,也是最重要的一点,我的在场有可能导致司机行为反常,特别是在牵涉到法律和公司政策的时候。显然,搭车是不可取的。

事实证明,搭车确实不是一个好的选择。这份工作常常是漫长而平淡的,作为一个乘客几乎观察不到什么,而几周甚至几个月的亲身体验,则让我掌握了大量信息。平淡工作时不时被随机插进来的数小时令人沮丧的无偿工作打断,这时,其他工人提供的支持就是你唯一的依靠,你的主管几乎不会跟你有什么交流。对我来说，与上司的互动仅限于每天一两条短信，每两周一个5分钟的电话。

开车过程也证明，最初担心搭车无法观察到司机的违法行为是有道理的。卡车司机违规是家常便饭。在大多数情况下，只是小的技术违法和违规。不过，严重违章也是经常发生的。如果我没有开过车，没有做过同样的违法行为，我就不会理解这些行为是劳动过程的产物，而不仅仅是对法律或安全的漠视，也不可能在访谈中顺利进入这些问题。

获得一份货运工作

幸运的是，找到一份货运工作并不难。或者说，着手找一份这样的工作并不难。在经济大衰退之前，该行业的人员流失率极高。当时，最大的公司在全美各地做广告，对各种背景的工人都很感兴趣。最大的公司还为没有经验的人提供培训，并强调他们可以在几个月内让我这样的人驾驶卡车穿越美国。

我决定找一家行业内典型的新的领军企业，这意味着必须是一家规模大、发展快的公司。我所在的地区有几十家大中型公司正在招聘。我在当地报纸上看到了利维坦的广告，并在互联网上搜索了这家公司。它是最大的货运企业之一，当时在美国各地都有培训站点和运营中心。从我在卡车司机博客上读到的信息来看，它并不是最差的大公司，可能也不是最好的。它有多个部门，主营业务是普通货运。与其他大公司一样，该公司也在快速发展，扩充独立承包司机车队，它还提供租购方案。利维坦还在牵引车上安装了GPS卫星跟踪系统。在所有

附录 1　数据和方法

这些重要方面，利维坦都是行业中典型的顶尖企业，为了解货运行业提供了极好的比较基准。

卡车司机的培训实际有相当难度。事后看来，它似乎是故意设计来测试你是否会成为一名优秀的卡车司机——让你忍受数周的低薪工作、近乎持续的挫败，以及对规则不予充分解释（见第一章）。但我具备成为一名优秀卡车司机的素质。我一直喜欢开车。我不介意独自一人。我曾从事过几份不同的体力劳动，因此我知道如何听从指挥，在疲劳时如何保证安全。最重要的是，我能够每天工作 12~16 个小时，连续工作 12~19 天，每周只通过电话报到一次或更少，这才是真正让公司满意的地方。我确实很介意远离家人和朋友，但若这种生活——睡在卡车里，浑身散发着柴油味——时间不太长的话，我还可以忍受。

事实上，我干得不错。我曾阅读过有关货运和制定工作计划的二手资料，因此我知道老卡车司机们是如何提高收入的。没过几周，我就掌握了要领，开始高效地计划和执行派给我的任务。

几个月后，我被提名为利维坦公司我家那个站点的"月度最佳新手"。这感觉非常好，因为这个站有 100 多名新手司机。遗憾的是，我在公司待的时间不够长，没能知道自己是否会获得全公司的奖。当时公司可能有几千名新手，但我可能有机会获奖，因为我现在知道，我在两个月内就达到了有两年工作经验的普通司机的水平。

尽管这份工作对我来说很容易上手，而且是短期的，但我还是无法避免卡车司机面临的一些最重要的问题。居家时间是最主要的。一个朋友的婚礼和为年届 90 岁的祖母举办的聚会，都安排在我独自驾驶的第一个月。在这两件事发生之前，家里还发生了另一个紧急情况——对，我和妻子正在努力怀上我们的第一个孩子。不用说，卡车司机的工作会严重影响个人生活。

我的蓝领成长环境和工作经历，以及应付糟糕工作的经验，再加上高中时的汽车修理课，可能让我比大多数新卡车司机更适应这份工作。卡车司机是一个非常多元化的群体，多样性最初看起来可能是一种劣势，但对民族志学者却是大好事。劳动力的多样性和路上生活的匿名性让我能够轻松地融入这支队伍。公众对卡车司机可能存在刻板印象，但现实中的卡车司机并没有确定形象（除了他们更可能是男性之外）。同时我也想借本书说明，从事这个职业的人们确实有高度一致的经验和观点，这是工作的组织方式造成的。

我曾在人类学本科和研究生课程中接受过田野调查的基本培训，因此我最初的目标是开车一年。一年时间被认为是文化人类学调查的最低标准，因为研究人员传统上研究的是非工业社会，这些社会的作息时间在不同季节会有很大不同。我最初将同样的逻辑应用到我的项目中，认为货运工作有很多不可控因素，天气条件和季节性运量对工作有重要影响，那么一年中不同时间点的体验会很有帮助。不过，不经意间，我在头几个月就获得了各种不同的驾驶体验。从 3 月缅因州冬季的大雪、湿滑路面和冰冷床单，到 7 月在墨西哥湾坐在没有空调的驾驶室里的闷热，我都体验到了。

附录1 数据和方法

一年的计划六个月后就中止了，因为我达到了民族志学者所说的饱和状态，即数据收集不再提供新的经验材料。起初，我很惊讶这么快就达到了饱和，但仔细一想，其实不必惊讶。利维坦所在的行业分支，人员流动率通常每年都会超过100%，因此，公司必须在相对较短的时间内将新驾驶员整合到系统中，并为他们提供所需的工具，以便产生效益。我的经历并不典型，与大多数司机相差无几。事实上，正如我表妹的丈夫（他曾是一名卡车司机）指出的那样，我和别的司机最大的不同之处仅在于，我很幸运，知道自己的卡车司机生涯只是暂时的。尽管如此，我还是盼着赶紧逃离这个行业。

事实证明，我的驾驶体验对研究非常宝贵。在培训和驾驶过程中，我以驾校学员或卡车司机的身份与几百名司机进行了交谈。我驾车行驶了数万英里，横跨28个州，运送了从钢卷到啤酒的各种货物，游走于从沃尔玛到母婴用品商店各类商业机构。我在卡车驿站和服务区度过的夜晚，应该比任何研究者都要多得多。我不仅获得了大量关于这个行业、这项工作和生活方式的基本信息，而且还直接体验到、有时甚至是痛苦地体验到工作中的麻烦。

最后，我还体验过在完全不同的制度安排下司机的工作状态。我曾有机会作为沃尔玛的一名普通司机，在配送中心和商店之间开了一周的车。利维坦和其他几家大公司一样，在沃尔玛旺季和夏季将司机出租给沃尔玛，因为届时沃尔玛的许多雇员司机都会休假。这次经历特别有启发，因为沃尔玛拥有世界上最大的专属卡车车队，它向工人支付计时工资（我为其工作时是按天支付工资），而不是按里程支付工资，它没有独立承包司机，而且只运输自己的货物（即不参与一般货运市场的竞争）。这些差异从根本上改变了工作的组织方式（工资更高，压力更小，我在第二章有详细介绍），司机的态度和行为也随之不同。

我还为一家指定客户拉了几周货。指定客户通常是单一一家主要客户，我的客户是一家大型消费品制造商。与普通货运司机相比，这里的司机行驶的里程数通常较少，货物类型和路线更有规律。这次经历让我认识到长途货运司机的工作可以是很不一样的。

我从卡车司机的培训和工作中获益颇多。在工作方面，我能够评估司机的规定行为与实际行为之间的细微差异，我也能够从工人的角度来观察管理者与工人，以及工人之间的冲突。正是这种对实际工作的深入了解，让我设计的访谈方案能够针对影响司机最大的问题，并辅之以合理的数据收集策略。参与实际工作还为我提供了关于卡车司机工作的实用知识，以及卡车司机的工作语言，使得我后面的访谈措辞恰当。最后，驾驶经历让我能够以一种非常个人化的方式理解驾驶员的情感体验，并成功地与他们产生共鸣。

访　谈

我最初的计划是边开车边访谈。我以为我可以每天早早开始工作，工作一整天，然后每晚进行访谈。我很快就发现这个想法是多么天真。这份工作要求太高，根本无法做到这一点，一天下来，我已经累得要死。我很少有一两个小时的空闲时间，即使有，也要用来写个人日志、吃一顿像样的饭菜、洗个澡或尝试做20分钟的运动。边工作边访谈是不可能的。

仅靠开车获得的数据肯定是不够的。我可以把自己的想法、经验和背景带入研究，但本研究的目的是了解工人们对这份工作有些什么不同的想法：他们的不同背景和经历如何影响他们的观点和决策，以及企业是如何塑造这些东西的。此外，我在利维坦从事的只是货运工作之一种，虽然是最普通的，而我需要了解不同货运工作的差异，以及工人是如何看待这些差异的。为了获得这些信息，我需要与司机进行长时间系统性交谈。

初步访谈样本

在2005~2007年期间，我进行了75次正式的深入访谈。其中60次是在2005年秋季和2006年春季进行的，为期数月。其余15次是在2007年秋季燃油价格暴涨之际。所有访谈都是在中西部一个卡车驿站进行，对象是临时休息的司机。这个驿站位于几条主要州际公路的交会处。最重要的是，访谈地点有两个我感兴趣的设施：一个电视休息室和数个格子间，格子间里可以上网和打电话。这些设施非常关键，因为它们吸引了正在执行强制性服务时限休息的司机，或者是等待装卸或维修信息的司机。在这两段访谈期，我每天进行1~5次访谈不等，大多数情况下，访谈2~3次。访谈时间从约半小时到两小时左右，平均约为50分钟。访谈时间的长短通常与司机在行业内就职时间的长短相关。

在邀请卡车司机参与研究方面我几乎没有遇到困难。卡车司机经常会坐在驿站里一边休息,一边议论他们的公司、天气、路况和设备。如果司机们在休息室里,他们就可能有心情聊天,极高的参与率证实了这一点。我邀请的 79 人中只有 4 人拒绝接受我的访谈,其中一人拒绝的理由是不会讲英语。几乎所有的受访者似乎都渴望向我讲述他们的故事,与我分享他们对这个行业的看法。有几个人起初以为我在寻求只有老司机才能给出的"正确"答案,并认为自己没有足够的经验参与其中。我不得不向他们保证,我确实对他们的经历感兴趣。

访谈开始时,我通常会走近一位可能的受访者,他要么在电视休息室,要么坐在格子间。我首先会问他是不是"司机"(卡车司机之间的称呼),以及他是否在休息。如果这两个问题的答案都是肯定的,那么我就会简要介绍一下这个项目,并询问司机是否愿意参与,回答一些问题,这些问题至少需要 30 分钟的时间。起初,访谈的容易程度让我非常吃惊。但回过头来一想,我发现我应该料到司机们都会愿意参与。在我自己的驾驶经历中,我发现司机们都非常乐于助人,而且性格外向,尽管有相当一部分司机声称自己喜欢独处。有些司机在卡车驿站是为了处理日常事务,如洗澡、吃饭或打电话,不过很多司机在那里是为了社交和/或放松。对于没有从事过卡车司机这种工作的人来说,很难理解一个人连续几周每天独自在卡车里待上 20 个小时或更长时间所产生的影响。你会开始渴望与其他人交流——哪怕只是短暂的交流,以化解孤独感。卡车司机期待着在驿站与陌生人交流，人们只需转向离自己最近的人，就能搭上话，这种情况非常普遍。休息室通常不会有搭便车者、妓女和推销员，因此，除了社交或无伤大雅的信息收集之外，人们基本上不用担心搭讪者还有其他目的。卡车驿站的工作人员偶尔会在休息室巡视，检查每个人是否持有商业驾照。只有一次，我看到有人被要求离开。

一旦司机同意接受访谈，我就会请他们和我一起去格子间。这些格子间通常用来吃饭、聊天、填写文件、使用笔记本电脑和打电话。在听了几次早期访谈录音后，我很快明白离吵闹的游戏机越远越好，这很重要，因为噪声会让转录更加耗时。访谈过程通常不会让别人注意到我们，但偶尔会有附近的司机自发参与谈话，或自愿成为下一个受访者。有几次，在访谈结束后，偷听的司机对被访谈者的发言做出回应，从而引发了小组讨论。这些谈话常常持续数小时，直到晚上我不得不离开时才结束。通过这些谈话，我又与数十名未计入总数的司机讨论了访谈中的核心问题。

受访者

卡车司机是各种各样的，个头、肤色、背景各异。我的访谈对象包括不同种族和族裔、移民和本地人、老人和年轻人。受访者的学历从高中没毕业到研究生。他们来自美国各地的小镇和大城市的中心地区，涵盖了各个领域的美国工人阶级。他们几乎都是男性。这主要有两个原因。首先，据估计，长途运输司机中女性很少（见附录2），尽管她们似乎正在以越来越快的速度进入（而不是留在）卡车司机的队伍中。其次，与男性相比，女卡车司机更有可能与家庭成员或恋爱伴侣组队驾驶，按规定组队驾驶不必遵守服务时限（通常是一人睡觉，另一人开车），因此她们在驿站停留的时间较少。我在访谈阶段遇到的女性人数不多（75人中有两名女性），但在培训的前两个阶段，曾和5名女性一起受训，并访谈了3名已经不再开车的女性。我在第二章末尾讨论了女性单独驾驶者面临的巨大挑战。

我确信，我的样本基本代表了卡车司机的总体，但有三个问题。

第一个问题是，所有长途卡车司机都会使用卡车驿站，我选择的驿站位于卡车司机通过的道路交汇处。我的样本中只有一对组队司机，不过，这对我的推论可能不构成严重问题，因为组队司机人数很少，除非是夫妻，通常持续不了几个月。我访谈过几位前组队司机。组队驾驶可能会改善车辆拥有的财政状况，但我对组队的独立承包司机的想法掌握得不多。我访谈过的前组队司机与单人司机似乎没有明显区别。

样本的第二个问题是，由于大公司常常自设驿站（其公司的司机就多到此类公司自设驿站停留），我的样本中来自大公司的司机人数代表性可能不足。例如，在我开展访谈的城市中，就有一处利维坦公司的自设驿站，因此，在各处卡车驿站进行正式访谈阶段，我就没有遇到过任何一位利维坦公司的司机。如果确有这个样本偏差，那有可能导致我低估大型货运企业对新手工人的影响力。

附录1　数据和方法

第三个问题是,与最近出现的调查相比,我的样本中拉美裔司机较少。我认为这归因于两个方面。首先,我最初的访谈样本取自中西部地区,那里的拉美裔司机可能较少。其次,所有迹象都表明,拉美裔卡车司机所占的比例越来越大,这可能是因为美国劳动力人口结构发生了较大变化,以及该行业增加了对拉美裔人口的招募,但这些趋势可能在我开始访谈的阶段才刚刚发生,所以我的样本中拉美裔司机较少。

为了避免样本偏差,我采取了两个步骤。第一步,我会在电视休息室或格子间接近离我最近的司机。换句话说,我不会在驿站走来走去寻找司机。当同一区域同时遇到几位司机时,我首先试图让与我不一样的群体有更多的代表机会,也就是说,我故意寻找非白人司机、年龄较大的司机、看上去来自美国东北部以外地区的司机或看起来是自营车主的司机。除了体貌特征,我还通过服装(如款式、标识)、言语(如口音)和行为(如通过电话洽谈卡车维修事宜)来识别与我不同的司机。最初以这种方式取样,是假定我会自然倾向于避开那些迫使我处理因种族、族裔、移民身份、文化差异和年龄而产生潜在社会距离的受访者。在数据采集的大部分过程中,我都采用了这一策略,不过有时只有一个人可以接受访谈,这一策略就没必要了。第二步,在前75次访谈接近尾声时,我集中访谈了年轻的白人男性,因为我的样本中缺少这年龄段的人。这也可能是因为他们往往为附近有自设驿站的大公司工作。女司机是个例外,只要她们在场,我就会对她们进行访谈。事实证明,我对背景特征代表性的关注不那么重要。我发现,在独立

267

承包制问题上，不同性别、种族、移民身份，以及年龄之间有细微差异，但并不显著（尽管我在前文多次提到，货运行业从不同人群中招聘工人的方式、这些工人最终进入行业的可能性，以及他们作为工人的一般经历等方面，存在着重要差异）。是否来自农村对工作经历有一定影响。但是，只有他们目前或曾经是否为独立承包人，以及个人、家人或亲朋好友在卡车运输业工作了多长时间和在哪个部门工作，似乎才与他们对独立承包制的看法有所关联。

初访的一般模板

访谈以一系列有关个人生活和工作经历的背景问题开始（例如，你多大年纪？在这一行干了多久？是否结婚？）这些问题，尤其是关于工作经历的问题，有效地建立了友好关系，让那些可能对我、对访谈，以及自己回答问题的能力感到不自在的驾驶员放松下来，开始畅所欲言。在这些背景问题之后，我使用了一系列开放式问题，问司机们对现任雇主以及（如果适用）以前雇主的好恶，请他们详细谈论监控、薪酬、运营效率、政府监管以及与他们工作相关的其他话题。我会随时跟进，请他们举例说明他们喜欢或不喜欢什么。如果他们是独立承包司机，我会以类似的问题开场，问他们喜欢不喜欢签约的公司。

访谈的下一步是探究司机有没有变更工作安排的想法，是否考虑过更换公司？他们对新公司有什么希望？有无可能购买卡车？如果有，他们会长期租给一家公司还是独立经营？

接下来，我会问一系列我称之为"观点"的问题，有意识地引导受访者跳出工作经验和职业规划的狭隘视角。我会问他们认为驾驶员面临的最大挑战是什么？司机如何应对这些挑战？我还会问一些与报酬和工作安排的公平性相关的问题。

由于研究的主题与世界观有关，每次访谈的后半部分，我都会故意要求参与者回答"为什么"的问题，这是民族志学者通常会避免的。这些问题是为了能了解在当前经济状况下，哪类关系被司机们视为理所当然。我想让他们谈一谈那些原本不会去想的假定经济关系。最终，我认为这类问题虽然不规范，但非常有用。贝克尔（Becker，1970）将这种方法描述为交叉验证，或测试结论，以确保所得出的结论不会因访谈结构而产生不必要的偏差。除此以外，我使用这些非常规的问题，也是为了了解受访者所陈述的信念背后有哪些想当然的概念。关于后一个目标，我的方法与拉蒙特的方法（Lamont，1992）类似。几乎无一例外，在被要求说明行业内经济关系的性质时，司机们的概念构件显露了出来。只在少数情况下，那些刚入行的司机面对这些问题目光茫然，不知所对，就像民族志方法论事先警告的那样。值得一提的是，对这些问题的回答与本书所讨论的其他世界观特征高度契合。

融洽关系

为了建立融洽的关系，我采用了特殊的着装和语言风格。我穿着做卡车司机时的工作服，还特意使用了非正式的语言，提问时使用当地用语。总的来说，我想使访谈听起来和感觉上像是卡车司机同行的谈话，我相信我基本上做到了。虽然要完全做到这一点显然是不可能的,也是不可取的,但我还是取得了相当的成功,以至于附近偷听的司机有时会跳进访谈中,好像这只是一场卡车驿站的普通对话。我最成功的技巧之一是让司机向我介绍经验,就好像我是一个寻求建议的新司机。

我自己的驾驶经验有时对建立融洽关系至关重要。驾驶员们认为,驾驶牵引拖挂车以及长途驾驶的生活方式都是相对独特的经历,如果不亲身体验,就无法完全理解。有些人起初对学术研究的价值表示怀疑。但是一旦这些司机知道我也开过车,通常都会给予热情的回应。几乎所有的人都对我访谈前体验过这项工作表示了尊重。不过,在大多数情况下,我不会在访谈开始时就说我曾经开过卡车。我通常会在讨论如何敷衍公司规定或糊弄交通部日志等问题之前告诉他们。之所以要等一等再告知我的司机经历,是为了让他们说出他们认为工作中哪些事情是理所当然的,以及了解他们如何向外人介绍这份工作。

违反公司政策,违反那些控制司机行为的法律,这是访谈中最具挑战性的问题。我从一开始就非常担心这方面的问题会影响访谈气氛,因为驾驶员必须向公司报告他们的驾驶行为,在行车日志中也要有所体现,而他们提供的信息往往是不准确的。好在我从自己的经验中意识到了这一点,因此我在访谈时,尽量让司机们放心。在很大程度上这是靠建立良好的个人关系、确保信息的匿名性、谨慎地提出问题,以及在必要时让他们知道,我能够理解伪造信息是为了谋生。有时,司机会直接提出违法问题,这种情况下我就知道他不愿意向我坦白,这时我就不得不向司机讲述我自己的经历。通常，那些对讨论非法行为犹豫不决的受访者会向我发出这样的信号："我不确定是否应该告诉你这些。"这时，我会重复我在介绍项目时提出过的匿名保证，以及项目的学术性质，并再次向他们保证，这个项目不是任何公司支持的间谍活动或是政府执法项目的一部分。然后，我会让他们知道，我明白非法行为基本上是司机的常态，而且我犯过和他们一样的错误。这样做总是能让司机们感到安心，因此我确信他们不会隐瞒有关违法的一般性信息。事实上，几乎所有的司机都主动承认在行车日志上作弊，不用我问，我也没要求他们作出这样的声明。只有少数司机声称自己完全按照规定工作。那两个声称自己合法合规驾驶的人，其收入、工作时间和平均里程数都比别人少，工作量也少。

情绪相关的内容

另一个重大挑战是很多访谈题项会引动情绪。一些受访者面临经济状况不佳，和/或认为公司正在或一直在剥削他们，或者误导了他们。许多驾驶员生动地描述了与前雇主的不愉快经历或失败的买车尝试。访谈中还会涉及有关司机背景、工作经历或家庭生活等非常私人或敏感的问题。最常见的是，驾驶员会描述身为父母或配偶所遇到的问题。更有一些人认为，货运工作破坏了他们生活中的重要关系。在这样的访谈中，很难让司机们既畅所欲言，同时又紧扣主题，但这又是必需的。虽然我自己的驾驶经历要轻松得多，但我所遇到的问题足以让我在一定程度上对司机们的困难感同身受。

有时候，我访谈的司机之所以在卡车驿站停留，是因为离维修店很近。有两次，我的受访者已经确定他们的卡车修不好，正在等待搭车回家。这两个司机可以算是血本无归。除了这两个最极端的例子和我访谈过的两位最近失业且无家可归的司机外，财务问题是新卡车司机们说不完的话题，一谈起就情绪激动。

在访谈过程中，当一位司机滔滔不绝地描述承包失败如何毁掉他的婚姻这类问题时，我很难专注于自己的访谈。以下是我在访谈阶段写下的一段田野笔记。

> 我今天还想到，希望我不会对这些人的生活造成太大的消极影响。他们中的一些人似乎真的很喜欢［接受访谈］，一聊起来，就口若悬河……但是也有一些人肯定会感到难过，我认为，反思他们正在做的事情，反思他们已经利用或尚未把握到的机会，对他们个人和情感来说都具有挑战性。就像今天的这个人，他说，到最后，他真的在考虑，"现在说起来，我真的不想干了。我想转行。我想看看我是否能回到学校，成为一名警察"。

身份和自我表演

老司机们总是向我表示，新承包司机只关注卡车的毛收入而不是纯收入，错误理解了实际收入。基本可以确定，独立承包司机的成败往往与他们的身份和地位密切相关。司机们很有可能在访谈中刻意表演，我、其他司机，甚至是受访者本人都有可能被表演所欺骗。不过，我所建立的融洽关系，加上我亲身经历中的种种细节，以及我从独立承包体制的经济学研究中获得的信息，都帮助我有效地营造了一种氛围，让司机们愿意向我披露经济上的困难和他们面对承包体制的挫败感，而不是一些不切实际的姿态。从前几章的数据中可以清楚地看出，只有少数司机对独立承包体制持非常积极的看法，他们都是承包时间不长的司机。

承包问题的凸显

我起初担心，我感兴趣的承包体制问题和其他核心问题对司机来说可能并不那么突出。有几种原因可能造成这种现象。也许司机认为这些问题并不重要，或者根本没有考虑过这些问题。也许我提问题的方式是分析性的，让司机们抓不住重点。最终数据的一致性使我确信，这些都不是问题。我所感兴趣的话题中，只有一个问题司机们没有什么话说：行业的去管制化。在这个问题上，只有 20 年以上驾龄的司机才有话说。而在车辆产权和工作条件等问题上，司机们有很多话要说，只需要一些基本的提示就开始长篇大论。

政治、宗教、性——相关话题的挑战

最后，访谈中涉及的一些话题，如政府监管，本质上是政治性的。虽然大多数驾驶员可能不会把自己描述成特别政治化的人，但也有少数驾驶员深谙此道。这些政治性较强的司机大多属于我们可能认为的自由派和保守派的标准定义范围，但偶尔也会有例外。比如一位虔诚的福音派信徒在接受访谈时提出的条件是，我必须允许他拯救我的灵魂。此外，还有自称性变异者、种族主义者、民兵成员、"9·11"阴谋论者和受意识形态驱使的逃税者。面对我不能同意的观点，表现出专业精神并不困难。更大的挑战在于，不要让那些在我看来令人困惑或不合逻辑的思维方式扰乱对问题的系统性讨论。举例来说，如果一位司机针对公司对司机的不公正待遇提出祷告的必要性，这时候，我认为至关重要的是，不能将其视为与我的问题无关而不予理睬，而是要了解这位司机认为上帝、祷告和/或宗教怎样影响阶级斗争的结果。对那些研究社会运动的人来说，这些想法似乎并不那么奇怪，但对于卡车司机来说，这些想法的确是独树一帜——大多数人根本就不认为上帝会影响这个行业——这种时候，无疑需要脱离最初设想的访谈计划，灵活应对。我尽量减轻了这些明显偏离主题的问题的影响，所以我并不担心它们会影响访谈阶段所收集数据的有效性。我认为，访谈内容的丰富性和观点的一致性支持了这一结论。

罢工司机访谈

2008年春天正当我撰写论文初稿时，美国各地的自营车主开始了过去几十年来最重要的集体行动尝试。幸运的是，其中最重要的两次行动，一次是在宾夕法尼亚州的州府哈里斯堡举行的抗议油价集会，另一次是在匹兹堡附近举行的租借和独立自营车主（主要是钢材运输）的停驶活动，都在我的合理驾车距离之内。我因此得以与组织这些活动的司机取得联系。这两个团体互不关联，但是都张开双臂欢迎我。我参加了策划会，在车队中与自营车主同行，与抗议和罢工的工人一起度过了几天，在此期间进行了更为传统的田野观察和深度访谈。在某种程度上，这些活动就像是自然实验，验证了我的几个关键假设。

在研究的这个阶段，我对 25 名司机进行了深度访谈。像前一阶段一样，我收集了这些司机的基本信息。这些司机大多是自营车主，既有独立车主，也有租车的，还有少数雇员司机。从我收集到的有关这次活动的原始数据（如成员名单和网站）来看，我认为接受访谈的司机构成可以代表 2008 年燃油危机期间全美参与集体行动的司机群体。此外，当时的新闻报道也表明，在美国其他地区参与此类活动的司机与我访谈的独立承包司机群体相类似。对这些司机的访谈与最初的 75 位访谈对象有很大不同，主要关注的是集体行动。尽管也包含了简短的工作经历，但更多着眼于 2008 年柴油价格的快速上涨、危机期间卡车车主的经历，以及集体行动试图解决的问题。这些访谈通常很短，一般只有 15 到 20 分钟。由于访谈发生的独特背景，除明确说明外，这些访谈均未作为引文来源。

访谈和田野笔记的处理

访谈是我分析卡车司机的世界观，以及他们的独立承包决策的核心数据。我自己逐字逐句地转录了所有访谈内容。转录完成后，我使用质性分析软件进行了整理和编码。在大约 6 个月的时间里，我对每篇访谈进行了两次编码。编码过程需要将访谈文本按照内容主题与初始假设，以及我在分析过程中发展出来的假设的相关性拆分成不同的单元。我在分析过程中总共使用了100多种代码，既有非常具体的说明性代码，也有从我的假设中衍生出来的非常抽象的代码。例如，一个说明性很强的代码是"超速"，用于司机提到的任何和超速有关的行为、超速的监控、与超速相关的安全、保险、驾驶记录、罚款等情况。这个例子可以说明我的代码的一个重要方面。有一些代码是司机用来理解自己工作的原生类别，这一类中有些比较抽象，例如信任、自由等。我自己分析得出的代码与上述不同，如"游戏"或"霸权"，这些代码司机看不懂，通常是我自己综合了几个重叠或交叉的原生类别后生成的。

由于转录的访谈内容有近千页文本，常见的节点（共享相同代码的节点）往往包含50页或更多的文本。尽管有质性软件（NVivo7）的帮助，但根据新假设分析数据非常耗时和烦琐。为了解决这个问题，我创建了司机摘要，将每个司机作为一个单元来构建关系模型。每份摘要都对司机的背景特征、工作经历，以及对后面章节中涉及的各种关键问题（如生产的社会关系、集体行动等）的态度进行了基本描述。这些摘要的字数在200~600字之间。总之，对最初的75个访谈，我估计平均每个都花了大约6个小时进行转录、编码、总结和分析。

除了正式的单独访谈外，我做卡车司机期间也搜集了一些访谈资料。我花了数百小时在卡车驿站、公司站点、服务区、仓库和卸货场这些地方观察司机们的工作和休息状态，并与他们进行交谈。数十名司机跟我谈论了他们的经历，我还参加了多次关于卡车司机所面临问题的小组讨论。有100多页的田野笔记记录了这些观察，这些笔记也进行了编码。

非司机访谈

为了了解我工作的公司与其他公司的差异，我走访了七家货运公司的所有者和/或高管，共进行了20次访谈。一家是与利维坦公司相似，有多个部门的大公司。有两家被司机们称为"好公司"，其中一家是有工会的家具运输公司，另一家是非工会的专业货运公司。我还访谈了两家车队全部为独立承包司机的公司、一家贷款经纪公司和一家港口货运公司的员工，和/或公司的所有权人。这7家公司覆盖了我的受访司机们所服务的所有货运公司类型。通过这些访谈，我了解到公司及其管理层是如何利用商业和管理模式来塑造司机们的行为的。

其他访谈

我还对货运业的专家、社会活动家和其他相关人士进行了十几次访谈。其中包括一名工会组织者、致力于解决工人分类不当问题的社会活动家、自营车主独立驾驶员协会的工作人员和领导层、行业游说和咨询团体的工作人员、ATBS的一名商业顾问，以及一家向货运行业销售设备的公司的高管等。每一位受访者都提供了有关运营事务或市场相关事务的具体信息，以及行业政治的信息。

受访者样本与全国司机群体的比较

我的受访者样本与调查显示的卡车司机总体构成非常相似。附录 2 列出了受访者的特征，以及根据 2014 年在美国主要货运道路沿线 20 个卡车驿站进行的全国长途货运司机调查的加权估值。[1]

其他相关资料

我收集了许多由该行业出版或供卡车司机阅读的书面材料，这些材料有助于了解招聘、劳动力市场参与度，以及雇主和司机对行业问题的看法。我还关注了所有面向公司经理和司机的重要行业期刊。此外，几年来，我还浏览了卡车司机博客上的讨论、企业向美国证券交易委员会提交的文件、货运网站等。2010 年，我开始利用美国证券交易委员会的文件、商业期刊和其他来源，追踪货运行业中各种商业利益之间的关联。也是在此时，我利用大量原始资料和第二手资料，研究了货运行业工会化、政府监管和独立承包制的历史。

我最初的研究设计部分地参考了密歇根大学货运行业项目（UMTIP）的研究发现，这一项目在 1997 年对 505 名长途货运司机实施了一次问卷调查。[2]这项调查的样本构成与我访谈的样本构成几乎完全相同（尽管调查是在 9 年前进行的）。UMTIP 的调查是在中西部各州的卡车驿站进行的，包括我进行访谈的州以及我接受培训和驾驶经过的大部分州。这组数据是公开的。它为我提出和检验假设提供了最好的资源。

附录2 访谈样本与全美司机群体的比较（2014）

司机特征	受访者样本	全美司机群体
总样本量	75人	—
男性比例	97%	94%
白人比例	80%	74%
黑人比例	12%	17%
拉美人比例	5%	9%
亚洲人比例	3%	—
其他/多种族/未知比例	—	10%
过去十年移民比例	7%	—
平均年龄（中位数）	45(46)岁	42岁
自营车主比例	43%	35%
平均驾龄（中位数）	13(10)年	16.4年
在同一家货运公司平均在职月数（中位数）	33(12)月	—
平均公司规模（中位数）	2865(400)人	—
工会会员比例（具体数字）	(1)人	3%
货运行业前工会会员比例	14%	—

注　释

导言　这份糟心的工作从何而来？

1. 作者的音频日记，经过编辑。
2. Federal Highway Administration, 2014.
3. 相比之下，运送1万磅以下货物的零担承运商和包裹承运商（如UPS）通常使用较小的卡车或面包车在当地取货，然后在公司的货场按目的地并入大卡车，长途运送至另一个货场，在那里被分拆并送到最终目的地。
4. 见Burks et al., 2010。
5. Corsi, 2005.
6. Burks et al., 2007.
7. 同上书。
8. 同上书。
9. 有关该行业驾驶员流失问题的最新概述以及相关文献（Harrison and Pierce, 2009）。
10. SCDigest, 2012.
11. 尽管业界经常将人员流失描述为危机，指出业内劳动力短缺，但是卡车司机们和一些学者怀疑，企业是否真的把劳动力的不断流动视为一个严重的问题。有些人认为这是一个稳定的二级就业市场，只是竞争压力，薪资和待遇无法令工人满意（参见Burks et al., 2007）。一项关于该行业人员流失的研究指出，大量文献显示，行业对此现象无所作为，这就提出一个问题："那么，货运行业人员流失和留任是一个问题，还是一个因为解决起来过于昂贵或过于麻烦长期以来被行业接受的状态"。30年来都没有一个全面的解决方案，这表明很可能是后一种情况。

注 释

(Harrison and Pierce,2009)。

12. 几乎所有对该行业的分析都暗示或得出结论,政府监管使工会战略更加成功,但同样明显的是,在政府实施监管影响该行业之前,IBT 已经在组织大规模城际货运方面取得了巨大进步,对行业的结构和经济产生了重大影响(见 Dobbs,1973;Garnel,1972)。

13. Belzer,2000.

14. Leiter,1957:266.

15. Perry,1986:46-8.

16. Sloane,1965:28.

17. James and James,1965:177.

18. Sloane,1991:199.

19. 同上书:205。

20. 同上书:200。

21. James and James,1965:147.

22. 同上书:175。

23. 同上书:98。

24. Sloane,1991:407-8.

25. 根据当时进行的一项投资分析,随着霍法实施其最雄心勃勃的方案,货运行业的收入和利润大幅提高,远远超过了其他货运方式。540 家最大货运公司的营运比率从 1954~1957 年的平均 96.3% 下降到 1961~1964 年的平均 95.5%(1964 年的平均运营率仅为 94.97%)。从 1957 年到 1964 年,税前净利润增长了 50%,投资回报率几乎是铁路公司的三倍。该分析认为,货运行业不仅股票将"表现优异",前景也"充满希望"。(Debe,1965:77)。

26. Sloane,1991:244.

27. James and James,1965:377.

28. Sloane,1991:318.

29. 同上书:319。

30. Belzer,2000.

31. Russell,2001:225.

32. Belzer,2000:28.

33. 同上书：124-25。

34. Perry,1986：59-60；Belzer,2000：107.

35. Perry,1986：53-54.

36. Hamilton,2008.

37. 例如，1967年福特基金会向布鲁金斯学会提供了180万美元用于经济法规研究，在该项目支持下，出版了22本书，发表了65篇期刊论文和38篇学位论文（Madar,2000：39）。

38. Rich,2005：149.

39. 同上书：214。

40. Belzer,2000：121.

41. Robyn,1987：17.

42. Hayden,1980：134.

43. Robyn,1987：16-17.

44. 同上书：78。

45. Crain,2006：7,446.

46. 纳德后来认为，货运行业的去管制化是一个错误。

47. Robyn,1987.

48. 同上书：95。

49. 同上书。

50. 同上书。

51. Robertson,1998：39.

52. Robyn,1987：42.

53. Derthick and Quirk,1985：108.

54. 同上书：238。

55. 联邦法规公报办公室（Office of the Federal Register,① 1980：1265）。

56. Madar,2000：53.

---

① 联邦法规公报办公室（Office of the Federal Register），是美国联邦政府的一个机构，负责管理和发布联邦政府的法律法规和其他官方文件的信息。——译者注

注　释

57. 同上书：53。

58. 同上书：54。

59. Zingales,1998：917.

60. Belzer,2000.

61. 参见《人物》，2005。Belzer（2000）对生产率是否真正提高提出了质疑，认为劳动统计局的数据并未准确反映工时的增加，而工时的增加很可能是产出增加的主要原因。

62. Corsi,2005.

63. Belzer,2000.

64. Hirsch,1993.

65. Belman,Monaco and Brooks,2005；Belzer,2000.

66. Corsi and Stowers,1991.

67. Peoples and Peteraf,1999；Hirsch and MacPherson,1997.

68. Belzer,2000.

69. 同上书。

70. ICF Consulting,2002.

71. Wright,2000.

72. 同上书。

73. 见 Kalleberg,2011：32-33。

74. 同上书。

75. 见 Cappelli,1999；Smith,2001。

76. 从工人视角讨论独立承包问题，相对于其普遍性和重要性而言，研究少得可怜，尤其是对技术含量较低的工种而言。有关高端技术工人的研究，请参见 Barley and Kunda,2004。另见 Osnowitz,2010。

77. Smith,2003.

78. Smith and Neuwirth,2008.

79. 同上书。

第一章　商业驾照制造厂
专业卡车司机的培训

1. 有关司机的基本人口统计数据，请参见附录2中的表格。

2. Federal Highway Administration,1998：145.

3. Knipling et al. ,2011.

4. Social Security Administration,2008.

5. 私立卡车司机驾校显然是有利可图的生意，他们也会给学员提供误导性的收入数字。例如赛奇卡车驾校（Sage Truck Driving School），它是最大的连锁卡车驾校之一，提供驾驶培训和就业帮助。它在广告中称"根据美国劳工部和美国货运协会提供的行业数据，新培训的司机年收入一般在 37000 至 41000 美元。司机毕业后第一年的收入可达 44000 美元。ATA 估计，经验丰富的司机平均收入超过 50000 美元，外加福利。具有一定经验，且积极进取的驾驶员的收入可远远超过这一数字。自营车主、组队和专业设备驾驶员的年收入可超过 10 万美元，不过并不常见"（数据来源：www.sageschools.com/sage-employment.htm）。

6. American Trucking Associations,2009.

7. American Trucking Associations,2012.

8. Heine and Klemp,2011.

9. 有关这些司机的更多人口数据，见 Hoffman and Burks,2013。

10. ATA,2012.

11. McClanahan,2012.

12. Commercial Vehicle Training Association,2015.

13. ATA,2012.

14. Burks et. al. ,2008：61.

15. Hoffman and Burks,2013.

16. Cleaves and Tackes,2002：4.

17. Truckinginfo.com,2009.

18. Recruiting Media n. d.

19. United States Department of Transportation,2014.

第二章　便宜的运费，廉价的司机
长途卡车司机的工作

1. Burawoy,1979.

2. Burks et. al. ,2007.

注 释

3. 其中包括8317英里付费里程支付2333.64美元，两次额外停车装货奖金30美元，以及超长装货时间补偿40美元。

4. Sloane,1991:238.

5. Corsi and Grimm,1989.

6. ATA,2012.

7. 这些公司站点与第2章讨论的政府监管时期使用的货场系统不同。这里既不拆分货物进行本地交付，也不合并货物以供长途运输。司机可以而且经常绕过公司站点。因此，公司站点不可能像去管制化前那样成为工会活动的场所。

8. Belzer,2000.

9. Truckload Carriers Association,1999.

10. 例见Oullett,1994;Upton,2015。

11. 例见Klein,2014。

12. 参见Upton,2015。

13. 某些驾驶工作对体力的要求确实高于平均水平。例如，平板车司机经常需要用铁链固定货物，并用防水布盖住。卡车防水布可能重达近100磅，需要先抬到货物顶部，然后再铺开。

14. 参见Williams,1989;Williams,1995;Denissen and Saguy,2014。货运行业尤为突出，这些问题参见Ouellet,1994。

第三章　大卡车
玩弄承包司机信心的骗局

1. Corsi and Grimm,1987;Pcoples and Peteraf,1995.

2. Corsi and Grimm,1987.

3. Nickerson and Silverman,2003.

4. Corsi and Grimm,1987.

5. Corsi and Grimm,1989:285.

6. 同上书:290。

7. Corsi and Stowers,1991.

8. Cullen,1998.

9. Wyckoff,1979.

10. Agar,1986.

11. Belman,Monaco and Brooks,2005.

12. 同上书。

13. Wyckoff,1979；Agar,1986.

14. Maister,1980.

15. Kvidera,2010a.

16. 根据美国交通部的数据,2003 年,1408 家收入超过百万美元的普通整车货运公司中,69% 使用了承包司机（Hans,Corsi and Grimm,2008）。2008 年,最大的 100 家货运公司中,80% 雇用了承包司机。没有使用承包司机的 20% 要么是零担运输公司,要么是运送车辆的公司,要么是高度专业化（如危险化学品）的货运公司。主要行业期刊报道称,在 98 家报告了 2008 年公司车辆和承包商车辆数目的最大货运公司中,47 家主要从事整车货运,不提供仓储服务,也不承接高度专业化的货运业务。所有这些公司都雇用了承包司机,其中 22 家公司雇用的承包司机多于雇员司机。这 47 家公司总共雇用了约 15 万名司机,其中 44% 为承包司机。如果剔除最大的 4 家（往往培训和雇用完全没有职业经验的司机,承包司机相对较少）,其余 43 家公司共雇用了 102000 名卡车司机,59% 为承包司机（Transport Topics,2009）。

17. Malloy,2004.

18. Short,2009.

19. Kvidera,2010b.

20. Roehl Transport,2010：3.

21. 同上书：2。

22. 同上书：3。

23. Cullen,1998.

24. Swain,2007.

25. Macklin,2006.

26. 这方面的例外是由自营车主独立驾驶员协会制作的媒体,包括一本杂志和一档广播节目。

27. Hamilton,2008.

28. 同上书。

注　释

29. Overdrive Staff, 2008b.

30. 在 UMTIP 的研究中，3.9%的驾驶员拥有两年制大学学位。

31. 自营车主独立驾驶员协会制作的广播节目和杂志除外。

32. Randall-Reilly, 2010.

33. 同上书：12。

34. Randall-Reilly, 2010.

35. Dills Todd, 2009.

36. Overdrive Staff, 2008a.

37. 同上书。

38. 同上书。

39. Randall-Reilly, 2010.

40. 同上书。

41. 同上书。

42. Folio Staff, January 29, 2008.

43. Kinsman, 2006.

44. 例如，在 UMTIP 司机调查中，所有司机都被要求报告他们"1996年作为卡车司机的收入"。后来又要求承包司机报告毛收入和扣除费用后的净收入。我对承包司机的回答进行了比较，发现在第一个收入问题上，只有约20%报告的是净收入或近似净收入。其余80%左右报告的是毛收入或近似毛收入。正如我在下一章中解释的那样，新司机无法准确估算成本，因此他们错误地认为，他们从现有承包司机那里听到的高毛收入会在后期转化为更高的净收入。

45. ATA, 2012.

第四章　为买车而干
承包的严酷现实

1. 与合作公司签订采购合同的部分目的是让政府审计人员和法院相信，承包司机在"财务上不受制于"指导其工作的承运公司，这是区分承包司机和雇员司机的一项关键要求。

2. Bearth, 2005.

3. 有五名承包司机声称无法向我提供他们扣除费用后的收入。其他

大卡车：公路货运业与美国梦的幻灭

被排除在外的司机有的称工作不满一年，或者刚从公司司机转为自雇司机，或者反之。虽然被我排除在外的司机人数似乎很多，但数字仍与 UMTIP 的调查发现相符，即此前一年的辞职司机达 25%，约 38% 的普通货运承包司机只拥有一年甚至不足一年的驾龄。

4. 承包司机可以通过从毛收入中减去自雇税，调整需要缴纳的联邦所得税，从中获得一些好处。不过，大多数人可能只支付很少的联邦所得税；他们也不遵守规定按季度缴纳自雇税，因此很可能被要求缴纳高达 10% 的罚款，外加利息。

5. 有研究发现，自营车主与雇员之间的报酬差异相对较小。贝尔曼等人（Belman et al., 2005）利用 UMTIP 调查数据报告称，跑长途的自营车主每英里的收入比非工会雇员低不到 1%，已知的最大差距是自营车主的总收入比雇员少 8%（Peoples and Peteraf, 1999）。鉴于这些发现，经济学家们基本上都认为，可以合理地得出这样的结论：自营车主在知情的情况下，在实得收入和对工作时间安排的控制权之间进行了权衡。我的研究结果与其他研究结果之间的巨大差异主要源于两点：①收入中扣除自雇税；②区分雇佣他人和不雇佣他人的承包司机。我在分析贝尔曼等人采用的 UMTIP 2005 年数据时，还加入了缴纳社会保险（FICA）的影响。这样做的结果是，自营车主每英里收入的中位数比雇员司机少大约 8.6%（而不是 1%）。不过，这个自营车主群体中有些人报告雇用了另一名司机（1997 年约占所有自营车主的 21%），当他们报告"扣除车辆费用后的净收入"时，数字很可能受到这种安排的影响。剔除这些司机后，自营车主司机每英里收入的中位数比雇员司机低 16%。

6. 样本仅限于有三年及以上工作经验的非工会驾驶员，因为驾驶员可能需要长达两年的工作经验才能达到满负荷生产，并能够在薪酬较高的公司工作（见 Burks, Carpenter, Gotte, Monaco, Porter and Rustichini, 2007）。上一年失业超过 30 天的司机也不包括在内。因为 UMTIP 数据集将所有驾龄不足两年的司机编码为"1"，所以样本不包含两年之内的自营车主，也就无从了解他们的收入是否能代表承包司机的全年收入。

7. ATBS 是下一章将讨论的承包体制的主要推手，该机构报告称，2011 年封闭式货车承包司机的平均纯收入为 44868 美元。不过缴纳自雇税之后，收入变成 38529 美元。根据 ATA 在 2011 年的基准调查，该细分市场的雇员司机平均收入约为48000美元,扣除雇员社保和医保后,为44328美元(ATA,2012)。但是,开封闭式货车的雇员司机往往是新手;而一个中等水平的承包司机去做雇员,工资可以接近最高水平;即便只拿中等的雇员薪资,也比他们做承包司机的收入高出15%。这一估计可能非常保守,因为ATBS承认它的数据进行过"清洗",剔除了收入极低的人,这可能意味着剔除了驾龄不到一年的新承包司机、因重大故障、事故或疾病而辞职或中断工作的人。迈克尔.贝尔泽博士在2003~2004年对OOIDA成员进行过一次基准调查,净收入一项中计入了当年没赚钱或亏损的自营车主。如果将这些司机计算在内,拥有一辆卡车的自营车主的净收入中位数略低于18000美元(来自作者与贝尔泽的个人通信)。

8. Heine and Klemp, 2011.

9 这种自我认定对于错误分类审计也很重要。例如,美国国税局在确定工人是雇员还是自雇时,会考虑双方对关系性质的理解。因此,如果工人并不认为自己是雇员,国税局就更有可能认定他或她不是雇员。

10. 请注意所使用的专业用语。给他派活时,不像对雇员那样称为"任务",而是称"报价"。法律专家鼓励公司调整劳务流程的每一个环节,以便向审计人员、法院和承包司机们表明,承包司机可以控制自己的工作。

11. 贝尔泽(Belzer,2000)还认为,承包司机们都存在对自己施加过大压力的问题,原因如前所述。

第五章 寻求支持
对承包司机的非直接管理

1. Feary and Smith, 2009.
2. Lockridge, 2001:34.
3. Park, 2010.
4. Cullen, 2004.
5. American Truck Business Services, 2010a.
6. 同上书。
7. 《超速》杂志上关于承包司机的文章通常把ATBS作为专家引述,

并至少以 ATBS 的 40 个货运业战略合作伙伴中的一个为正面典范。

8. Partners in Business,2010.

9. 同上书:5。

10. 同上书。

11. ATBS,2010a.

12. 同上书。

13. 同上书。

14. 同上书。

15. Kvidera,2010a.

16. Partners in Business,2010.

17. ATBS,2012.

18. ATBS,2008.

19. ATBS,2010b.

20. www.cdlofit.com,accessed July 21,2010.

21. CNN Money,2007.

22. Erwin,2006.

23. Partners in Business,2009b.

24. 同上书。

25. 联邦快递现在要求其承包司机正式成立公司。ATBS 为联邦快递的承包司机开发了一个特殊方案来解决这个问题。

第六章 "世上再无吉米·霍法"
绝望的司机和分裂的劳工

1. 在货运行业中,存在着一种影响广泛的基督教卡车司机亚文化,迪恩也认同这种亚文化。有关这一人群的更多信息,请参阅 Upton,2015。

2. Johnston,2008.

3. 例如,在 2008 年 6 月 18 日的一周内,大西洋沿岸中部的柴油零售价平均为每加仑 4.87 美元。根据美国国家运输研究所的数据,该周托运人为封闭式集装箱运输向该地区的大中型货运公司每英里平均支付了 53.8 美分(以下用 cpm 指代)的燃油附加费。而货运公司向承包司机支付的平均燃油附加费为 54.5cpm,比托运人支付的燃油附加费高出

0.7 cpm。但燃油附加费与实际燃油成本的盈亏平衡点为 59.3 cpm，比货运企业支付给承包司机的燃油附加费高出 4.8 cpm。在这种严重失衡的合作关系中，货运企业承担了 0.7 cpm 的燃油价格上涨成本，而承包司机则要承担 4.8cpm，几乎是资金雄厚的搭档负担的七倍。对于一个每年行驶110000英里付费里程的典型承包司机而言，这就是每年 5280 美元，约为我所访谈的承包司机平均收入的 15%。

4. Uchitelle,2008.

5. Truckload Carriers Association,2013.

6. Ross,2012.

7. Watson,2009.

8. 货运企业从这种操作中获利颇多。2010 年 6 月 23 日当周，大西洋中部各州封闭式货车燃油附加费的盈亏平衡点为 29.4cpm。在 NTI 的调查中，货运企业平均从托运人处收取了 41.5cpm 的燃油附加费，但仅支付给承包司机 27cpm。如果货运企业将这 14.5cpm 的差额转嫁给承包司机，则意味着承包司机的周薪平均增加 350 美元。

9. 去管制化和独立承包的影响也出现在港口货运上。参见 Bensman,2009;Smith,Bensman and Marvy,2010。

10. 货运行业坚持认为，反垄断法规禁止承包司机组建工会，因为他们在法律上是自雇人员。

11. 例如，雇主们成立了一个名为"独立承包司机自由联盟"（Coalition for Independent Contractor Freedom）的游说团体，试图将独立承包司机组织起来，反对限制使用独立承包制。

附录1 数据和方法

1. Seiber,2014.

2. 参见 Belman,Monaco and Brooks,2005。有关该数据集及其方法的一般说明。

缩略词对照

ATA　American Trucking Associations　美国卡车货运协会

ATBS　American Trucking Business Services　美国货运企业服务公司

BMV　Bureau of Motor Vehicles　机动车管理局

CDL　Commercial Driver's License　商业驾照

CVTA　Commercial Vehicle Training Association　商用车辆培训协会

FMCSA　Federal Motor Carrier Safety Administration　联邦机动车安全管理局

ICC　Interstate Commerce Commission　州际贸易委员会

IBT　International Brotherhood of Teamsters　国际卡车司机兄弟会

GAO　Government Accountability Office　政府审计办公室

LTL　Less than Truckload　零担运输

OOIDA　Owner-Operator Independent Drivers Association　自营车主独立驾驶员协会

OTR　Over-the-road　长途运输或公路运输

NTI　National Transportation Institute　国家运输研究所

NMFA　National Master Freight Agreement　全国货运总协定

PIB Partners in Business 商业伙伴

TCA Truckload Carrier Association 整车货运企业协会

TL Truckload 整车运输

UMTIP University of Michigan Trucking Industry Program 密歇根大学货运行业研究

USDOT United States Department of Transportation 美国交通部

参考文献

Agar, Michael. *Independents Declared: The Dilemmas of Independent Trucking.* Washington, DC: Smithsonian Institution Press, 1986.
American Truck Business Services. 2010a, http://www.atbsshow.com/transportation.htm (accessed July 2, 2010).
———. "It's Not How Much You Make, It's How Much You Can Keep!" *Owner-Operator Newsletter,* 2008.
———. *Owner-Operator Newsletter,* November 2012.
———. "Quality Shortage I." *Owner-Operator Newsletter,* 2010b.
American Trucking Associations (ATA). *Benchmarking Guide for Driver Recruitment and Retention.* American Trucking Associations: Arlington, VA, 2012.
———. "Driver Turnover Rate Rises." *Transport Topics,* June 25, 2007, 1.
———. 2009, www.gettrucking.com (accessed April 3, 2009).
Ashford, S. J., E. George, and R. Blatt. "Old Assumptions, New Work: The Opportunities and Challenges of Research on Nonstandard Employment." *Academy of Management Annals* 1 (2007): 65–117.
Barley, S. R., and G. Kunda, G. *Gurus, Hired Guns and Warm Bodies.* Princeton: Princeton University Press, 2004.
Bearth, D. P. "Buyers' Leverage: Go with the Group." *Transport Topics,* March 28, 2005, 11.
Becker, H. S. 1970. "Problems of Inference and Proof in Participant Observation. In *Sociological Work: Method and Substance.* Chicago: Aldine, 1970.

Belman, D., and M. Belzer. "The Regulation of Labor Markets: Balancing Benefits and Costs of Competition." In *Government Regulation of the Employment Relationship*, edited by B. E. Kaufman, 179–220. Ithaca: Industrial Relations Research Association, 1997.

Belman, D., and E. E. Kossek. "Truck Owner-Operators: Entrepreneur or Galvanized Employees?" In *Research on Entrepreneurship*, edited by R. Heneman and J. Tanksy. Greenwich, CT: JAI Press, 2006.

Belman, Dale L., Francine Lafontaine, and Kristen A. Monaco. "Truck Drivers in the Age of Information: Transformation without Gain." In *Trucking in the Information Age*, edited by Dale Belman and Chelsea White III, 183–211. Burlington, VT: Ashgate, 2005.

Belman, Dale L., and Kristen A. Monaco. "The Effects of Deregulation, Deunionization, Technology, and Human Capital on the Work and Work Lives of Truck Drivers." *Industrial and Labor Relations Review* 54, no. 2A (2001): 502–24.

Belman, Dale L., Kristen A. Monaco, and Taggert J. Brooks. *Sailors on the Concrete Sea: A Portrait of Truck Drivers' Work and Lives*. East Lansing: Michigan State University Press, 2005.

Belzer, Michael. *Sweatshops on Wheels: Winners and Losers in Trucking Deregulation*. New York: Oxford University Press, 2000.

Bensman, David. *Port Trucking Down the Low Road: A Sad Story of Deregulation*. Demos: New York, 2009.

Burks, S. V., M. Belzer, Q. Kwan, S. Pratt, S. Shackelford. *Trucking 101: An Industry Primer*. Washington, DC: Transportation Research Board, 2010.

Burks, S. V., J. Carpenter, L. Gotte, K. Monaco, K. Porter, and A. Rustichini. "Using Behavioral Economic Experiments at a Large Motor Carrier: The Context and Design of the Truckers and Turnover Project." IZA Discussion Paper No. 2789 (May). Bonn, Germany: IZA, 2007.

Burks, S. V., K. Monaco, and J. Myers-Kuykindall, J. "How Many Trucks, How Many Miles? Trends in the Use of Heavy Freight Vehicles in the U.S., from 1977 to 1997." Working Paper, Trucking Industry Program, Georgia Institute of Technology, Atlanta, GA, February 15, 2004.

Burawoy, Michael. *Manufacturing Consent: Changes in the Labor Process under Monopoly Capitalism*. Chicago: University of Chicago Press, 1979.

Cappelli, Peter. *The New Deal at Work: Managing the Market-Driven Work Force*. Cambridge: Harvard Business Review Press, 1999.

Cato Institute. "Trucking Deregulation—A Long Haul." *Regulation* 5 (1979): 3–13.

Cleaves, E., and G. Tackes. "Show Me the Money and Keep My Career Options Open." *Commercial Carrier Journal* 157, no. 5 (2000): 89–93.

CNN Money, December 21, 2007, http://money.cnn.com/2007/12/21/news/companies/fedex/index.htm?section=money_mostpopular (accessed 3/27/2015).

Commercial Vehicle Training Association. "Fact Sheet," 2015, https://cvta.org/about/fact-sheet.html (accessed November 18, 2015).
Corsi, Thomas M. "The Impact of Multiple-Unit Fleet Owners in the Owner-Operator Segment on Regulatory Reform." *Transportation Journal* 19 (1979): 47–71.
———. "The Truckload Carrier Industry Segment." In *Trucking in the Age of Information*, edited by Dale Belman and Chelsea White III, 21–42. Burlington, VT: Ashgate, 2005.
Corsi, Thomas M., and Curtis M. Grimm. "ATLFs: Driving Owner-Operators into the Sunset." *Journal of Transportation Research Forum* 29 (1989): 285–90.
———. "Changes in Owner-Operator Use, 1977–1985: Implications for Management Strategy." *Transportation Journal* 26, no. 3 (Spring 1987): 4–16.
Corsi, Thomas M., and Joseph R. Stowers. "Effects of a Deregulated Environment on Motor Carriers: A Systematic Multi-Segment Analysis." *Transportation Journal* (1991) 30: 4–28.
Crain, Andrew D. "Ford, Carter, and Deregulation in the 1970s." *Journal on Telecommunications and High Technology Law* 5 (2006-7).
Crisper, Jason. "Buyer's Paradise." *Landline,* March, 2000.
Cullen, D. "Owner-Operators: A Measure of Success." *Fleet Owner,* June 1, 1998, 36.
———. "Rebirth of the Owner-Operator." *Fleet Owner,* August 1, 2004, http://fleetowner.com/management/feature/fleet_rebirth_owneroperator (accessed March 3, 2015).
Debe. J. A. "Investment Aspects of the Trucking Industry." *Financial Analysts Journal* 21, no. 4 (July/August 1965): 72–77.
Denissen, Amy M. and Abigail C. Saguy. 2014. "Gendered Homophobia and the Contradictions of Workplace Discrimination for Women in the Building Trades." *Gender and Society* 28, no. 3 (2014): 381–403.
Derthick, M., and P. J. Quirk. *The Politics of Deregulation.* Washington: Brookings Institution, 1985.
Dills, T. "Hard Financial Choices." *Overdrive,* September 1, 2009, http://www.overdriveonline.com/hard-financial-choices/ (accessed March 27, 2015).
Dobbs, Farrell. *Teamster Power.* New York: Pathfinder, 1973.
Dudley, S. E. "Alfred Kahn 1917–2010." *Regulation* 34, no. 1–2: 8–12.
Eisenach, J. A. *The Role of Independent Contractors in the U.S. Economy.* Washington, DC: Navigant Economics, 2010, http://www.aei.org/wp-content/uploads/2012/08/-the-role-of-independent-contractors-in-the-us-economy_123302207143.pdf (accessed November 20, 2015).
Erwin, P. C. "Owner-Operator Finance Programs Boost Profitability, Owner-Operator Relations," February 6, 2006, http://www.kefonline.com/Downloads/PDF/KEF_02062006.pdf (accessed August 22, 2010).
Feary, G., and J. Smith. "Independent Contractor Fleets in North American

Trucking." Annual Global Conference, Council of Supply Chain Management Professionals, Chicago, 2009.
Federal Highway Administration. "Freight Facts and Figures 2013." Washington, DC: USDOT, January, 2014.
———. "OECD TRILOG Plenary Symposium: Public Policy Issues in Global Freight Logistics, Conference Proceedings." Washington, DC: USDOT, December 17–18, 1998.
Folio Staff. "Why Randall-Reilly Sold to Investcorp," January 29, 2008, http://www.foliomag.com/2008/breaking-randall-reilly-acquired-investcorp (accessed July 2, 2010).
Garnel, Donald. *Rise of Teamster Power in the West.* Berkeley: University of California Press, 1972.
Government Accountability Office. "Employment Arrangements: Improved Outreach Could Help Ensure Proper Worker Classification." Report to the Ranking Minority Member, Committee on Health, Education, Labor, and Pensions, U.S. Senate. Washington, DC: GAO, 2006.
Gramsci, A. *Selections from the Prison Notebooks.* Trans. Q. H. Smith. New York: International, 1971.
Hamilton, S. *Trucking Country: The Road to America's Wal-Mart Economy.* Princeton: Princeton University Press, 2008.
Harrison H. D. and J. Pierce. "Examining Driver Turnover and Retention in the Trucking Industry." Center for Intermodal Freight Transportation Studies: Memphis and Nashville, March 2009.
Hayden, James F. "Teamsters, Truckers, and the ICC: A Political and Economic Analysis of Motor Carrier Deregulation." *Harvard Journal of Legislation* 17, no. 1 (1980): 123–55.
Heine, Max. "Panelists Forecast Increased Driver Demand," May 23, 2003, www.etrucker.com.
Heine, Max, and Gordon Klemp. "Keeping Up with Driver Pay Changes." Trucker Webinar Series, August 15, 2011, www.truckerwebinars.com (accessed September 5, 2012).
Hirsch, B. T. "Trucking Deregulation and Labor Earnings: Is the Union Premium a Compensating Differential?" *Journal of Labor Economics* 11, no. 2 (1993): 270–301.
———. "Wage Gaps Large and Small." Discussion Paper Series. Bonn: Institute for the Study of Labor, 2008.
Hirsch, Barry T., and David A. MacPherson. "Earnings and Employment in Trucking: Deregulating a Naturally Competitive Industry." In *Regulatory Reform and Labor Markets,* edited by James Peoples, 61–112. Norwell, MA: Kluwer Academic Publishers, 1997.
Hoffman, Matthew, and Stephen Burks. "Training Contracts, Worker Overcon-

fidence, and the Provision of Firm-Sponsored General Training," May 31, 2013, http://ssrn.com/abstract=2220043.

ICF Consulting. *Economic Effects of Transportation: The Freight Story.* Washington, DC: Federal Highway Administration, 2002.

James, Ralph C., and Estelle Dinerstein James. *Hoffa and the Teamsters.* Princeton: Van Nostrand, 1965.

Johnston, Jim. "Why Doesn't OOIDA Call for a Strike?," March 14, 2008, http://landlinemedia.blogspot.com/2008/03/why-doesnt-ooida-call-for-strike.html (accessed June 8, 2015).

Kalleberg, A. L., B. F. Reskin, and K. Hudson. "Bad Jobs in America: Standard and Nonstandard Employment Relations in the United States." *American Sociological Review* 65, no. 2 (2000): 256–78.

Kalleberg, Arne. *Good Jobs, Bad Jobs: The Rise of Polarized Employment Systems in the United States, 1970s to 2000s.* New York: Russell Sage Foundation, 2011.

Kinsman, M. "Randall Rising." *Folio*, January 4, 2006, http://www.foliomag.com/2006/randall-rising (accessed July 9, 2010).

Klein, Debbie. "Feeling the Driver Shortage? Recruit Women Truck Drivers," September 11, 2014, http://www.hni.com/blog/bid/91738/Feeling-the-Driver-Shortage-Recruit-Women-Truck-Drivers (accessed June 11, 2015).

Knipling, Ronald R., Stephen V. Burks, Kristen M. Starner, Christopher P. Thorne, Michael R. Barnes. *Driver Selection Tests and Safety Practice: A Synthesis of Safety Practice.* Washington, DC: Transportation Research Board, 2011.

Kunda, G., S. R. Barley, and J. Evans. "Why Do Contractors Contract? The Experience of Highly Skilled Technical Professionals in a Contingent Labor Market." *Industrial and Labor Relations Review* 55, no. 2 (2002): 234–61.

Kvidera, M. "Custom Pay." *Overdrive*. February 1, 2010a, http://www.overdriveonline.com/custom-pay/ (accessed March 27, 2015).

———. "How to Become an O/O: To Lease or Not to Lease." *Overdrive*, February 1, 2010b, http://www.overdriveonline.com/how-to-become-an-oo-to-lease-or-not-to-lease/ (accessed March 27, 2015).

Lamont, Michèle. *Money, Morals, and Manners.* Chicago: University of Chicago Press, 1992.

Leiter, R. D. *The Teamsters Union: A Study of Its Economic Impact.* New York: Bookman Associates, 1957.

Lockridge, D. "Recruiting Drivers in a Recession." *Heavy Duty Trucking* 80, no. 12 (2001): 34.

Macklin, G. "Owner-Operators Supply Greatwide's Capacity." *Refrigerated Transporter*, September 1, 2006.

Madar, Daniel. *Heavy Traffic: Deregulation, Trade, and Transformation in*

North American Trucking. East Lansing: Michigan State University Press, 2000.
Maister, David H. *Management of Owner-Operator Fleets.* Lexington, MA: Lexington, 1980.
McClanahan, Robert. "Driving School 2012 Survey Shows Lower Enrollment." National Association of Publicly Funded Truck Driving Schools, 2012, www.napftds.org (accessed March 12, 2013).
Moore, G. "The Beneficiaries of Trucking Regulation." *The Journal of Law and Economics* 21 (1978): 327–43.
Nickerson, Jack A., and Brian B. Silverman. "Why Aren't All Truck Drivers Owner-Operators? Asset Ownership and the Employment Relation in Interstate For-Hire Trucking." *Journal of Economics and Management Strategy* 12, no. 1 (Spring 2003): 91–118.
———."Why Firms Want to Organize Efficiently and What Keeps Them from Doing So: Inappropriate Governance, Performance, and Adaptation in a Deregulated Industry." *Administrative Science Quarterly* 48 (2003): 433–65.
Office of the Federal Register. "Weekly Compilation of Presidential Documents." Washington, DC: National Archives and Records Service, General Services Administration, 1980.
Osnowitz, D. *Freelancing Expertise: Contract Professionals in the New Economy.* Ithaca: Cornell University Press, 2010.
Ouellet, Lawrence J. *Pedal to the Metal.* Philadelphia: Temple University Press, 1994.
Overdrive Staff. "Another Way to Buy." *Overdrive,* December 12, 2008a), http://www.overdriveonline.com/another-way-to-buy/ (accessed November 20, 2015).
———. "Inside Track." *Overdrive,* December 12, 2008b, http://www.overdriveonline.com/inside-track/ (accessed March 27, 2015).
Owner Operator Independent Drivers Association. *2007 Independent Driver Survey.* Grain Valley, MO: OOIDA, 2007.
Park, J. "Times They Are A-Changin': Can Owner-Operators Keep Pace?" *Heavy Duty Trucking,* February 10, 2010, http://digital.ipcprintservices.com/display_article.php?id=317776 (accessed March 27, 2015).
Partners in Business. "The Legal Status of Owner-Operators." Partners in Business Webinar Series, *Overdrive Online,* 2009b, www.overdriveonline.com/pib, accessed July 8, 2010.
———. "Partners in Business," *Overdrive Online,* 2010, http://www.overdriveonline.com/pib (accessed July 8, 2010).
———. *2009 Partners in Business: A Business Manual for Owner-Operators.* Tuscaloosa, AL: Randall-Reilly, 2009a.
Peoples, J., and M. Peteraf. "The Effects of Regulatory Reform on Company Drivers and Owner Operators in the For-Hire and Private Sectors." *Transportation Journal* 38, no. 3 (1999): 5–17.

Peoples, James. "Industry Performance Following Reformation of Economic and Social Regulation in the Trucking Industry." In *Trucking in the Age of Information,* edited by Dale Belman and Chelsea White III, 128–46. Burlington, VT: Ashgate, 2005.

Perry, Charles. *Deregulation and the Decline of the Unionized Trucking Industry.* Philadelphia: University of Pennsylvania Press, 1986.

Prottas, D. J., and C. A. Thompson. "Stress, Satisfaction, and the Work-Family Interface: A Comparison of Self-Employed Business Owners, Independents, and Organizational Employees." *Journal of Occupational Health Psychology* 11 (2006): 366–78.

Randall-Reilly. Media Kit. Tuscaloosa, AL: Randall-Reilly, 2010, http://www.randallreilly.com/markets/trucking/ (accessed March 27, 2015).

Recruiting Media. "Trucking's Top Rookie: Train. Retain. Gain," July 29, 2011, http://www.truckload.org/TCA/files/ccLibraryFiles/Filename/000000001191/Trucking's%20Top%20Rookie%20White%20Paper.pdf (accessed November 20, 2015).

Rich, A. *Think Tanks, Public Policy and the Politics of Expertise.* Cambridge: Cambridge University Press, 2005.

Robertson, D. B. *Loss of Confidence: Politics and Policy in the 1970s.* University Park: Pennsylvania State University Press, 1998.

Robyn, Dorothy. *Braking the Special Interests: Trucking Deregulation and the Politics of Policy Reform.* Chicago: University of Chicago Press, 1987.

Roehl Transport. *Owner Operator Plan for Success.* Marshfield, WI: Roehl Transport, 2010.

Ross, Dave. "U.S. Trucking Overview and Outlook," January 27, 2012, http://operationstimulus.org/documents/Acme%20Distribution%20Centers%20Trucking%20Overview_1_27_12.pdf.

Russell, Thaddeus. *Out of the Jungle.* New York: Knopf, 2001.

Sage. *Free Truck Driver Training.* Sage Truck Driving School, http://www.sageschools.com/sage-employment.htm (accessed July 25, 2010).

SCDigest. "Carrier CEOs Says Driver Pay Must Rise to over 60,000," January 25, 2012, www.scdigest.com/ONTARGET/12-01-25-3.php (accessed October 2, 2013).

Seiber, Karl. "National Survey of Long-Haul Truck Driver Health and Injury." Federal Motor Carrier Safety Administration, Analysis, Research and Technology Forum. Transportation Research Board 93rd Annual Meeting, January 14, 2014.

Sloane, A. "Collective Bargaining in Trucking: Prelude to a National Conflict." *Industrial and Labor Relations Review* 19, no. 1 (1965), 21–40.

———*Hoffa.* Cambridge, MA: MIT Press, 1991.

Smith, Rebecca, David Bensman, and Paul Marvy. "The Big Rig: Poverty, Pollution, and the Misclassification of Truck Drivers at America's Ports, A

Survey and Research Report." Washington, DC: National Employment Law Project, December 8, 2010.

Smith, Robert Michael. *From Blackjacks to Briefcases: A History of Commercialized Strikebreaking and Unionbusting in the United States*. Athens: Ohio University Press, 2003.

Smith, V., and E. B. Neuwirth. *The Good Temp*. Ithaca: ILR Press, 2008.

Smith, Vicki. *Crossing the Great Divide: Worker Risk and Opportunity in the New Economy*. Ithaca: Cornell University Press, 2001.

Social Security Administration. "Wage Statistics for 2008," November 4, 2015, https://www.ssa.gov/cgi-bin/netcomp.cgi?year=2008]

Swain, D. H. *A Purpose Driven Career: Establishing a Career Path that Gives Drivers Something to Work For*. Worthington, OH: Trincon, 2007.

Transport Topics. "Top 100 For-Hire Carriers," http://www.ttnews.com/tt100/TT100_web_FH09.pdf.

Truckinginfo.com. "Preparing for Change: Ray Kuntz, Chairman/CEO, Watkins and Shepard Trucking," May, 2009, http://www.truckinginfo.com/article/story/2009/05/preparing-for-change-ray-kuntz-chairmanceo-watkins-and-shepard-trucking.aspx (accessed November 20, 2015).

Truckload Carriers Association. *Dry Van Driver Survey Estimates $1.5 Billion Lost in Time Waiting*. Alexandria, VA: Truckload Carriers Association, 1999.

———. "The State of Independents: Recruiting and Retaining Owner Operators." Recruitment and Retention Conference, February 12, 2013.

Uchitelle, Louis. "Soaring Fuel Prices Take a Withering Toll on Truckers." *New York Times*, May 27, 2008, C1.

United States Department of Transportation. National Highway Traffic Safety Administration. "Traffic Safety Facts 2012 Data." Washington, DC: USDOT, 2014.

United States House of Representatives. "Hearing on the Effects of Misclassifying Workers as ICs." Washington, DC: House Committee on Ways and Means, 2007.

Upton, Rebecca L. "What Would Jesus Haul?: Home, Work, and the Politics of Masculinity among Christian Long-Haul Truck Drivers." In *Work and Family in the New Economy* (Research in the Sociology of Work, vol. 26), edited by Samantha K. Ammons and Erin L. Kelly, 101–26. Bingley, UK: Emerald Group.

Watson, Rip. "Fleet Bankruptcy Pace Slows." *Transport Topics*, April 27, 2009, http://www.ttnews.com/articles/printopt.aspx?storyid = 21783 (accessed June 8, 2015).

Williams, Christine L. *Gender Differences at Work: Women and Men in Nontraditional Occupations*. Berkeley: University of California Press, 1989.

———. *Still a Man's World: Men Who Do "Women's Work."* Berkeley: University of California Press. 1995.

Wright, Erik Olin. "Workers Power, Capitalist Interests and Class Compromise." *American Journal of Sociology* 105, no. 4 (2000): 1559–71.

Wyckoff, Daryl D. *Truck Drivers in America*. Lexington, MA: Lexington, 1979.

Zingales, Luigi. "Survival of the Fittest or the Fattest? Exit and Financing in the Trucking Industry." *Journal of Finance* 53, no. 3 (1998): 905–38.

索 引

斜体的页码是指插图和表格。

accidents, motor vehicle, 9, 206; and CDL schools/training, 50-51, 53, 62-63; and contractors, 166, 190; and fatalities, 63-64; and "the moment" (stopping in time), 68; truck rollovers, 67; and working conditions, 62-64, 67-69, 86, 91, 98
Advanced (pseud.), 28, 30-31, 39, 44
age, 4, 218, *219*, 220-21; and CDL schools/training, 29-30; and contractors, 105, 152, 159, 161-62, 186-87; and recruitment, 36; and working conditions, 95
agriculture, 11, 18; and migrant farm labor, 36. *See also* farmers/farming
Amen, Todd, 171, 174
American Conservative Union, 18
American Dream, 105, 112, 116, *116*, 117, 130, 138-39, 156, 184, 206-7
American Enterprise Institute, 17
American Farm Bureau, 18
anonymity, 106, 209, 213, 223-24
ATA (American Trucking Associations), 18-20, 40, 199; and contractors, 112-13, 136, 240n7; surveys, 35, 37-38, 82, 112, 236n5; website of, 35; and working conditions, 82-83

ATBS (American Trucking Business Services), 170-77, 205, 230, 240n7-41n7, 242n25; ATBS Partner Carriers, 173; benchmarking services, 173-74; carriers subsidize services to drivers, 171, 177; Fleet Conversion Program, 173; and leasing services, 172-73, 178-79; newsletter, 175-76; and PIB (Partners in Business), 171-72, 174, 179; and switching carriers, 176; truckers pay for services, 171, 176-77; website of, 171
ATLF (advanced truckload firms), 81-82, 109
attitudes of drivers, 48, 215, 229; and masculinity, 100-104; and sexual harassment, 102-4; and third-party firms, 169; and working conditions, 79, 94-98, 100-104
autonomy, 4, 33; and contractors, 139, 183-85, 187, 196-97; and working conditions, 58, 70, 78-79, 97

bankruptcies, 31, 109, 126, 173, 178, 193
Barron's, 18
base plates, 174, 183
bathroom access, 2, 60-61, 68, 70, 76, 86, 140

303

behaviors of drivers, 215, 229; and CDL schools/training, 51, 57; and contractors, 139, 176; prescribed vs. actual, 215; and private carriers, 94; and third-party firms, 176
Belzer, Michael, 22, 86, 235n61, 240n7, 240n11
benchmarking services, 8, 35, 38, 171, 173–74, 204, 240n7
benefits, 22, 30, 198; and contractors, 111–12, 156, 179
Big Red Trucking (pseud.), 142–46, 148
blogs, trucker, 177, 212, 230
BLS (Bureau of Labor Statistics), 35–36, 50, 235n61
blue-collar workers, 3, 9, 12, 34, 213; and CDL schools/training, 46; and recruitment, 36–37, 101
BMV (Bureau of Motor Vehicles), 41–43
Brookings Institution, 17, 235n37
Burawoy, Michael, 58–59, 78
Burks, Steven, 7, 37, 39

caffeine, 52, 68
capitalist interests, 23, 86, 204, 206
career path, 31, 33, 201, 204, 222, 225; and contractors, 119, 121, 126, 130–31, 167, 187; and working conditions, 99
Carter, Jimmy, 17–20
CDLs (commercial driver's licenses), 28, 30, 32–33, 218; A, B, and C licenses, 42–43; cost of, 156; exams for, 41–43, 46, 49–50, 54–55; revoked, 88
CDL schools/training, 7–9, 24, 28–57; and additional training, 41–46; applications for, 32–33, 42, 48, 50; carrier-run schools, 28, 30–32, 37–57, 82–83, 99, 102, 113, 128, 150, 193, 200; and classroom work, 44, 46, 48, 50–51, 53; contracts for, 8, 39, 44, 148; cost of, 7–9, 24, 31, 33, 35, 38–41, 43–44, 46–48, 50, 56; debt for, 7–8, 38–41, 44, 47–48, 50, 55–56, 104; and driving simulators, 40; and driving skills, 45–51; as extended job interviews, 30–31, 48; and "finishing," 48–50; and graduation, 47; held at motels, 28, 48; and learner's permits, 41, 43; noncarrier schools, 33, 37–38, 105, 121, 236n5; online study guides for, 42; and performance evaluations, 46; and physical/drug exams, 41–43, 47; and pre-training, 42–43, 56; and supervised driving, 41, 43, 45–46, 48–49; and trainers, 41, 44–54, 78; and training grants, 9, 24, 40–41, 48, 105
cell phones, 63–64, 97
class action, 26–27, 199, 203–7, 227–29; and CDL schools/training, 56–57; class action lawsuits, 146, 178, 189
class mobility, 107, 116–17, 119, 131, 138–39, 158, 183
Coalition for Independent Contractor Freedom, 243n11
coercion of drivers, 9, 38, 47, 56, 58, 204; and contractors, 121, 124–25, 168
collective actions, 3, 11, 23–25, 192, 194–97, 204–6, 227–28; and CDL schools /training, 55–56; collective rate setting, 17; of employers, 24–25, 27; and neoliberalism, 26; and OOIDA, 189, 192; and *Overdrive*, 123
common carriers, 17–18, 20–21
Common Cause, 18
communications, 41; CBs/satellite radios, 61, 64, 89, 103, 190–91; and contractors, 121, 144, 149, 158; form messages, 59, 62, 70–71; GPS tracking, 51, 212; and HOS (Hours of Service), 89; laptop computers, 218; satellite-linked computers, 48–49, 59, 62, 64, 71, 74, 85, 91, 144, 158, 212; and working conditions, 59–62, 64, 70–72, 74, 84–85, 87, 89, 91, 97, 144
community colleges, 38, 105
company drivers. *See* employees
compensation, 2–3, 5, 22, 26, 221–22; and contractors, 123, 133, 139, 155, 157–58, 173–76, 181, 191, 240n5; per diem system, 157–58; and third-party firms, 173–76; and working conditions, 79, 99. *See also* incomes
competition, 7, 10, 205, 233n11; avoiding competition with other companies, 25–26, 169, 176, 189; buying competitor companies, 121; and CDL schools /training, 40, 52–53; and contractors, 108–9, 115, 121, 132, 134, 173–74, 178; and deregulation, 21–24, 31, 53, 108–9; for experienced drivers, 24, 40; and third-party firms, 173–74, 178–79; and unions, 12–14, 16, 23–24, 53, 81, 204; and working conditions, 60, 83
Congress, US, 19–20
conservatives, 16, 18, 226; Parkhurst as "conservative radical," 123
construction workers, 36, 50, 101, 111

索 引

consumers, 2; consumer products manufacturers, 6, 93, 215; and deregulation, 17–18, 20; employees as, 192
Consumers Union, 18
contractors, 4–5, 9, 25, 105–67, 212, 215, 230, 238n16; and ATBS (American Trucking Business Services), 170–77, 240n7; belief in contracting, 25, 105–8, 131–39, 236n76; as cheap drivers, 108–12, 121, 193–94, 206; and contracting discourse, 113–121, *116*, *118*, *120*, 124, 126, 130–31, 138–39, 170, 172, 203; convincing workers to become, 9, 25, 110, 121–130; and deregulation, 18, 108–10, 123, 126, 212; and failure, 168, 181, 183–85, 194; immigrants as, 128–130, 140–47; and interviews, 5, 105–8, 111, 114, 122, 130, 132–38, 140–48, 150–54, 157–166, 181–85, 187–88, 215, 220–22, 225–29; leaving industry, 110, 121, 168, 180–83; and LLCs, 179–180; and *Overdrive*, 100, 122–28; and referral bonuses, 131; and risks, 9, 25–26, 107–8, 111, 114–15, 130, 133–35, 139, 146–47, 152, 154, 166–67, 173–74, 176, 181–82, 186, 193, 203, 206–7; as self-employed drivers, 4–5, 107, 111–13, 154, 156–58, 169, 240n7, 240nn4–5, 241n9, 243n10; and strike drivers, 190–92, 227–28; and success, 107, 113–121, *118*, *120*, 126–27, 131–35, 148, 151–53, 159–160, 163, 169–172, 181–82, 184, 187–88; and switching carriers, 95, 112, 152, 176; and third-party firms, 113, 121–22, 124–25, 138–39, 146, 169–189, 239n1; and trucking media, 107, 113, 116–17, 122–28, 169–171, 173–76, 238n26, 239n31; and unions, 108, 110, 112, 130, 194–201, 212; and working conditions, 9, 59, 82, 84, 88, 95, 97, 100, 105, 108, 112, 140–47, 164. *See also* owner-operators; self-employed drivers; truck ownership
control, sense of, 201; and CDL schools /training, 55–57; and contractors, 4–5, 100, 106, 110, 112, 115, 133, 135–38, 144, 146, 158–160, 164, 167, 178–181, 184, 240n5; giving it up, 158–160; and third-party firms, 178–181; and unions, 9–13, 15, 31; and worker associational power, 23, 25; and working conditions, 58–59, 63, 67–68, 70, 75, 78–80, 87–88, 99–100, 144
convoys, 190–91, 196, 227
Council of Economic Advisers, 17
Covenant Transport, *116*
Crear, Steve, 125

credit histories, 37, 126, 147, 150, 153
criminal histories, 32, 42, 47
customers, 7, 9–11, 214–15; and bulk contracts, 84; and CDL schools/training, 52; and cheap freight, 99–100; and contractors, 4, 109–10, 113–15, 139, 143, 159, 182; and deregulation, 18–19; and third-party firms, 171; and unions, 16; and working conditions, 60, 71, 82–87, 89–90, 92–93, 95–97, 99–100, 143
CVTA (Commercial Vehicle Training Association), 38, 40

Dart, 117–121, *118–119*, 151, 171
Davis Distributing (pseud.), 95–97
DAX reports, 53
deadheading, 84, 145
debt peonage, 7–8; and CDL schools /training, 38–41, 47–48, 55–56, 104; and contractors, 125, 148–49; and interest, 8, 44, 48, 50, 56, 148–49
dedicated accounts, 92–93, 97–98, 215
Department of Homeland Security, 43
Departments of Labor, 177, 236n5
deregulation, 3, 5, 10, 16–24, 27, 32, 187, 193–94, 199, 203, 205–6, 226, 235n46; and CDL schools/training, 31, 52–53, 55–56; and contractors, 18, 108–10, 123, 126, 212; and working conditions, 10, 22, 24, 31, 81–82, 99
diesel fumes, 61, 72, 140, 213
diet, 51–52, 103; and caffeine, 52, 68, 140–41; drinking water, 68; and fast food, 72, 74; and weight gain, 187. *See also* meals
dignity, 182–83, 206
dispatching/dispatchers, 1, 36; and contractors, 109, 130, 143–46, 159, 164, 166, 168; and dedicated accounts, 93; "forced dispatch," 85; and private carriers, 94; and working conditions, 71, 76–77, 85, 93–94, 143–46. *See also* managers/driver managers
distribution centers, 6, 19, 60, 93
DOT (Department of Transportation), 43, 60, 88, 164–65, 223, 238n16
driving records, 32, 42, 95, 142, 228
driving schools. *See* CDL schools/training
driving skills: and blind spots, 50; and CDL schools/training, 45–51; and contractors, 119; and defensive driving, 51, 68–69; and "double-clutch" method, 45; and working conditions, 61–62, 65–70
"drop and hook" trailers, 87

305

drug tests, 41, 43, 47, 144
dry van drivers, 4, 35, 82, 87, 240n7
DuPont, 19

economies of scale, 7, 83, 183
economy, US, 6, 207; in 1970s, 16; economic rents, 17. *See also* recessions
education: and "business" classes, 169–172; and CDL schools/training, 29–30; and contractors, 123, 141–42, 169–172, 239n30; and GEDs, 102; and interviews, 36–37, 102, 141–42, 218; and neoliberalism, 27; and recruitment, 36–37
efficiencies/inefficiencies, 221; and CDL schools/training, 48, 52; and contractors, 110, 113, 131–32; and deregulation, 16–18, 32, 52; and inexperienced drivers, 9, 48; systemic inefficiencies, 1–2, 10; and unions, 13–14, 16, 81; and working conditions, 58, 69, 79, 81–82, 85, 87, 95–96. *See also* fuel efficiency
Eisenhower, Dwight D., 17
emotions, 101, 142, 216, 224–25
empathy, 216, 224
employees, 4–5, 7, 9, 22, 24, 26, 194–201; and ATLF (advanced truckload firms), 81–82, 109; becoming contractors, 105–10, 121, 122–138, 146, 155, 163, 171–73, 178, 193–94, 239n3; and CDL schools/training, 47–56; contractors compared to, 112–13, 117, 146, 160, 162–68, 172, 175, 181–88, 195–97, 239n1, 240n5, 240n7; contractors reclassified as, 178–79, 181, 183; and strike drivers, 191–92; and third-party firms, 171–73, 175, 178–79; and working conditions, 58–92, 94–104
English language, 141, 217
entrepreneurs: and contractors, 110, 113–14, 129; and third-party firms, 27
evangelical Christians, 29–30, 190–91, 226, 242n1
exercise, 103, 216; and CDL schools/training, 51; and working conditions, 64, 68, 70, 74
expedited freight business, 162
experienced drivers, 5, 8–9, 213; and CDL schools/training, 49, 54–55; and deregulation, 24, 31–32; exiting industry, 31, 54; as independent drivers, 84, 119, 122–24, 126, 131, 134–35; and interviews, 34–35, 55–56, 125, 130–31, 133, 150–51, 154–55, 163, 185–89, 197–99, 201–3, 217, 225–26; and private carriers, 94, 155; and recruitment, 34–35, 39; and unions, 194–201; views on contracting, 125–26, 130–31, 133, 139, 146, 150–51, 154–55, 159, 163, 166, 185–89, 197–203; and working conditions, 81, 90, 92, 94–98
exploitation, 24, 55, 115, 180–84, 224

factories, 6, 30, 71
family/friends, 7, 24, 210, 213; and bank accounts, 161; and CDL schools/training, 29, 31, 52; and contractors, 130, 133, 137–38, 141–46, 153, 161–63, 175–76, 185, 187–88; and family budgets, 161, 175–76; and interviews, 141–42, 219, 224; and marriage/divorce, 29, 102, 141–45, 161–63, 187, 225; and recruitment, 33–34, 36; and third-party firms, 175–76; and women drivers, 101–2, 219; and working conditions, 72, 74, 79, 99, 101–2, 141–46. *See also* home time; parents, drivers as
farmers/farming, 31, 36, 72. *See also* agriculture
fear, 46, 51, 144
Federal (pseud.), 7, 37–39, 44, 75
Federal Motor Carrier Safety Administration, 88
FedEx, 171, 242n25; FedEx Ground, 178
fingerprints, 43
Fitzsimmons, Frank, 15
flatbeds, 6, 82, 94, 142, 183; and truck tarps, 237n13
flexibility, 16–17, 20–21; and contractors, 111, 115, 129, 159, 164–65, 194; and neoliberalism, 26; and working conditions, 84–85, 89, 99
FMCSA (Federal Motor Carrier Safety Administration), 32
Ford Foundation, 235n37
for-hire carriers, 6–7, 238n16
forklift operators, 30
Fortune 500 companies, 18, 83
fragile cargo, 82
Freightliner, 142, 171
freight market/rates, 7, 11, 14, 17, 21–22, 192–94; and contractors, 113–15, 132, 174–75, 183; freight brokers, 4, 84, 115, 134–35, 147, 159, 183; and strike drivers, 191–92; and third-party firms, 174–75; and working conditions, 81–83, 96
frustration, 2, 46, 72, 94, 145, 212
fuel costs, 5, 7, 216, 227–28; and contractors, 111–12, 123, 132–33, 152, 156, 160, 164, 181–82, 185, 191–94, 242n3, 243n8; and

索 引

fuel surcharges, 156, 191–94, 242n3, 243n8; and strike drivers, 190–92
fuel efficiency, 9, 18, 20, 85–86; bonuses for, 35; and contractors, 114, 117–121, *118*, *120*, 132, 149, 155–56, 164, 176; and third-party firms, 176
fuel stops, 60, 70, 73, 76, 85, 102, 149

gender, 214, 218–221, *219*; and CDL schools/training, 29–30, 100–101; and contractors, 105, 128–29, 152, 159, 162, 186–87; and recruitment, 37, 100–102; and sexual harassment, 102–4; and single mothers, 29; and solo drivers, 219; and team drivers, 29–30, 129, 219–220; and women drivers, 100–105, 128–29, 218–19, *219*, 221; and working conditions, 95, 100–104
general freight trucking, 3, 6–7, 212, 215; computer systems of, 97; and contractors, 137, 183, 238n16, 239n3; and incomes, 22, 35–36, 97–98, 137; and unions, 9, 12, 17–18, 21–22, 190; and working conditions, 81–84, 94, 97–98. *See also* long-haul TL trucking firms
General Mills, 19
Georgia Pacific, 19
GI Bill, 40
globalized workforce, 26
Government Accountability Office, 112
government agencies: and recruitment, 33; state employment offices, 33, 35, 105. *See also* regulation, government; *names of government agencies*
Great Recession, 28, 40, 154, 173–74, 189, 192–94, 212
Greatwide Logistics, 121, 171

Hamilton, Shane, 122–23
hauling authorities, 11, 13, 17, 20–21, 204
hazardous materials, 42–43, 94, 187, 238n16
health issues, 43; common ailments, 36, 43; diabetes, 43, 74; heart disease, 74; high blood pressure, 43; medical emergencies, 213; obesity, 74; physical injuries, 36; repetitive-stress injuries, 64; vision/hearing impairment, 43
hitchhikers, 218
Hoffa, Jimmy, 12–16, 81, 198, 200, 234n25
holidays, 71–72, 74, 87, 175
Home Depot, 30
home time, 7, 194, 213; and CDL schools/training, 29–30, 47–48, 50–52; and contractors, 110, 112, 115, 128, 133, 138, 142–45, 160–64, 175–76, 187–88; and deregulation, 24, 82; and homelessness, 225; and recruitment, 33, 42; and third-party firms, 175–76; and working conditions, 58, 61, 72–77, 79, 81–82, 84–87, 92–96, 98–99, 101–2, 105–6, 142–45. *See also* family/friends
HOS (Hours of Service), 88–91, 93–94, 97–98, 166, 183, 195
hurricanes, 143–44

IBT (International Brotherhood of Teamsters), 11–24, 198–99, 203–6, 230, 234n12; and contractors, 122, 192; and deregulation, 16–24; and training, 55; and trucking as lifetime career, 31; and working conditions, 80–81. *See also* unions
ICC (Interstate Commerce Commission), 10–11, 14, 20–21
illegal behavior, 2, 211–12, 223–24, 228; and CDL schools/training, 54–55; and contractors, 162, 164–66, 185; and HOS (Hours of Service), 89–91, 93–94, 97–98; and working conditions, 62, 66, 70–71, 76, 78, 80, 89–95, 97–99, 106
immigrants, 218, *219*, 220–21; as contractors, 128–130, 140–47; migrant farm labor, 36; and *padrone* system, 129; and recruitment, 37, 101, 128–29
incomes, 195–96; annual incomes, 34–35, 142, 154–55, 172, 186–87, 236n5; and contractors, 131–33, 136–37, 139, 142, 154–55, 158, 169, 172–73, 182–83, 186–88, 239n44, 239n3, 240nn5–6, 240nn5–7; farm income, 31; gross vs. net, 131, 136–37, 139, 182, 186–87, 225, 239n44, 239n3, 240n7; and interviews, 34–37, 97, 142, 224–25; misrepresentations of, 34–35, 155, 172; and recruitment, 33–37; and third-party firms, 169, 172–73; and trainees, 29. *See also* pay rates; unpaid work; wages
independent drivers, 84, 119, 122–24, 126, 131, 134–35, 147, 154, 183
inequality, 2, 5, 26, 207
inexperienced drivers, 7–9, 201, 203, 212–13; and additional training, 41–46; and CDL schools/training, 37–41, 55–56, 148, 199–200; as cheap drivers, 24–25, 99–100; and contracting, 105, 113–14, 119, 121, 125–27, 130–34, 147, 152, 155, 158–160, 182–86, 189, 238n16, 239n44; and

307

inexperienced drivers *(continued)*
  deregulation, 31–32; and interviews, 34, 36–37, 133, 152, 158–59, 195–97, 217, 220, 222–23, 225–26; and recruitment, 34, 37, 39; and safety, 32, 51; and third-party firms, 169; and unions, 194–201; and working conditions, 58, 65–66, 75, 78–79, 94, 96–100
inflation, 16, 18–20; stagflation, 16, 18
insurance, 9, 39, 228; and contractors, 111–12, 144, 149, 155–56, 164, 168–69, 179, 185, 191; health insurance, 29, 111, 156–57, 179; and HOS (Hours of Service), 88; truck insurance, 156; unemployment insurance, 111–12, 156, 158, 177
International Paper, 19
internet, 42, 84, 212, 216–17; internet forums, 177; wireless internet, 60
interstate highways, 5, 20, 29, 66–67, 216; cloverleaf interchanges on, 67; and contractors, 137, 143; entry ramps, 67; exits, 64; and mile markers, 88; speed limits on, 67, 69; toll plazas, 66–67; and tolls, 156; and working conditions, 64, 66–69, 72, 86, 88
interviews, 5, 22, 195–96, 215, 216–231; and CDL schools/training, 43, 56; coding of, 228–29; and contractors, 5, 105–8, 111, 114, 122, 130, 132–38, 140–48, 150–54, 157–166, 181–85, 187–88, 215, 220–22, 225–29; and dedicated accounts, 93; and demographics, 100–105, 128, 218–221, *219*; and eavesdropping drivers, 218, 223; emotional content, 101, 224–25; and field notes, 228–29; and group discussions, 218, 229; and incomes, 34–35, 224–25; initial interviews, 192, 216–18, 221–22, 228; nondriver interviews, 43, 178, 229–230; processing of, 228–29; and rapport, 222–24, 225; and reasons for becoming truckers, 36–37; and recruitment, 34–37; and salience of ownership, 226; sources other than, 230–31; status and self-representation, 225–26; strike driver interviews, 227–28; summaries of, 229; views on politics, religion, sex, 226–27, 230; and working conditions, 78–79, 90, 93, 95–99, 101, 140–41, 226
Investcorp, 127
investment cost, 14, 16–17; capital investments, 10, 14, 23, 109, 112, 132, 173, 178; and CDL schools/training, 48; and contractors, 109, 112, 132, 134, 163, 170, 173,

175, 178; and third-party firms, 173, 175, 178; and unions, 234n25; and working conditions, 84
IRS (Internal Revenue Service), 177, 240n9

James, 15
J. B. Hunt, 65–66, 171
job ads, 34–35, 42, 212; and contractors, 116–121, *116*, *118*, *120*
job security, 30–31, 33
Johnson and Johnson, 83
Johnston, Jim, 192
just-in-time production, 97

Katrina (hurricane), 143–44
Kimberly-Clark, 19
Kraft Foods, 19, 30, 83
Kuntz, Ray, 40

labor consultants, 121–22, 129
labor markets, 3, 5, 8–9, 14, 195, 206, 213, 230, 233n11; avoiding competition with other companies, 25–26, 169, 176, 189; and CDL schools/training, 54–56; and churn, 23–24, 110, 205; and contractors, 107–8, 110, 138–39; and deregulation, 19–20, 23–24, 27, 56; and neoliberalism, 25–27; and regulation, 11; and third-party firms, 24–25, 27, 169, 172–180, 188–89; and unions, 9–10, 12, 19–20, 23–24, 27, 194–201; and working conditions, 95, 98
Lamont, 222
Landstar, 171
Latinos, 30, 140–47, 151, 220
Law and Order (TV show), 73–74
laws, 211–12, 223–24; and CDL schools/training, 41–42, 44, 52, 54; and contractors, 122, 146, 158, 172, 177–180, 183, 205, 207; labor laws, 177; and third-party firms, 177–180; and working conditions, 69–70, 78, 84, 88–90, 97, 106. *See also* illegal behavior; regulation; government
lawyers, 112, 135, 146, 149, 204; and third-party firms, 178–79
lease-purchase programs, 4, 106, 124–29, 137, 142–159, 190–91, 212, 221, 227; and applications, 144; and balloon payments, 125, 142, 148–49; and breach of contract, 148; buying outright compared to, 151–54; and company interviews, 144; contracts for, 144–46, 148–49, 158–59, 162, 168, 239n1; and escrow accounts, 148, 150, 168; and failure, 150–51, 164; and

索 引

inflated truck prices, 148; and job ads, 116–122, *116*, *118*, *120*; and orientation, 144, 146, 149–150, 164; and *Overdrive*, 124–27, 222; permanent leases, 111–12; and poor financing, 148–49; purchase contracts, 148, 168, 239n1; and rent-a-truck, 146–151; as scams, 125, 151, 184–86; and security deposits, 126; and strike drivers, 227; and third-party firms, 172–73, 178–180; and "walk-away" leases, 148
lesbians, 29–30
Lever Brothers, 19
Leviathan (pseud.), 142, 212–16, 220, 229; and blackballing workers, 53; and CDL schools/training, 28, 38–39, 41–56; and company rules, 48, 52–54; facilities of, 43–45, 47–49, 60, 70, 83, 85, 220; headquarters of, 83; load planning department, 62, 71, 77–78, 84; and recruitment, 32–33, 35; Rookie of the Month award, 213; and working conditions, 58–80, 82–92, 94–104
liberals, 226; and deregulation, 18
lifestyle of drivers, 213, 215, 218, 223; and contractors, 163; and working conditions, 102
live animals, 82
LLCs (limited liability corporations), 179–180
loading docks, 3–4, 6, 52; and working conditions, 71–72, 82, 89–90, 94, 96, 99
loads, 1–4, 6, 10, 217; and CDL schools/training, 41–43, 49, 51, 56; and contractors, 100, 110–15, 119, 132, 134–35, 137, 139, 143, 145, 158–160, 162, 164–66, 181, 191, 212, 240n10; and dedicated accounts, 92–93; and deregulation, 21; and "forced dispatch," 85; and independent contractors, 100; live-loaded vs. preloaded, 59, 75, 77, 88, 92, 96, 145; load assignments, 51, 71–73, 78–79, 85, 93, 100, 181; and load boards, 84–85, 135; load offers, 158–59, 240n10; load quality, 75; oversized loads, 119; and percentage pay, 111; and private carriers, 93–94; and working conditions, 58–60, 65–67, 70–72, 74–100, 237n3
lobbying, 17–20, 27, 112, 230, 243n11
local carriers, 6, 8–9, 12–13, 30, 128, 234n12
logging hours, 223; and CDL schools/training, 41, 44; and contractors, 132, 164–66; and electronic logs, 91–92; and HOS (Hours of Service), 88–91, 93–94, 97–98, 166; logbook as "comic book," 89, 98; review of logbooks, 91–92; and working conditions, 62, 65, 69–70, 84, 88–92, 97–98
loneliness, 3, 102, 218
long-haul TL trucking firms, 3–9, 24–25, 212, 220–21, 229; avoiding competition with other companies, 25–26, 169, 176, 189; and blackballing workers, 53; business models of, 39–40, 203; and CDL schools/training, 8, 28, 30–32, 37–57, 82–83, 99, 102, 113, 128, 150, 193, 200; and company rules, 52–54, 58, 85–86, 88, 149–150, 184, 211–12; computer systems of, 91–92; and contracting discourse, 113–128, *116*, *118*, *120*, 130–31, 138–39, 170, 172, 203; and deregulation, 17–22, 24, 31–32, 108–9; and downsizing, 193–94; facilities of, 11, 40–41, 43–45, 47–49, 60, 70, 83, 85, 89–90, 220–21, 229; firing drivers, 92; and immigrants, 128–130, 140–47; and interviews, 5, 229; and *Overdrive*, 100, 122–28; and recruitment, 32–35; self-insured, 39; and speed limits, 85–86; and third-party firms, 25–26, 169–189; and trade shows, 113, 124, 171–72; and unions, 10–11, 53, 81, 194–201, 203
love of driving, 72, 105, 213
LTL (less-than-truckload) carriers, 11, 21, 31, 199, 203, 233n3; and contractors, 130, 238n16; and unions, 56; and working conditions, 81–82, 96, 100

managers/driver managers, 13, 85, 121, 230; and CDL schools/training, 52–53; and interviews, 5, 78, 215, 229; and "lay into me" strategy, 77; terminal managers, 52–53; and working conditions, 58, 60, 72, 74, 76–79, 85–86, 92
mandatory breaks, 60–62, 89, 92, 217, 219
manufacturing, 6, 16–21, 36, 93, 124
maps/map reading, 44, 64
market forces, 8–10, 230; and contractors, 122, 135, 139, 182–83; market share, 10, 16, 21, 81; natural market processes, 9, 26, 183; as socially constructed, 26–27, 182–83; supply and demand, 9, 22, 24, 26–27; and working conditions, 81, 99
Marxist economy theory, 23
masculinity, 100–104
meals, 2–3, 162, 216–18; and working conditions, 60–61, 64, 69–70, 72–74, 76, 85–86. *See also* diet
mechanics, 29, 36, 153, 185

309

Medicare, 111, 177
Megatrux Transportation, 116–17
Mexican Americans, 141–42
miles game, 58–59, 78–79, 86–104; and contractors, 113, 117, 131–32; outcomes of, 94–104
military training, 29–31, 36
monitoring, 51, 221, 228; "Big Brother," 97; and niche freight, 97; by satellite, 83, 97; and working conditions, 83, 85–86, 91–92, 97
monopoly, 16–17, 52, 123
Montana Department of Commerce, 40
mortgages, home, 153
Motor Carrier Act (1935), 10, 16
Motor Carrier Act (1980), 10, 20
M. S. Carriers, 116

Nader, Ralph, 18, 235n46
NASCAR, 73
National Association of Publicly Funded Truck Driver Training Schools, 38
National Labor Relations Board, 177
neoclassical economic theory, 23
neoliberalism, 26–27
New Deal, 2–3, 16
new economy, 26–27; and "precarious" jobs, 26
niche freight, 4, 8–9, 31, 183–84, 188; computer systems of, 97; and working conditions, 91–92, 95–97
NMFA (National Master Freight Agreement), 12, 15, 19, 205
nondriving tasks, 35; and CDL schools/training, 29–30; and contractors, 162–63; and HOS (Hours of Service), 88–91; and working conditions, 86–92, 95–96, 99
nonunion drivers, 14, 21–22, 27, 30–31, 200, 205; and ATLF (advanced truckload firms), 81–82, 109
NTI (National Transportation Institute), 35, 242n3, 243n8

O&S Trucking, 170
OOIDA (Owner-Operator Independent Drivers Association), 149, 189, 192, 230, 238n26, 239n31, 240n7
organizing, 2, 11, 191–92, 199–200, 227, 230, 234n12; and CDL schools/training, 57
OTR (over-the-road) carriers, 6, 22, 30–31, 35, 86, 88, 97, 117, 210, 240n5
outsourcing, 169
Overdrive, 100, 122–28, 174; "Another Way to Buy," 125–26; and ATBS (American Trucking Business Services), 171, 241n7; free subscriptions to, 124, 127; "Hard Financial Choices," 125; and horror stories, 125–26; "How to Become an Owner-Operator," 127; "Inside Track," 123; Most Beautiful contest, 100; Owner-Operator Market Behavior Report, 123, 126–28; website of, 124, 127
owner-operators, 4, 9; and collective action, 227–28; and deregulation, 21; employing multiple drivers, 111, 123, 135, 147–48, 153–54, 240n5; and interviews, 153, 220, 224–28; and *Overdrive*, 122–28; rebirth of, 108–13, 137, 154; as strike drivers, 227–28; and unions, 110, 204, 212; and working conditions, 65–66, 81. *See also* contractors

paperwork, 1, 218; and CDL schools/training, 41, 49; and contractors, 132; and private carriers, 94; and working conditions, 60–62, 71, 87, 89, 94
parcel carriers, 94, 233n3
parents, drivers as, 29–30, 101–2, 141–45, 161–62, 187–88, 224
Parkhurst, Mike, 122, 124
parking, 1–2, 218; and CDL schools/training, 42, 49; home parking locations, 42, 60, 93–94; and working conditions, 60, 64–66, 69–72, 74–75, 85, 93–94
participant observation, 209–16; getting a job, 212–16; reasons for becoming a trucker, 209–12
Partners in Business: A Business Manual for Owner-Operators, 172, 174
pay rates, 7–9, 11, 42, 193, 195, 202–3; and bonuses, 35, 42, 49, 71, 74, 86, 132, 176, 237n3; and CDL schools/training, 29–30, 39, 42, 49–51, 55–56, 236n5; and contractors, 106–8, 110, 112, 115–17, 123, 130–38, 141–43, 145–46, 149–150, 154–160, 163–68, 173–76, 181–86, 212, 236n5, 239n44; and dedicated accounts, 92–93; and guaranteed minimum pay, 73, 80, 87; and layover pay, 72; and overtime pay, 210; and percentage pay, 111, 174, 176; and private carriers, 93–94; and recruitment, 33–36, 131; and third-party firms, 173–76; and working conditions, 58–59, 67, 69–76, 78–80, 83, 86–87, 90–100, 106, 141–43, 145–46, 237n3. *See also* incomes; salaries; unpaid work; wages
Pell grants, 40

索　引

percentage pay, 111, 174, 176
personal lives/needs, 5, 213, 215; and contractors, 161–63; and interviews, 221, 224–25; and training, 28–29; and working conditions, 86, 88. *See also* family/friends; home time
Peterbilt, 117–19, *118*, 187–88
phone calls, 4, 85, 97, 156, 211, 213, 217–18, 220
physical/drug exams, 41–43, 47, 144
PIB (Partners in Business), 171–72, 174, 179; and *Partners in Business* manual, 172, 174
political pressure, 14, 16–18, 26–27
pollution, 9, 206
Pride and Class magazine, 117
Prime, 169
private carriers, 6, 8–9, 94, 155, 205; and deregulation, 18–21, 31; and working conditions, 82, 93
Procter and Gamble, 19, 83
productivity, 5, 9, 213, 224; and CDL schools/training, 35, 51; and contractors, 25, 109, 139; and deregulation, 21–22, 235n61; and worker power, 23; and working conditions, 69, 75, 78, 86, 88–91, 106
Professional Truck Driver Institute, 32
profits/profitability, 7–9, 193–94, 203, 214; and ATLF (advanced truckload firms), 81–82, 109; and CDL schools/training, 39; and contractors, 115, 117–19, *118*, 131–34, 139, 165, 169, 171, 174–75, 182–86, 188; and deregulation, 17–18, 21–22, 24, 82; and destructive competition, 10; and regulation, 10–12, 23; and third-party firms, 169, 171, 174–75, 178; and unions, 12, 14, 16, 23, 234n25; and working conditions, 58, 84
prostitutes, 103, 218
pseudonyms, 209

race/ethnicity, 218–221, *219*; and contractors, 4, 105, 128–130, 152, 159, 162, 186–87; and ethnic code, 128–130; and recruitment, 36–37, 129–130, 138; of trainees, 29–30; and working conditions, 95
radio media, 113, 124, 171, 189, 239n31
railroads, 6, 13, 16, 83; and "piggybacking," 81
Randall-Reilly Publishing, 122–28, 172, 205; Market Intelligence Division, 127
Reagan, Ronald, 20
recessions: 1981 recession, 21; 1991 recession, 21, 141; Great Recession, 28, 40, 154, 173–74, 189, 192–94, 212

recruitment, 24–25, 31–37, 39, 99, 194, 221, 230; and applications, 32–33, 42; and CDL schools/training, 31–35, 44, 55–57, 236n5; and company interviews, 32–33; and contractors, 113, 121–22, 124, 128–131, 138, 142–43, 168–69, 171–74, 176, 180; and false promises, 33–36; and immigrants, 37, 101, 128–29; reasons for becoming truckers, 36–37, 209–12; recruitment magazines, 34–35, 124, 127; and referral bonuses, 131; by third-party firms, 24–25, 113, 171–74, 176, 180; and women drivers, 100–102
refrigerated trailers, 6, 82, 94–97, 121, 183
regulation, government, 1, 195–96, 203–6, 210, 221, 224, 226, 230, 234n12, 235n37; and antiregulation messages, 122–23; antitrust regulation, 11, 192, 243n10; and CDL schools/training, 41, 44, 52; and contractors, 122, 146, 158, 164–66, 177–78, 182–83, 205, 207, 239n1; and fines, 166; and HOS (Hours of Service), 88–91, 93–94, 97–98, 166, 183, 195; and logging hours, 41, 44, 62, 65, 69–70, 84, 88–91, 97, 223; and mandatory breaks, 60–62, 89, 92, 217, 219; and neoliberalism, 26–27; and New Deal, 2–3, 16; and physical exams, 43; preregulatory period, 10–11, 31; regulatory period, 10–23, 25, 31, 80–81, 200, 204–6, 237n7; and reregulation, 32, 206; and safety, 32, 62; state approval processes, 39; and third-party firms, 177–78, 189; and worker associational power, 23, 25; and worker misclassification, 112, 169, 177–79, 230, 240n9. *See also* deregulation
religion, 29–30, 190–91, 226–27, 242n1
rent-a-truck, 146–151
rest areas, 69, 103, 215, 229
restaurants, 60–61, 73–74
retailers, 6, 11, 19–21, 124. *See also names of retail stores*
retail workers, 29–30, 37, 218
retention, 7–9, 203, 233n11; and contractors, 25, 121, 168–170, 172, 180–81; and third-party firms, 168–170, 172, 180–81
retirement, 29, 137, 166; retirement benefits, 111, 155, 198
revolving door: for deregulation advocates, 17; of trucking industry, 9
riding along, 29, 211
risks, 9, 25–26, 33, 40; and contractors, 9, 25–26, 107–8, 111, 114–15, 130, 133–35,

311

risks *(continued)*
139, 146–47, 152, 154, 166–67, 173–74, 176, 181–82, 186, 193, 203, 206–7; and neoliberalism, 26; and third-party firms, 173–74, 176, 179; and working conditions, 59, 87, 93, 98
Roehl Transport, 114–15
romantic portrayals, 184, 210, 225
Roosevelt, Franklin D., 17
rural backgrounds, 4, 31, 221

sacrifice, 26, 114, 134, 141, 145, 161–63, 167, 175, 181, 184, 188, 198
safety, 9, 196, 212–13, 228; bonuses for, 35; and CDL schools/training, 48, 50–51, 54; and contractors, 144, 164, 170, 188; and defensive driving, 51, 68–69; and deregulation, 19, 32; and HOS (Hours of Service), 88, 90–91, 98; and inexperienced drivers, 32, 51; and "the moment" (stopping in time), 68; and working conditions, 62–65, 67–70, 78, 83, 90–91, 95, 98, 144
Sage Truck Driving School, 236n5
salaries: and private carriers, 155; salary guarantees, 73; at Wal-Mart, 93–94, 215; wildly inflated, 34–35. *See also* pay rates
Schneider Financial, 125
Schneider National, 32–33, 170–71
Schultze, Charles, 18
Sears, Roebuck & Company, 19
security guards, 60, 83
Select, 185
self-employed drivers, 4–5, 107, 111–13, 169, 243n10; and misclassification, 112, 169, 177–79, 230, 240n9; and taxes, 154, 156–58, 240nn4–5, 240n7, 241n9
self-reporting, 53, 84, 154, 223
self-sweating, 26, 79, 93, 95, 97–98, 134, 164–66, 181, 240n11; as "working for the truck," 181
service workers, 29, 34, 37, 141–42
sexual harassment, 102–4
shipyards, 6, 83, 199, 229
showering, 3, 70, 73, 76, 86, 140, 216–17
shutdowns, 227
sightseeing, 72, 105, 129, 210–11
sleeping in truck, 2–3, 213, 215, 219; consequences of neglecting sleep, 86; and contractors, 140; and HOS (Hours of Service), 88; and microsleeping, 68; and sleep deprivation, 80; and sleeper cabs, 81; sleeper teams, 35; and sleep management,

51–52; and working conditions, 60–61, 68, 70–72, 74, 80–81, 86, 88, 96, 98, 164
Sloane, Arthur, 13–14
small business ownership, 4, 36, 196, 204; and contractors, 107, 110, 113–14, 116–122, *118*, *120*, 127, 131, 133–35, 139, 144, 149, 156–161, 164, 169–172, 175–77, 182–86; and job ads, 116–122, *118*, *120*; and third-party firms, 169–172, 175–77; and working conditions, 84, 95–97, 144
socializing, 217–18
Social Security Administration, 177
Social Security taxes/benefits, 111, 156–58, 177
solitude, 213, 216–18
Somali immigrants, 129
specialized freight, 6, 17, 82, 119, 229, 236n5, 238n16
steelhaulers/workers, 12, 191, 227
stress, 1; and CDL schools/training, 29, 49–51; and contractors, 144, 161, 166; and working conditions, 67, 69, 78, 80, 93–95, 97, 144
strikes, 14–16, 19, 23, 195–99; strike drivers, 190–92, 227–28; wildcat strikes, 15–16; and work stoppages, 191–92
supervisors, 211, 213; and "lay into me" strategy, 77; and working conditions, 70, 77, 85, 99. *See also* managers/driver managers
Swift, 171

tank trailers, 6, 187
taxation, 9, 40, 48, 206; and contractors, 122, 154–58, 169, 171, 177, 179–180, 182–83, 191, 240nn4–5, 240n7; FICA payroll taxes, 111, 154, 156–58, 177, 240nn4–5, 240n7, 241n9; fuel taxes, 156, 191; income taxes, 240n4; and penalties, 240n4; road taxes, 156; Social Security taxes, 111, 156–58; and tax avoidance, 157, 177, 226; and third-party firms, 169, 171, 177, 179–180
team drivers, 29–30, 81, 129, 166, 219–220, 236n5; sleeper teams, 35
Teamsters union. *See* IBT (International Brotherhood of Teamsters)
terminals: and CDL schools/training, 44, 48, 52–53, 62, 237n7; and contractors, 121, 199; "home" terminal, 48, 85; and working conditions, 60, 67, 70, 79, 85, 237n7
terminal systems, 11, 21, 81
text messages, 70, 211
Thai immigrants, 128–29
think tanks, 16–18, 20

索 引

third-party firms, 24–25, 27, 169–180, 188–89, 205; and "business" classes, 169–172; and contracting discourse, 170, 172; and contractors, 113, 121–22, 124–25, 138–39, 146, 169–189, 239n1; defending use of contractors, 177–180; shell corporations, 124–25, 146, 178. *See also* ATBS (American Trucking Business Services); *names of other third-party firms*

Time magazine, 123

tiredness, 2, 216; and CDL schools/training, 50–51; and contractors, 140, 166; fatigue, 69, 72, 78–79, 166, 213; and working conditions, 69, 72, 78–79

TL (truckload) carriers. *See* long-haul TL trucking firms

tractor-trailer drivers, 32, 42–43, 45–46, 153, 238n16

trade shows, 113, 124, 171–72

training, 3, 22, 212–15, 219, 231; and deregulation, 24, 31–32; on-the-road training, 31, 39, 41–42; and unions, 31, 55; and women drivers, 219. *See also* CDL schools/training

trip planning: and ATLF (advanced truckload firms), 81–82, 109; and CDL schools/training, 41, 44, 51; and contractors, 109, 132; and dedicated accounts, 93; and private carriers, 94; and rush-hour traffic, 60, 69–70, 86–87, 89, 94, 132; and working conditions, 60, 62, 69–71, 74–75, 84–89, 93–95

trucking accountants, 169, 171–73, 176–77, 204

trucking media, 9, 34–35, 204; and contractors, 107, 113, 116–17, 122–28, 169–171, 173–76, 193, 238n26, 239n31; and job ads, 34–35, 42, 116–121, *116*, *118*, *120*, 212; and OOIDA, 189; *Overdrive*, 100, 122–28, 171, 174, 241n7; and third-party firms, 169–171, 173–76, 178–79

truck inspections: and CDL schools/training, 41, 49; and working conditions, 60, 62–65, 87

Truckload Carriers Association, 111, 178–79; "Owner-Operator Finance Programs Boost Profitability" (article), 178–79

truck maintenance, 49, 217, 220, 224–25; and contractors, 106, 109, 112, 125, 132, 144, 147–49, 151–55, 160–63, 181, 185, 190; costs of, 152–53, 160–61, 181, 187–88, 190; and working conditions, 60–65, 67, 70, 102, 144

truck ownership, 5, 7, 106, 110–14, 116–121, 124–29, 132–38, 142–167, 222; and ATLF (advanced truckload firms), 109; buying new trucks, 154, 187–88; buying used trucks from dealerships, 106, 125, 142–43, 148–49, 151–54, 156; costs of, 9, 25, 108, 125–26, 132–33, 142, 148–158, 182, 185–87, 193; and down payments/monthly payments, 125, 142, 148, 153, 155, 164, 185, 188, 190–91; and escrow account, 142; and immigrants, 128–130, 140–47; and lease-purchase programs, 106, 116–121, *116*, *118*, *120*, 124–29, 142–158, 212; and major breakdowns, 152–54, 168, 181, 187; reselling trucks, 151; and third-party firms, 178; and warranties, 106, 152

truck scales, 63, 88

truck stops, 3–4, 191, 199; and arcade games, 218; and booths, 141, 216–18, 220; and contractors, 113, 131, 140–41, 146; and driver lounges, 73–74, 140–41, 216–18, 220; and interviews, 5, 22, 140–41, 215–220, 223–24, 229–231; and recruitment, 34; staff of, 218; and working conditions, 60–61, 64, 71–74, 103

truck washes, 156, 162

truck weights, 6, 42, 67

turnover, 7–8, 195, 199, 212, 214, 233n11; and CDL schools/training, 7–8, 38–41, 55–56; and contractors, 113, 168–170, 172–76, 193; minimizing between companies, 25–26, 169; and third-party firms, 113, 169–170, 172–76, 178–79; training debt as hedge against, 7–8, 38–41; and working conditions, 7–8, 75, 109

unemployment: and interviews, 34, 225; and state employment offices, 33, 35; and trainees, 30; unemployment insurance, 111–12, 156, 158, 177

Union Carbide, 19

unions, 3–4, 9–25, 194–201, 204–7, *219*, 229–230, 234n12, 234n25; and antiunionism, 122–23, 199, 203; and CDL schools/training, 29, 50, 52–53, 56; centralized bargaining process, 12–15; and collective bargaining, 80–81; conflict resolution procedures, 16; and contractors, 108, 110, 112, 130, 212, 243n10; and contracts, 12–14, 16, 19, 81; and deregulation, 16–24, 27, 52; and deunionization, 10, 27, 205; grievance procedures, 23; and on-the-job training, 31, 55; local unions, 15–16; lost

313

unions *(continued)*
 membership, 16, 22; and neoliberalism, 26–27; and NMFA, 12, 15, 19, 205; and pensions, 29; and third-party firms, 180; and working conditions, 11–12, 24, 31, 80–81. *See also* IBT (International Brotherhood of Teamsters)
University of Michigan Trucking Industry Program (UMTIP), 137, 154, 230–31, 239n30, 239n44, 239n3, 240nn5–6
unpaid work, 1–2, 22, 194, 211; and CDL schools/training, 52; and unions, 81; and working conditions, 62, 67, 71–76, 79, 81, 87–88, 91, 95–96, 99
UPS, 178, 199, 233n3
U.S. News and World Report, 19

vacation, 93, 187–88, 215
vehicle haulers, 238n16
vocational schools, public, 37–38

wages, 7–10; and CDL schools/training, 39, 42, 49–51, 55–56; and cheap, compliant drivers, 24–25, 99–100, 108, 111–12, 121, 193–94, 206; and deregulation, 22, 24, 31; hourly wages, 16, 91–92, 94, 96, 105, 224; low wages, 1–3, 7–9, 25–26, 29–31, 39, 105, 194, 212; median wage-earners, 34; minimum wage, 2–3, 7, 26, 29, 164, 207; standardization of, 12–14, 23; and unions, 11–17, 19, 22–24, 26, 31, 80–81, 198, 205. *See also* pay rates
waiting time, 2; and CDL schools/training, 41; and contractors, 141, 160; as "on duty not driving," 62, 88–91; "excessive" waiting time, 71; and working conditions, 58, 60, 71–76, 78, 84, 87–92, 95, 141
Wal-Mart, 9, 103, 215; and recruitment, 34; and vacation time, 93, 215; and working conditions, 59–60, 83, 87, 93–94
warehouses, 6, 30, 36, 229, 238n16; and working conditions, 70–72, 87, 92, 95–96
weather conditions, 86–87, 89, 164, 214, 217; hurricanes, 143–44

webinars, 172
websites, 5, 35, 97, 227; and contractors, 122, 124, 127; and third-party firms, 171
Whirlpool, 19
white-collar workers, 36–37, 142
WIA (Workforce Investment Act), 40
Williams, Christine, 102
worker associational power, 23, 25, 198, 206
worker misclassification, 112, 169, 177–79, 230, 240n9
worker organizations, 11, 180, 195–96. *See also* unions
worker's compensation, 111, 156, 158, 177
work histories, 30, 32, 36–37, 95, 144, 150; and interviews, 36, 221, 224, 228–29
work hours: and CDL schools/training, 49; and contractors, 114, 134, 140–41, 155, 164–66; and interviews, 224; long hours, 1–3, 7, 22, 24, 33, 37, 106, 140–41, 195, 207, 210, 213, 217; and recruitment, 33, 36–37; underestimations of, 36; and working conditions, 59–60, 67–76, 80, 86–94, 96–98, 144. *See also* logging hours
working class, 3, 29, 36, 218
working conditions, 2, 7–10, 58–104, 195, 202–3, 210; on bad days, 70–80; and CDL schools/training, 39, 56; and contractors, 9, 59, 82, 84, 88, 95, 97, 100, 105, 108, 112, 140–47; and dedicated accounts, 92–93, 97–98; and deregulation, 10, 22, 24, 31, 81; on good days, 59–70, 76, 79–80, 93–94; and HOS (Hours of Service), 88–91, 93–94, 97–98; and interviews, 78–79, 90, 93, 95–101, 226; and loads, 58–60, 65–67, 70–72, 74–82; and miles game, 58–59, 78–79, 86–104; and niche freight, 91–92, 95–97; and private carriers, 93–94; trucks as "sweatshops on wheels," 22, 86; and unions, 11–12, 24, 31, 80–81, 205
work stoppages, 191–92
Wright, Erik Olin, 23

中文版后记

清华大学社会学系　沈　原

摆在面前的这部书名为《大卡车》。它还有一个副题"公路货运业与美国梦的幻灭"。作者斯蒂夫·维斯利在美国印第安纳大学获得社会学博士学位，而后在宾夕法尼亚大学任教。这部书系在其博士论文基础上增删改定，于2016年由加州大学出版社出版，是美国社会学界为数不多的研究卡车司机的名著，曾在2017年获美国社会学会"劳工和劳工运动分会"的"杰出学术专著奖"。我们邀请中国社会科学院新闻研究所的孙五三研究员将之译为中文，以作为国内相关研究的参考。

我读《大卡车》，印象至深，必欲一吐为快者，有如下数端。

《大卡车》的研究方法

该书颇可称道之处首推其研究方法。先说研究的长时段性。维斯利自己说，他做这项研究前后费时达十年之久。单论此点即可谓殊为不易。毋庸赘言，唯持之以恒的长时段研究方可能捕捉对象发展变化的全景，其周全性与深刻性断非急遽草就之章所可企及。其次是维斯利所用的参与观察法。他用六个月时间集中对卡车司机群体进行参与观察，其中两个月花费在驾校培训，四个月作为长途运输司机受雇于一个大型货运公司，身临其境，从事研究。如此做法秉承布洛维以来劳工社会学"工厂民族志"的研究传统。维斯利对于卡车司机艰辛劳动与日常生活所获得的诸般深切体悟和独有心得，多经此种实地参与而来。不过，公路货运业本身的独具特点也造成了单一的参与观察法的局限——维斯利不可能只通过操演卡车司机的常规工作而把握行业全貌和司机整体，还需动用其他多种调查手段以补充不足。这些手段的综合使用乃构成其方法的又一颇可赞誉之点：在研究的不同阶段，在驾校、卡车驿站和各种不同场景中，维斯利访谈了大量卡车司机工友；此外，他还阅读了众多文献材料，包括相关学术作品、国家和州府的法规法条、管理机关的各种文件以及商业公司的宣传品和小册子。他的诸多发现也与对这些来自不同渠道信息的汇拢、分析相关。是故可言，长时段、参与观察和多种研究方法的"三结合"构成维斯利研究方法的主要特色。不过这些都还是就狭义研究方法而言。必须强调的还有维斯利的研究眼界。他延续了自凡塔西亚以来的路径：研究劳工，但目光所及又不限于劳工本身，而将其对立面即企业雇主行为亦囊括在内。简言之，即在与企业雇主的互动中研究卡车司机的行为和认知，这就避免了以往劳工社会学过分拘泥于"劳工本位"的狭窄立场，把整个研究推向更加宽广的领域。

对劳动过程的精细描述

劳动过程为劳工社会学的焦点，可以说，没有一部劳工社

中文版后记

会学著作不涉及劳动过程研究。不过，维斯利对卡车司机劳动过程的描述却显现出若干特色，值得细加品鉴。

对卡车司机劳动过程之格外精细的描写是为第一个特色。维斯利对驾车上路前查车的诸环节、行驶途中的路况判断和错车、在驿站的驻留和车上夜宿、在货场与装卸工和管理员打交道等，均不厌其烦，运用细腻笔法，一一加以描绘，笔锋所至触及众多环节。须知，运用简单白描手法对劳动过程做细致描述，其实最能体现研究者的功力，因为需要仔细观察，因为需要深切理解。而唯有透过描绘这些细节方能展示卡车司机工作和生活的真实境况。相形之下，许多当代作品的重要缺陷恰在于忽视细节描述而过于躁切地直奔理论，苍白空洞和言之无物遂构成此类研究的显著局限。

关于劳动工具的描述构成第二个特色。既然探讨劳动过程，对劳动工具及其运用的描述自然是题中之意，正是通过对工具的掌握和运用，劳工才得以展开劳动过程并借以认知和实现自身的主体性。可惜的是，在以往的研究中，对劳动工具及其运用的精细描述却不多见。相形之下，维斯利对公路货运业的基本劳动工具——货运卡车的描述可谓独具一格。车头的诸种复杂部件和闪闪发光的镀铬外观、室内各种仪表盘的排列和使用、机车和挂车刹车系统的区别与连接、不同类型的拖挂厢车……所有这些对货车本身的描述都使得卡车司机的货运劳动过程得以具象化。司机们如何驾驭货运卡车这一庞大机器，如何开展"人车对话"，如何在行驶过程中借操作机器而获得主体性体验，全都借此而得到生动体现。对劳动工具及其运用的细致把握无疑使得劳动过程的描述立体化了。

第三个特色是卡车司机在劳动过程中复杂的脑力活动,即围绕着工作的各种算计。美国公路货运业普遍采取计件工资制,据此遂有"好活""赖活"之分。有酬运输里程长、无偿劳动时间短,以及装卸货物等候时间少的运单被称为"好活",反之则称为"赖活"。因此卡车司机对公司派发的每份运单都有自己的算计,涉及里程、油耗、运费、等候、气象、路况等的综合计算,是一种复杂的脑力劳动。由此也产生出卡车司机特有的"里程游戏"——其与布洛维笔下的"争强游戏"形成有趣比照。

第四个也是最后一个特色是对货运市场中企业意识形态作用的揭示。从培训阶段开始,公司和雇主就不停地向司机头脑中灌输"承包意识",以及各种各样促动司机购置或租赁货车的说教,将之美化为从雇员升级为雇主的途径。"货运媒体"印发的各色出版物,承载着企业、雇主及其盟友所推行的意识形态,绵延不断地影响着卡车司机,特别是承包司机,模塑了他们的世界观。在这种氛围中,诸如"雇主""利润""工作"之类的常规范畴都失去了通常意义,而被融入所谓"承包话语"中,发挥着劝服功用。在变为货运公司的正式员工之后,此种意识形态更是弥漫在货运市场各个角落之中,每时每刻地影响着卡车司机。维斯利再明确不过地指出,意识形态是公路货运业按眼下模式进行生产和再生产的巨大推力。布洛维有所谓"生产中的意识形态"之说,在维斯利对卡车司机劳动过程的描写中得到具体展现。

中文版后记

关于劳动力市场

对劳动力市场的关注并将之与劳动过程关联起来考察，是维斯利这部书的又一不同凡响之处。先来看维斯利对劳动力市场的界定。按照他的分类，新古典经济学大多把劳动力市场界定为个人理性选择的集合，经济社会学将之视为某种特定的社会结构，而维斯利一系的劳工社会学则将之当作阶级斗争的战场——公路货运业的劳动力市场，本质上是有组织的企业雇主及其网络针对眼下业已个体化、零散化的承包司机的阶级斗争，是前者对后者的宰制和压迫。在新古典主义占据绝对上风的那个时代，在考察通常被锁定为经济学疆土的劳动力市场时，仍把阶级和阶级冲突放到首位，维斯利的这份坚持令人动容。进而，维斯利揭示了公路货运业劳动力市场的基本构成。他认为有多种方式将不同类型的人群卷入进来，从较高职业向下流动的"掉"入、受外力驱动而至的"推"入，以及被虚假高薪酬承诺所诱惑的"拉"入是三种主要的卷入渠道。卷入公路货运业的多种渠道表明其劳动力构成的多元性。

谈到劳动力市场与劳动过程之间的关联，维斯利绝非泛泛而论，而是着力揭示两者之间的制度性连接，此即各种类型的驾校。企业创办的驾校固然与大型货运企业直接相关，就是各种公立驾校也与货运企业密不可分。在驾校中，自然少不了必要的技能和法规培训，但除此之外，无论是正式设置的课程，还是教练的私相授受，无不在传递企业有意释放的各种信息符码，以模塑学员即未来司机的心灵。价格不菲的学费则转变为学员需要在日后以劳役形式偿还的债务，因而成为将新司机捆绑在货运企业上的有力手段。维斯利对驾校的研究与霍克希尔德对"达美航空"培训的描述有异曲同工之妙，但前者的叙述却似乎更为细致，也更为激进。维斯利表明：对劳工的控制并非始于劳工进入企业之际，而在劳动力市场中就已可察见端倪。

综上所述，维斯利对公路货运业卡车司机的研究方法、对其劳动过程及劳动力市场的研究，乃是本书三个值得称道的亮点，给我留下深刻印象。但是，维斯利探讨的毕竟是美国的公路货运业和卡车司机，他的这些描述和发现对我们的研究有何启示？这是一个不能回避的话题。

自 2017 年以降，在传化慈善基金会资助下，我们组成课题组，开始对中国卡车司机进行系统调研，迄今已逾七年。在此期间，我们的调查足迹所至 11 省区市的 20 多个城市，访谈卡车司机和各色相关人等 449 人，发放问卷 3 万多份，积累访谈录音 2.7 万分钟，整理录音文字 515 万余字。在这些素材基础上分析概括，形成五部《中国卡车司机调查报告》，合计达 161 万字。五部报告从各个不同侧面描绘了我国的卡车司机群体。此外，我们课题组还在国内一流社会学杂志上，相继发表了多篇学术论文。

若将我们的发现与维斯利的研究对比则可见到，我国的公路货运业和卡车司机至少有五点不同。

第一，**劳动力市场的构成**不同。与维斯利笔下来源多样、五花八门的入行者不同，我国公路货运业的劳动力市场几乎由清一色的农家子弟构成——农家子弟占比达90%以上。卡车司机群体在来源上的高度同质性，构造了超越个体化劳动，形成某种共识的基础。

第二，**货运市场的结构**不同。在维斯利写作的时代，美国公路货运业几经震荡，最终形成以上千家大型货运公司为基本框架的产业结构，千千万万的雇员司机、承包司机和自营司机都是依据这些企业运作的。此外，整车运输成为长途货运的主体部分。我国的公路货运市场则与之不同，它大体上可分解为两个主要层次。其一是大企业及其自营车队掌控的市场，其以整车运输为主；其二则是由千千万万个体司机和小型自营车队组成的市场，零担运输占据主导地位，成百上千万的个体司机在这里自行找货、送货，呈现为"原子化"的运输活动。大批既是劳动者，又是小私有者的自雇卡车司机搭建起我国公路货运市场的基本框架。显然，这种境况又会造成卡车司机组织团结的困境。

第三，**劳动工具和工作条件**不同。维斯利笔下的美国司机大部分驾驶高配置车头，标准统一，性能良好，工作环境相对舒适，运输模式则多为"甩挂"形式：货场已将货物装载于封闭拖挂厢车内，司机只需驾驶车头，到货场中挂上拖车即可上路行驶，从而极大地提升了工作效率，也杜绝了许多因装卸或偷盗货物而产生的纠纷。此外，大型货运公司都有自己的管理系统，在全国范围内的每个站点都设有"司机管理员"，定期与司机联系。管理部门对司机的劳动时间实行严格控制，目的是防止疲劳驾驶，而司机每日必填的工作日志则是管理部门审查工作时间的凭据。各大型货运企业和州际公路上都设置有"卡车驿站",其中除停车场外,还有配置齐全的生活区,司机在内不仅可以就餐(虽说司机常常抱怨餐食质量不佳且价格昂贵),而且还可以淋浴和观看电视节目。我国的情况则与之大为不同,国产卡车的特点一是品牌众多,型号杂乱,绝无统一的可能;二是车头配置尚处于改进的起步阶段,只有国Ⅳ标准及以上的车头配置实现升级,较为舒适;三是只有极少数库房货场支持甩挂,绝大多数都需在货场装卸货物,费时费力。近年来,虽有管理部门强制要求在车头安装"北斗系统",定时提请司机到点休息,但是效果如何却难以评估。至于司机路途上的进餐、休息,则多半在自己的车上进行,生产和再生产都拘泥于狭小车头之中。有关部门倡导的在公路旁侧修建"司机之家",是类似于"卡车驿站"的一种制度安排,但是从目前情况来看,何时能够系统建成并投入有效使用似仍遥遥无期。

第四,公路货运业的性别问题。维斯利在全书中仅有两处提及性别问题。一次是讲述驾校生活,提到有女学员参加培训;另一次是在描写卡车司机劳动过程的末尾,述及一位女司机遭受的困苦。两次都着墨不多。由此可见,在维斯利写作的那个时代,美国的卡车司机仍然是一个以男性为绝对主体的蓝领职业群体,似乎尚无改变的显著迹象。叙及性别,我国的卡车司机群体总体上与之并无大异,也是以男性为主体的蓝领职业群体。但不同之点亦颇为显著:眼下我国的公路货运业正处于男权垄断遭遇破冰的阶段,传统职业性别隔离开始消解。其因盖在于，运价日趋低落，大部分自雇司机已经雇不起副驾，所以不得不把妻子带上车做各种后勤乃至替代驾驶工作，此即所谓"卡嫂"的出现。"卡嫂"以及日渐增多的女司机打破了公路货运业传统的性别格局。这一过程加速行进对卡车司机劳动过程的研究提出了新的视角和问题。

第五，也是最为重要的，是**卡车司机的组织化**。在维斯利看来，美国的卡车司机之所以落到今日之"低薪酬、坏条件"的境地，全因"世间再无吉米·霍法"使然。霍法其人是"去管制化"前最伟大的卡车司机工会（TEAMSTER）的领导人。据维斯利说，美国的卡车司机在 1950~1970 年代曾是最有组织的劳工阶级，也是全美收入最高的蓝领工作群体。霍法领导的卡车司机工会造就了劳工与雇主的力量均衡，在竞争激烈的公路货运市场同时保证了劳资双方的利益，从而将埃里克·欧林·赖特那个美妙无比的乌托邦设想变为现实：劳资斗争的曲线终会达到一个拐点，在这个拐点上，资方每得到一分利益，也会给劳工带来相应的好处。可惜，1970 年代后的"去管制化"打碎了"工会化的货运市场"，把它变为一片废墟。在市场力量的驱迫和货运企业的运作下，卡车司机不得不把承包制当作救世良方，从而使自己陷于万劫不复的境地。维斯利的看法是，卡车司机若要拯救自己，就必须自觉地回到霍法式的工会化道路上来。对此，我们的看法是，组织化当然是卡车司机改变自己地位的重要道路，但我们的情况却有三点不同。首先是如前所述，我国的公路货运业缺少大型货运企业作为骨架，此即所谓欠缺"一级建构"——按照马克思的说法，必须首先把工人聚集在同一间屋顶下,工厂及其空间条件为劳工团结提供"一级建构",而后工会和其他劳工组织才可能攀附其其上发展起来,是为"二级建构"。我们的条件下欠缺"一级建构",因此也无法走上霍法式工会化的道路,至少也是很难。其次,我国的卡车司机主体为自雇司机,他们从事的原子化劳动也使得相互之间难以建立工作联系,遑论形成工会。最后,作为起自田家的农人子弟,我国的自雇卡车司机群体从来也没有过加入工会的传统和经验。那么,有了这些不同,他们还有可能组织起来吗?他们会组织成什么?答案当然是肯定的。我们在调查中看到了卡车司机群体从劳动过程中产生了组织化的巨大需求,在此需求的推动之下,他们当然要组织起来,而且在实践中也确实正在组织起来。不过,他们锻造的组织形态并非维斯利所心仪的"霍法式的工会组织",而是不同类型的社会组织。这些社会组织固然未能完全替代传统工会的功能,但比传统工会的覆盖面更广,作用也似乎更大。

图书在版编目(CIP)数据

大卡车：公路货运业与美国梦的幻灭／（美）斯蒂夫·维斯利（Steve Viscelli）著；孙五三译．--北京：社会科学文献出版社，2024.11.--（卡车司机研究译丛）．--ISBN 978-7-5228-4390-2

Ⅰ.U492.3

中国国家版本馆 CIP 数据核字第 20241CN241 号

·卡车司机研究译丛·
大卡车：公路货运业与美国梦的幻灭

著　者／［美］斯蒂夫·维斯利（Steve Viscelli）
译　者／孙五三

出 版 人／冀祥德
责任编辑／孙　瑜
责任印制／王京美

出　　版／社会科学文献出版社·群学分社（010）59367002
　　　　　地址：北京市北三环中路甲 29 号院华龙大厦
　　　　　邮编：100029
　　　　　网址：www.ssap.com.cn
发　　行／社会科学文献出版社（010）59367028
印　　装／三河市东方印刷有限公司

规　　格／开　本：889mm×1194mm　1/32
　　　　　印　张：10.5　字　数：227 千字
版　　次／2024 年 11 月第 1 版　2024 年 11 月第 1 次印刷
书　　号／ISBN 978-7-5228-4390-2
著作权合同
登 记 号／图字 01-2024-4948 号
定　　价／89.00 元

读者服务电话：4008918866
▲ 版权所有 翻印必究